EMPRESAS FAMILIARES

Grant Gordon e Nigel Nicholson

EMPRESAS FAMILIARES

SEUS CONFLITOS CLÁSSICOS E COMO LIDAR COM ELES

Tradução
Nivaldo Montingelli Jr.

© 2008 Grant Gordon e Nigel Nicholson

Publicado na Grã Bretanha e nos Estados Unidos em 2008 por Kogan Page Limited sob o título *Family Wars: Classic conflits in family business and how to deal with them.*

Preparação de texto
Flávia Yacubian / Verba Editorial

Revisão
Luiz Fernando Cardoso

Capa e projeto gráfico
Paula Astiz

Editoração eletrônica
Paula Astiz / Paula Astiz Design

Dados Internacionais de Catalogação na Publicação (CIP)
(Câmara Brasileira do Livro, SP, Brasil)

Gordon, Grant
  Empresas familiares : seus conflitos clássicos e como lidar com eles / Grant Gordon e Nigel Nicholson ; tradução Nivaldo Montingelli Jr. – Barueri, SP : DISAL, 2008.

  Título original: Family wars : classic conflicts in family business and how to deal with them.
  ISBN 978-85-7844-002-2

  1. Administração de conflitos 2. Empresas familiares 3. Empresas familiares – Administração 4. Empresas familiares – Sucessão I. Nicholson, Nigel.

08-07304   CDD-658.4053

Índices para catálogo sistemático:

1. Empresas familiares : Administração de conflitos 658.4053

Todos os diretos reservados em nome de:
Bantim, Canato e Guazzelli Editora Ltda.

Alameda Mamoré 911, sala 107, Alphaville
06454-040, Barueri, SP
Tel. / Fax: (11) 4195-2811

Visite nosso site: www.disaleditora.com.br

Televendas: (11) 3226-3111
Fax gratuito: 0800 7707 105/106
E-mail para pedidos: comercialdisal@disal.com.br

Nenhuma parte desta publicação pode ser reproduzida, arquivada ou transmitida de nenhuma forma ou meio sem permissão expressa e por escrito da Editora.

Sumário

Lista de figuras	**7**
Agradecimentos	**9**
1. Guerras familiares	**11**

2. As idéias – as origens da guerra familiar   17

Famílias em guerra 18
As origens dos conflitos 23
Política de genes e a empresa familiar 29
Dinâmicas familiares 37
Cultura e personalidade 43

3. Irmãos em armas   53

Introdução 53
Koch Industries – reformulação destrutiva 56
A história da Reliance – o mito da unidade 61
A família Dassler – correndo pela supremacia 70
A família Mondavi – uma taça amarga 76
A família Gallo – conflitos de safras 81

4. Lutando pela coroa   91

Introdução 91
Os McCain – quando as fritas estão em baixa 96
IBM – os Watson – uma luta por identidade 110
Bata Shoe – uma luta por estratégia 116

5. A casa construída pela arrogância 123

Introdução 123
A família Ford – opressão paterna 126
O Grupo Dart – excesso de força de vontade 132
Château d'Yquem – os perigos da condescendência 137
A família Redstone – a mão de ferro do líder 142
Solid Waste e a família Waxman – cobiça, fraude e destruição 146

6. Cabeças na areia – a armadilha do isolamento 153

Introdução 153
A história da Guinness – deslizando para o escândalo 155
A história de Sakowitz – o líder incontrolado 162
A história dos Steinberg – caindo juntos 172
O *Louisville Times* e a família Bingham – perdendo a herança 181
A Seagram e os Bronfman – o líder fugitivo 192

7. Rompimento – a casa dividida 201

Introdução 201
Pritzker – a luta pelo espólio 204
O *Los Angeles Times* Group e os Chandler – a família centrífuga 216
A Freedom Communications e a família Hoile – uma batalha pelo controle 223
A família Pathak – guerras de temperos 226

8. Guerra rude 229

Introdução 229
A U-Haul e os Shoen – uma dinastia despedaçada 231
A família Gucci – uma trágica ópera italiana 248

9. As lições – o preço da guerra e a recompensa da paz 263

De raízes envenenadas aos frutos do sucesso – as lições essenciais da guerra 264
Sinais de alerta e medidas práticas 284
Em defesa do conflito 292

Notas 295

Lista de figuras

Figura 2.1	Estilos paternos	37
Figura 3.1	A família Koch	56
Figura 3.2	A família Ambani	61
Figura 3.3	A família Dassler	70
Figura 3.4	A família Mondavi	76
Figura 3.5	A família Gallo	82
Figura 4.1	A família McCain	97
Figura 4.2	A família Watson	110
Figura 4.3	A família Bata	116
Figura 5.1	A família Ford	126
Figura 5.2	A família Haft	132
Figura 5.3	A família Lur-Saluces	137
Figura 5.4	A família Redstone	142
Figura 5.5	A família Waxman	146
Figura 6.1	A família Guinness	156
Figura 6.2	A família Sakowitz	163
Figura 6.3	A família Steinberg	172
Figura 6.4	A família Bingham	182
Figura 6.5	A família Bronfman	193
Figura 7.1	A família Pritzker	205
Figura 7.2	A família Chandler	217
Figura 7.3	A família Hoiles	223
Figura 7.4	A família Pathak	226
Figura 8.1	A família Shoen	232
Figura 8.2	A família Gucci	249

Agradecimentos

Gostaríamos de agradecer às pessoas que nos ajudaram em vários momentos da preparação deste livro. Katrina Collinson nos ajudou nos estágios iniciais da pesquisa de estudos de casos e, a seguir, Akhila Venkitachalam foi de grande valor nos ajudando a localizar, reunir e integrar a grande massa de informações que entraram no relato dessas histórias. Também apreciamos muito a pesquisa de Mark Skeen, em especial para gerar os genogramas e verificar a exatidão de nossos dados. Gostaríamos também de agradecer a nossos editores da Kogan Page, em primeiro lugar a pessoa de Pauline Goodwin como a primeira entusiasta e partidária comprometida deste projeto e, a seguir, a Helen Kogan por seu incentivo, seus conselhos e sua energia para levá-lo a cabo.

Gostaríamos de expressar nossa apreciação por nossos sofredores assistentes, Sharan Sandhu e Yvonne Szuca, por nos ajudarem a garantir que nossas agendas não ficassem de pernas para o ar. Devemos uma profunda gratidão a nossas esposas Brigitte e Adèle e aos nossos filhos, por tolerarem nossos telefonemas infindáveis, nossa introspecção, nossa distração e nossos abusos ocasionais de fins de semana e noites durante os períodos de fluxo máximo deste projeto.

Finalmente, queremos agradecer a todas as famílias inspiradoras que conhecemos e com as quais trabalhamos através do Institute for Family Business e da London Business School. Foram seus conhecimentos e sua sabedoria que tornaram possível este livro.

GRANT GORDON
NIGEL NICHOLSON

1.
Guerras familiares

James, o CEO, está falando. "Estive pensando. Estamos sendo excessivamente leais aos Smith (um importante fornecedor de matérias-primas da empresa familiar)? Encontrei outro dia um antigo colega de faculdade que me contou que conseguia preços talvez 15% mais baixos no exterior."

Susan, a diretora financeira, responde: "James, às vezes você realmente fala bobagens. Você perde tempo demais ouvindo fofocas nesses almoços regados a álcool que tem com seus amigos. Os Smith têm sido nossos parceiros há três gerações e você quer pensar em trocá-los por um grupo que hoje está aqui e amanhã não está, que opera em um lugar em que não temos nenhuma influência".

"Susan, estou fazendo seu trabalho por você, que passa tempo demais no passado. Você deveria sair mais!"

David, o diretor de marketing, intervém. "Parem de discutir. Sejamos racionais. Devemos muito aos Smith por sua parceria conosco; assim, se pensamos que eles estão deixando de ser competitivos, devemos falar com eles como amigos. Vocês concordam?"

Susan e James dão largos sorrisos. "Concordamos", dizem eles, quase simultaneamente.

Várias coisas se destacam nesta interação. Uma é a informalidade. Em segundo lugar, as emoções são algo cruas nessas trocas – poderíamos até dizer rudes. Em terceiro, este pequeno grupo está considerando grandes decisões que poderão ser tomadas de forma relativamente rápida. Em quarto, no centro das deliberações estão questões de lealdade e responsabilidade nas relações com um fornecedor. Quinto, apesar do ar estalar com a agudez dos sentimentos, eles conseguem se recuperar rapidamente sem rancores para um consenso bem-humorado. Há mais um ponto – há uma mulher numa alta posição executiva, que não se assusta com a idéia de desafiar seu chefe em termos diretos.

Isto é apenas fantasia? Não. É apenas mais um dia no conselho de administração de uma empresa familiar comum. Porque James, Susan e David são primos com papéis executivos na empresa de 80 anos pertencente a duas famílias.

Será que este tipo de cena é incomum? E o que ela nos conta a respeito de empresas familiares ou a respeito de qualquer tipo de empresa? Esta cena serve como evidência de uma profunda fraqueza ou força única das empresas familiares? As respostas são: não, não é incomum, e sim, as empresas familiares têm um lado perigoso e uma promessa de desempenho. Isto porque as empresas familiares têm capacidade para superar as equivalentes não familiares, mas ao mesmo tempo correm o risco de problemas pessoais as engolirem.

Por que as pessoas que estão fora do mundo sigiloso das empresas familiares deveriam se importar com elas? Por três razões. Uma é que este tipo de empresa constitui a espinha dorsal da economia de quase todos os países do planeta e a riqueza das nações depende dela.[1] A segunda é que muitas – talvez a maioria – das principais corporações do mundo tiveram origens familiares. Terceira, a compreensão das empresas familiares revela um dos maiores e mais elusivos desafios do mundo dos negócios – o que é preciso para fazer com que uma grande empresa atue como pequena ou, mais precisamente, qual é o segredo para se construir uma cultura empresarial realmente admirável. As empresas não familiares têm muito a aprender com as familiares, porque todas as organizações retêm elementos "familiares" em todas as camadas de suas operações e tirar proveito das suas melhores qualidades, evitando ao mesmo tempo as piores, pode ser o segredo para se conseguir vantagem competitiva.

Aqui estão algumas evidências:

- Um estudo recente de 500 empresas da S&P constatou que as familiares superavam as não familiares. Outros estudos na Europa têm confirmado essa tendência.[2]
- Algumas das empresas mais antigas do mundo são as que permaneceram familiares. Entre elas estão uma empresa que repara templos que já está na 40ª geração (foi fundada em 578), um negociante de vinhos italiano (empresa fundada em 1141) e um fabricante de papel francês (fundada em 1326). Existem, no Novo Mundo e no Velho, muitas empresas que sobreviveram intactas ao século XX inteiro e ainda exibem desempenhos de classe mundial no século XXI.[3]
- Muitas das maiores e mais bem-sucedidas empresas do mundo guardam uma forte identidade familiar: Cargill nos Estados Unidos, Samsung na Coréia, LVMH na França, BMW na Alemanha, Clarks Shoes no Reino Unido, H&M na Suécia e assim por diante.

Por que então escrever um livro a respeito de guerras familiares? Porque elas têm um lado obscuro que freqüentemente surge nas páginas de negócios – em geral nas primeiras páginas – dos nossos jornais.[4] O mundo das empresas familiares tem muito a aprender com os casos aqui documentados. Poderíamos ter escrito a respeito de histórias de grandeza – um livro sobre empresas que mantêm um curso estável enquanto navegam pelos mares dos seus mercados, evitando tormentas e recifes. Mas como nos conta a história da arte, ciência e da política, há mais a ser aprendido com o fracasso do que com o sucesso. Francamente, ele também é mais interessante. Também poderíamos ter escrito um livro de receitas para boa governança e melhores práticas. Mas já há muitos desses nas prateleiras das livrarias.[5] Poucos livros exploraram de forma sistemática a natureza dos conflitos, suas origens e condições; por esta razão empreendemos a jornada de escrevê-lo. Acreditamos que várias novas idéias importantes, bem como verdades conhecidas, podem vir da análise das guerras familiares.

Contudo, também queremos evitar aumentar o erro, fomentado por filmes e séries de televisão como *Dallas* e *Dinastia* – que empresas familiares são viveiros fervilhantes de melodramas. Vamos esclarecer as coisas sobre esta questão.

Em primeiro lugar, é verdade que os elementos que tornam as empresas familiares espontâneas, informais e apaixonadas podem facilmente se transformar em algo muito mais desagradável e caótico. A animação se transforma em medo. O amor se transforma em domínio. A dinâmica familiar é uma força poderosa, que necessita de controle e restrições para atingir melhores resultados, e esse controle precisa provir de dentro dos corações e mentes dos membros da família.

Em segundo, todos nós precisamos de autocontrole e existem maneiras boas e más de organizar uma empresa familiar e tomar decisões. Elas podem ser agrupadas sob o título de "governança", mas são mais do que isso – elas tratam de padrões de comunicação e interação que orientam a tomada de decisões e os sistemas e processos aos quais as pessoas se submetem.

Em terceiro lugar, as guerras não são exclusividade das empresas familiares. Qualquer empresa pode entrar em conflito se der liberdade ao lado escuro dos motivos e necessidades humanas. A Enron promoveu uma cultura de violência até o ponto em que se despedaçou numa mistura de acrimônia e prejuízos. Muitas fusões e aquisições são prejudicadas por guerras, e há guerrilhas sistemáticas em andamento nos subterrâneos de muitas empresas de capital aberto.

Muitas das observações que serão feitas aqui também se aplicam a empresas não familiares. Por exemplo, as batalhas pela sucessão não constituem exclusividade das empresas familiares – em muitas corporações, é comum haver prolongadas e dolorosas batalhas por lideranças entre "filhos" favorecidos, e lutas semelhantes àquelas entre irmãos candidatos a líderes infestam muitos conselhos administrativos.

Mas nosso foco principal está nas empresas familiares, e este livro é para as pessoas que as dirigem, nasceram dentro delas ou são suas conselheiras, e para as muitas pessoas que apenas as acham importantes e fascinantes, e elas o são. Não iremos apenas trazer à luz os fatos históricos nos casos apresentados, mas tentar desembaraçar o arame farpado que os liga e identificar os poços envenenados onde seus protagonistas bebem.

No próximo capítulo montaremos o quadro para as histórias da vida real que iremos contar, explorando as causas em geral e as estruturas que podem nos ajudar a entendê-las e analisá-las. O restante deste livro aborda os dramas das guerras familiares em todo o mundo dos negócios. Pode-se desfrutar do *shadenfreude* (palavra alemã que significa ter prazer com a infelicidade alheia), mas queremos mais que isso. Queremos diagnosticar, analisar e prescrever – mostrar como as coisas poderiam ter sido muito diferentes. Esperamos que muitas das pessoas que lerem este livro venham a compreender os sintomas e alertas e, talvez, contribuir para a resolução dos conflitos com os quais tiverem contato. Na verdade, o conflito faz parte da existência humana. Os vencedores são aqueles que reconhecem cedo os sinais de alerta, lidam honestamente com os problemas e fazem-no de forma considerada justa pelas partes afetadas. Nossa intenção é que esta análise das guerras familiares ajude mais empresas e seus proprietários a encontrar caminhos pacíficos para o sucesso.

2.
As idéias – as origens da guerra familiar

> *"Os executivos de maior sucesso são, com freqüência, homens que construíram suas próprias empresas. Ironicamente, seu sucesso muitas vezes traz, para eles mesmos e para os membros das suas famílias, problemas pessoais de uma intensidade raramente enfrentada pelos gerentes profissionais. E esses problemas tornam as empresas familiares provavelmente as mais difíceis de operar."*
>
> HARRY LEVINSON

Para chegar ao fundo de qualquer caso de guerra familiar e extrair lições em busca de paz e sabedoria, precisamos de uma ampla gama de ferramentas. São as idéias que podemos usar para entender a dinâmica subjacente e deduzir como o conflito poderia ter sido evitado ou neutralizado. Neste capítulo iremos propor idéias sob cinco títulos:

1. Qual é a natureza da guerra, e como ela vem a afligir as empresas familiares?
2. Como o conflito surge e cresce em muitas situações da vida, e quão suscetíveis a ele são as empresas familiares?
3. O que o sangue tem a ver com isto? Quais são as fontes especiais de conflito e coesão nas famílias? Qual a função da maneira pela qual as pessoas se relacionam? Isto é o que chamaremos de "política dos genes".

4. Quais são as principais dinâmicas das famílias, e que impactos elas têm quando traduzidas para um ambiente de negócios?
5. Como a cultura afeta os temas vitais que identificamos? Que papel desempenha a personalidade no princípio e no controle de conflitos?

FAMÍLIAS EM GUERRA

A NATUREZA DA GUERRA

O que faz uma guerra surgir em uma família? Precisamos vigiar nossa linguagem – guerra é uma palavra forte. Mas os sentimentos nas famílias ficam suficientemente exaltados para merecê-la. As causas de guerra na sociedade podem ser facilmente listadas:[1]

- Um grupo invade outro em busca de saques – espaço, recursos;
- um grupo procura sobrepujar outro política e economicamente;
- uma disputa entre partes entra em um círculo vicioso de ataque e retaliação;
- um grupo espectador é atraído para um conflito em andamento em virtude de sua aliança com um dos protagonistas principais.

Todas essas coisas certamente ocorrem em guerras familiares. Irmãos tentam superar uns aos outros. Filhos lutam com pais pela coroa. Um ramo da família se empenha numa guerra para controlar outro grupo ou marginalizá-lo. As diferenças de opinião a respeito de como dirigir a empresa se transformam numa grande divisão. Surgem situações triangulares complexas quando membros da família são atraídos para conflagrações internas que não provocaram.

Nas guerras, muitos desses elementos ocorrem ao mesmo tempo. Além disso, as origens de um conflito nem sempre prenunciam sua evolução posterior – veja o caso da Primeira Guerra Mundial. Um obscuro assassinato no borbulhante caldeirão da política nos Bálcãs atraiu as grandes potências para uma guerra de severidade inimaginada, longa duração e conseqüências duradouras. A morte inútil de parte de uma geração não teria acontecido se as grandes potências não estivessem em estado de prontidão armada, alimentando ressentimentos e ambições territoriais. Em guerras familiares também vemos tragédias em escala épica – onde um império empresarial outrora poderoso é reduzido a pó devido a sucessivos fracassos na eliminação das causas e no abandono da ascensão. Várias das histórias que iremos contar neste livro têm este caráter. Uma vez acesa, a fagulha do conflito se transforma em conflagração e a reflexão fria é superada pelo confronto exaltado.

GUERRAS FAMILIARES

É claro que, nas guerras familiares, a grande diferença em relação às guerras "reais" é a presença de emoção. Não é que a emoção esteja ausente em conflitos políticos e econômicos; de fato, ela é usada como instrumento de manipulação – é a música tocada para mobilizar a opinião pública e reforçar a determinação dos combatentes. Mas a emoção crua raramente é a causa mais importante de guerra na era moderna, embora continue a motivar muitas disputas sectárias. Tudo era diferente antigamente, quando as batalhas de príncipes e barões eram genuinamente "pessoais". Elas não só se pareciam com as guerras familiares – *eram* guerras familiares.[2] Eram dinastias competindo pela sucessão e ramos de famílias procurando promover seus interesses por meio de conflitos, motivados por sentimentos bem como pela razão.[3] Isto porque quando famílias entram em conflito, os sentimentos o alimentam em todos os seus estágios e em todas as suas formas. Veremos vários casos desses conflitos furiosos, em especial entre famílias onde parentes próximos são encarcerados dentro dos muros da família e sua empresa.

Algumas guerras familiares são cruéis e mercenárias. Elas são travadas tipicamente por famílias em estado maduro de desenvolvimento, onde os parentes podem ter relacionamentos distantes.

Exércitos de advogados atuando por interesses familiares dispersos têm o efeito de amplificar e sustentar o conflito. Veremos alguns casos em que este se torna o ato final de um drama familiar, mas a maior parte das histórias que contaremos é mais semelhante a lutas entre protagonistas, separados pelos sentimentos e emoções que, em circunstâncias normais, deveriam uni-los.

AS DUAS FACES DA EMPRESA FAMILIAR

Mas o que há nas famílias que causa este desconcertante caldeirão de emoções? Os estudiosos de empresas familiares estão divididos em dois campos amplos. Em um deles estão aqueles que elogiam as virtudes do modelo da empresa familiar como o motor que cria riqueza e bem-estar. No outro estão aqueles que vêem perigos e responsabilidades quando linhas de herança dirigem empresas.

Vamos considerar brevemente os dois argumentos. O campo favorável afirma que a "familiaridade" é um recurso tangível que pode ser uma fonte única e inimitável de vantagem competitiva para uma empresa.[4] Em seu centro estão amor, comprometimento, lealdade e confiança entre pessoas que se conhecem intimamente – às vezes quase por telepatia. É isso que faz com que as pessoas se esforcem umas pelas outras e possibilita que elas comuniquem problemas e os resolvam de forma direta. É a capacidade de relacionamentos positivos fluírem em torno da família e além dela, abrangendo todos os principais interessados, criando um senso especial de solidariedade e comunidade.[5] São os traços únicos de caráter incorporados nos líderes da família que possibilitam que eles dêem à empresa uma impressão cultural característica. É a visão da mescla de sangue e negócios que torna as pessoas capazes de assumir uma perspectiva que abrange múltiplas gerações a longo prazo, não apenas como um pacote de ativos, mas como uma herança e um legado. Existem muitas evidências, tanto incidentais quanto acadêmicas, de que as empresas familiares podem superar em desempenho suas concorrentes não familiares em todos os pontos do espectro, de empresas pequenas ou recém-formadas até as empresas maduras de capital aberto ou fechado.[6]

AS IDÉIAS – AS ORIGENS DA GUERRA FAMILIAR

Mas também há muitas evidências de fracassos familiares onde dominam líderes incompetentes e o mau julgamento, porque nas empresas familiares sempre existe o risco de conseqüências negativas da esfera pessoal interferirem nas esferas pública e profissional.[7] São os riscos de membros da família tomarem decisões ruins baseados em sentimentos em vez da razão, ou simplesmente destituídos das habilidades exigidas para o bom exercício de suas funções.[8] Sempre existe o risco destes membros dedicarem mais atenção aos seus interesses e necessidades pessoais do que àqueles da empresa. Também existe o risco de serem feitas nomeações ruins com base em conexões familiares e de sangue e não na competência – isto é, nepotismo.[9] Sempre existe o risco de ciúmes e animosidades envenenarem o poço do qual todos tiram sua água. E muitas vezes presenciamos o choque tragicômico de sucessões malconduzidas. É aqui que as empresas familiares travam batalhas realmente shakespearianas – um Rei Lear que não deixam assumir o poder, um Richard III que tenta sufocar laços de sangue que o ameaçam, um Príncipe Hamlet que vê com ressentimento suspeitoso um parente mais velho assumir o poder e, em muitos lugares, príncipes enciumados lutando pela coroa.

De que lado estamos – dos otimistas ou dos pessimistas? Você pode pensar que o conteúdo deste livro nos coloca firmemente no lado negativo, mas este não é o caso. Ao contrário, acreditamos fortemente na positividade das empresas familiares, mas reconhecemos que ela tem um preço: o aumento da vulnerabilidade. As empresas familiares precisam ser mais espertas e estar mais alertas que outros tipos de empresas para regular o fluxo de energia emocional positiva e evitar o lado negativo. Elas precisam estar constantemente vigilantes para gerenciar os riscos inerentes a esta forma de empresa. Escrevemos este livro precisamente porque podemos ver como medidas bastante simples e um bom gerenciamento de riscos teriam poupado muitas das grandes empresas aqui analisadas do sofrimento que as aguardava.

ANALISANDO FAMÍLIAS

As novelas e dramas clássicos da literatura mundial contêm descrições das dinâmicas da vida familiar que abrangem todos os riscos e armadilhas que se pode imaginar. A Bíblia está cheia de histórias deste gênero. Dada a diversidade das sagas familiares, poderíamos nos perguntar o que poderia ser adicionado a essas histórias. Mas as guerras familiares não se limitam a simples narrativas. Existe uma ciência das relações familiares.[10] Não iremos incomodar os leitores com teorias longas e tediosas – e certamente há muitas delas! Mas para ver os padrões, obter uma compreensão mais profunda e extrair lições, é bom ter um conjunto de idéias e conceitos a respeito dos princípios e processos-chave subjacentes aos conflitos familiares. Trataremos deles no restante deste capítulo.

Nosso objetivo não é somente prover um meio para descobrir as origens do conflito, mas também mostrar o caminho para resolvê-los. Uma idéia importante subjacente a este livro é que as guerras são menos problemas a serem resolvidos do que riscos a serem evitados. A conseqüência da guerra é um triste trabalho de limpeza, arrependimento e construção de novas aspirações sobre uma base firme. É muito melhor contar com políticas, princípios e práticas sólidos que tornem a guerra improvável. Este trabalho pode ser banal e pouco compensador. É uma vergonha o fato de raramente reservarmos tempo para comemorar nossos sucessos em evitar problemas na vida – os acidentes que não tivemos e as disputas que evitamos. A prudência é uma virtude pouco valorizada, assim como a confiabilidade e a pacificidade. Aqui celebramos essas qualidades e procuramos ajudar as organizações a lhes dar valor. Como iremos mostrar, na verdade somos a favor de alguns tipos de conflito. Existem algumas variedades de oposição e divergência que geram criatividade e mudanças.[11] Mas a tensão criativa é uma corda bamba difícil de ser cruzada e nas guerras familiares muitas vezes ela passa por uma grande mudança, deixando para comentaristas como nós a tarefa de examinar a trilha de destruição e aprender as lições.

AS ORIGENS DOS CONFLITOS

Existem dois aspectos nos conflitos: questões de conteúdo e questões de processo que são, respectivamente, o que constitui um conflito e como ele é criado. Essas duas dimensões com freqüência estão interligadas, mas é útil separá-las – saber do que se trata qualquer conflito.

OS INGREDIENTES DO CONFLITO

Questões de conteúdo são basicamente pessoas querendo coisas incompatíveis, ou pessoas competindo pelo mesmo – isto é, onde a perda de uma pessoa é o ganho de outra. Na maior parte do tempo não entramos em conflito porque somos capazes de aceitar concessões, encontrar alternativas e fazer acordos por baixo da mesa que nos mantêm suficientemente seguros e felizes. Mas isso depende daquilo que é de fato a razão da disputa. Que interesses estão em jogo?[12] Questões de materialidade são as mais fáceis de resolver. Dinheiro e recursos podem ser repostos. Muitas empresas familiares pagam para sair de conflitos – pagando os dissidentes e os descontentes, separando os interesses financeiros dos parentes em luta. Mas é muito mais difícil evitar conflitos em torno de assuntos de ética, valores e princípios. As pessoas fazem esforços extraordinários e irracionais para defender aquilo que acreditam ser certo. E se esforçam ainda mais quando o assunto está ligado a relacionamentos: ligações pessoais, inveja, desejo e auto-estima. Conflitos a respeito de amor, lealdade, ameaças de perdas pessoais, têm a capacidade de continuar retornando à mesma fonte emocional para recarregar sua animosidade. Este é um fator importante de vulnerabilidade para estas empresas: a probabilidade de qualquer conflito se misturar com questões pessoais.

O CONFLITO É PESSOAL

Do ponto de vista psicológico, na origem dos conflitos mais venenosos está a **identidade** – a idéia de que alguém está sendo diminuído ou prejudicado; que está golpeado ou ameaçado de maneira essencial.[13] Raramente reconhecemos quanto esta é uma parte central do problema. Mas pense a respeito. Um conflito sobre dinheiro pode ser resolvido por um simples compromisso ou por uma aceitação resignada de se tratar "apenas de dinheiro". Mas as emoções se aquecem quando os recursos simbolizam de alguma forma o valor intrínseco de uma pessoa. Nas famílias, muitas vezes o dinheiro representa todos os tipos de elementos psicológicos, e mais ainda quando ele representa o quanto uma pessoa é valorizada ou amada. Identidade pessoal e auto-estima estão envolvidas em todos os relacionamentos próximos – aumentando o envolvimento com a proximidade.[14] É especialmente difícil ser filosófico a respeito de problemas de relacionamento quando eles parecem se refletir sobre a maneira pela qual somos vistos pelos outros ou por nós mesmos. Assim como a perda de um ser amado nos faz sentir como se tivéssemos perdido uma parte de nós mesmos, também o conflito com um ser amado parece destruir nossa opinião a respeito de nós mesmos. Essa é a natureza das ligações humanas. As guerras familiares geram grande parte do seu calor a partir do forte entrelaçamento de ética, emoções e identidade em todos os níveis. Em vários dos nossos casos, inclusive por exemplo o da Koch Industries (Capítulo 3), animosidades da infância reverberam ao longo dos anos e entram no mundo adulto.

O CONFLITO COMO PROCESSO

O **processo** do conflito é provocá-lo. Uma das maneiras mais simples de provocar conflito é fixar metas incompatíveis para as pessoas e forçá-las a dividir os recursos necessários à realização das mesmas. Pense numa partida de futebol – duas metas diferentes, uma em cada extremidade, e apenas uma bola para ser dividida entre os dois lados. Agora pense em famílias. Elas se encaixam no modelo – seus membros têm metas diferentes e dividem uma base comum de recursos. O conflito é evitado nas famílias por uma alocação de recursos que separe os interesses, mas alguns recursos são divididos menos facilmente que outros.[15] Pense, para começar, em amor e atenção. Em termos gerais, o conflito dentro da família decresce com o aumento da independência e dos recursos próprios dos indivíduos.

As empresas familiares acrescentam uma complicação a tudo isto. Elas continuam a orientar as pessoas para o mesmo agrupamento central de recursos e os une num destino comum por mais tempo do que elas permaneceriam sem ele. A interdependência tende a persistir, mesmo na maturidade. Algumas empresas familiares procuram evitar o problema transformando divisões em empresas independentes para serem dirigidas por membros da família – um costume comum nas grandes famílias de empresas do sul da Ásia.[16] Porém, isto cria separação. Reivindicações contestadas podem persistir, juntamente com fontes mais profundas de inimizade. Um caso clássico que contamos é a história da Reliance, a poderosa corporação indiana, onde o império foi dividido ao meio depois que seu fundador morreu sem deixar testamento, deixando seus filhos batalhando inutilmente pela supremacia. Finalmente se chegou a uma separação de recursos que conduziu à continuação do sucesso da empresa, mas somente depois de um grande derramamento de sangue.

O CONFLITO COMO RELACIONAMENTO

As pessoas costumam pensar que a fonte mais perniciosa de conflitos é a "personalidade". Ela é certamente um elemento-chave, mas é mais uma condição do que uma causa.[17] Como veremos, muitas vezes ela acrescenta mais cor do que calor a uma disputa. Mas a verdadeira causa é a confiança – ou sua falta. Incompatibilidades extremas de personalidade podem tornar mais difícil sintonizar o mesmo comprimento de onda, mas nem sempre desconfiamos de pessoas das quais sabemos que somos diferentes em caráter. A falta de confiança provém de qualquer coisa que leve uma pessoa a ver outra como indigna de confiança, inconsistente, insincera ou enganadora.[18] Qualquer um de nós pode parecer ser assim para qualquer pessoa. Tudo depende de ações e atribuições. Pense na última vez em que alguém desconfiou de você e como você se sentiu. Quando outros nos consideram indignos de confiança ficamos irritados e protestamos que nossas ações ou intenções foram mal interpretadas.

Em geral temos excelentes explicações para nosso próprio comportamento, embora para outras pessoas elas possam parecer desculpas. Com um pouco de diálogo, quando há um rompimento de relações, quase sempre perdoamos e somos perdoados. Caso isso aconteça mais de uma vez, poderemos constatar que somos tolerados por sermos considerados excêntricos ou difíceis, ou que ganhamos a reputação de ser indignos de confiança ou inconsistentes. Mas nenhum desses julgamentos é suficiente para provocar uma guerra aberta no dia a dia, a menos que haja uma atribuição de maldade – isto é, somos acusados de ser deliberadamente difíceis. Este é um ponto de partida para o assassinato de personalidade, a agressão olho por olho e a generalização da confusão.[19]

Parece antinatural que este tipo de comportamento ocorra com tanta freqüência em famílias, mas é o que acontece. Seria de se esperar que as pessoas se conhecem bem o suficiente para perdoar e esquecer. De onde vem esta energia negativa? Muitas vezes ela se baseia em suposições a respeito das intenções de outras pessoas – que elas tenham intenção de nos prejudicar. Um dos exemplos mais espetaculares em empresas familiares pode ser encontrado na saga da família Gucci (Capítulo 8), onde os instintos empreendedores de Aldo, o líder da segunda geração, foram recebidos com suspeita e depois hostilidade por Rodolfo, seu irmão mais novo.

JUSTIÇA E TRAPAÇA

Em nossas interações normais do dia a dia em geral não temos razão para esperar que outras pessoas desejem nos prejudicar. Competir, sim. O carro que nos fecha numa esquina movimentada está competindo por precedência e não tentando nos prejudicar. A violência no trânsito provém menos da suposição de más intenções, uma vez que o outro motorista é um estranho, do que da percepção de **deslealdade** e trapaça.[20] Esta é uma das causas de conflito mais persistentes. As pessoas realizam esforços extraordinários para restaurar a igualdade depois que alguém criou um desequilíbrio "injusto". Os cientistas sociais fazem uma importante distinção entre aquilo que chamam de justiça "distributiva" e "processual", isto é, entre a desigualdade sentida entre parcelas de um produto valorizado e a justiça identificada no procedimento pelo qual as parcelas são alocadas.[21] Em geral, as pessoas se enraivecem mais e por mais tempo pela segunda razão do que pela primeira, ou seja, uma distribuição de recursos à qual se chegou por meio de um procedimento injusto é mais irritante que o mero fato da desigualdade. Nas empresas, as pessoas aceitam diferenciais salariais se estes resultam de práticas legítimas ou justas, mas lutam furiosamente por causa de uma diferença insignificante que é considerada injusta ou ilegítima.[22]

Em conflitos familiares, muitas vezes o foco está na desigualdade – por razões que iremos explorar na próxima seção – mas com freqüência ele se deve àquilo que é visto como má-fé. A causa subjacente da nossa reação acalorada à injustiça é a idéia persistente em nossas mentes de que a vida social é regida por um acordo social – de que em nossas comunidades, todos devem estar sujeitos à mesma estrutura de regras e restrições.[23]

Exceções nos irritam. A violência no trânsito é um exemplo extremo. A infração do motorista que rouba a vaga no estacionamento pela qual esperamos pacientemente reflete nossa forte convicção de que ele deveria estar sujeito à mesma rede de convenções que aceitamos. A pessoa que as desrespeita e nos prejudica nos irrita, algumas vezes em proporções extremas. As famílias são como sociedades em miniatura – cada uma delas tem seus padrões aceitos e suas regras implícitas para reger a conduta.[24] Contudo, nas famílias as convenções estão constantemente sendo mudadas e reescritas. Tipicamente, os pais fixam as regras e depois as revisam sob a pressão um do outro e dos filhos. O controle paterno pode ser contestado continuamente. Algumas famílias estão constantemente em guerra a respeito de direitos e obrigações – a respeito do que é aceitável e do que não é.[25]

RECOMPENSAS DESIGUAIS

Alguns tipos de conflito processual tendem a se repetir. Um deles é o problema do carona – um dos tipos mais persistentes de conflito processual da sociedade, combinando vários dos aspectos que consideramos.[26] Um exemplo típico é quando um membro de um grupo é visto não "fazendo sua parte". Equipes de trabalho podem se desintegrar caso este problema ocorra e não seja resolvido.[27] A causa: pode ser que os membros tenham uma idéia diferente a respeito do que seja uma contribuição válida para o esforço do grupo. A menos que cheguem a uma forma de perspectiva comum, o grupo poderá se desfazer. Nas famílias, mais que em outros grupos, uma razão para a persistência de conflitos abertos é que os laços que unem seus membros são fortes demais para serem dissolvidos sob este tipo de pressão – assim, o que se vê muitas vezes são membros descontentes reclamando continuamente a respeito das contribuições uns dos outros, até que estejam aptos para deixar o ninho e escapem.

Furadores de filas e pessoas que obtêm benefícios imerecidos são variedades do mesmo problema. Nas empresas familiares esta questão é recorrente – o membro da família que obtém uma recompensa financeira sem fazer nenhum tipo de contribuição para a família ou empresa; a pessoa que é nomeada em prejuízo de candidatos mais aptos; aquele que consegue uma sinecura na empresa porque é da família.[28] Mais uma vez, há o problema da percepção. Uma carona pode ser perpetrada de maneira deliberada e cínica, levando a percepções negativas. Como disse o filósofo: "Se uma coisa é percebida como real, ela é real em suas conseqüências".[29] Percepção é realidade. A pessoa acusada de ser caronista pode proclamar sua inocência, afirmar seus direitos segundo as convenções ou a lei e justificar seu comportamento assinalando o quanto suas contribuições são subvalorizadas. Nas famílias, essas sensibilidades costumam ser agudas.[30] Alegações e contra-alegações podem ser trocadas até atingirem um ponto de grande trivialidade e incompreensão. Irritações que pessoas "normais" deixariam de lado são elevadas a um alto nível de extravagância.

O que gera esta e todas as outras paixões que levam os conflitos familiares a tão altos níveis de dramaticidade? A resposta está na "política dos genes".

POLÍTICA DE GENES E A EMPRESA FAMILIAR[31]

"A política dos genes" é uma abreviatura para a origem lógica de conflito e cooperação entre parentes. O conteúdo e os aspectos processuais do conflito têm uma fonte comum nas famílias: forças biológicas que unem e separam.

A FAMÍLIA EVOLUÍDA

A mais profunda força subjacente da família é biológica.[32] As famílias existem em todo o mundo animal para o único propósito de alimentar seus jovens e continuar a existência da linhagem. Charles Darwin propôs a atraente teoria que desde então vem sendo confirmada e elaborada pela genética: os genes que levamos conosco se perpetuam beneficiando a nós, seus hospedeiros.[33] É por meio da reprodução que nós os transmitimos, para que eles possam trabalhar melhor para ajudar a próxima geração, e assim por diante. Os genes "ruins" são eliminados pela destruição do seu hospedeiro ou da sua capacidade de reprodução. A lógica simples deste processo é o que move a evolução de todas as espécies, inclusive a humana. No jargão do darwinismo moderno ela é chamada de "aptidão reprodutiva".[34]

Para muitas espécies, a fórmula é direta. Encontre um companheiro com "bons genes", reproduza-se e então morra – você fez seu trabalho. Em geral, o padrão é que os machos fazem propaganda e as fêmeas escolhem. A propaganda de bons genes é realizada por formas de exibição e sinalização: canto de pássaros, bravura, arrepiar as penas e outras espécies de ostentação.[35] Em espécies mais sofisticadas – em especial mamíferos e pássaros – é preciso mais para criar os jovens e cuidar deles (e dos seus genes) com segurança até a maturidade. É necessário o investimento dos pais.[36] E isso significa uma família.

No caso dos seres humanos, uma das penalidades de se caminhar sobre duas pernas é que a pélvis precisa ser suficientemente pequena e ficar em um plano vertical para permitir caminhar, correr e saltar com eficácia. Ao mesmo tempo, temos cabeças grandes e ossudas para proteger nossos preciosos e prodigiosos cérebros. Junte tudo isso e surge a necessidade de um nascimento prematuro – a criança humana precisa ter grande parte do seu crescimento mais crítico fora do útero, num estado de extrema vulnerabilidade e dependência. Segue-se que são necessárias estruturas estáveis de vida familiar para sustentar o desenvolvimento e com ele a sobrevivência da espécie. A família é a escola para a vida na qual nossos filhos crescem, são educados e adquirem as habilidades de que irão necessitar para sobreviver e se reproduzir na comunidade humana.

A FAMÍLIA EGOÍSTA

Assim, dentro da família a força que nos une é nossa herança biológica comum. Dividimos nossos genes e, portanto, nosso destino. Amamos nossos filhos e procuramos promover seus interesses em um mundo competitivo porque eles carregam nossos genes, e nós carregamos genes que fazem com que queiramos apoiá-los – um ciclo virtuoso servindo àquilo que o biólogo Richard Dawkins chamou de *The Selfish Gene* (O Gene Egoísta).[37] Nossos genes comuns fazem com que nos amemos e lutemos uns pelos outros, especialmente contra as reivindicações de pessoas estranhas e de outras famílias. Esta é uma das fontes de força nas empresas familiares: amor, solidariedade e determinação para se apoiar mutuamente e perpetuar a existência da família. Isto explica a energia injuriosa que as famílias podem gerar para repelir estranhos hostis. Ela também dá energia aos conflitos que podem surgir entre ramos da família que basicamente não têm relações, exceto através da ligação não genética do casamento.

E quanto à adoção? Os seres humanos têm maior facilidade do que muitas outras espécies para adotar não parentes e muitas vezes o fazem com sucesso, se o recém-chegado aceitar a família hospedeira e adaptar-se a ela.[38] Não obstante, os relacionamentos com membros adotivos costumam ser frágeis e cheios de dificuldades, como veremos em vários casos, em especial o da família Shoen na história do U-Haul (Capítulo 8).

O LAÇO DO CASAMENTO

Da mesma forma o **casamento**, ou qualquer ligação entre indivíduos geneticamente não relacionados, é a ligação mais fraca e um dos pontos de ruptura freqüentes na dinâmica familiar.[39] Nossa biologia nos programa para que nos apaixonemos e desejemos formar uma família, mas infelizmente o amor romântico nem sempre dura para sempre.[40] Com o tempo ele é substituído por um elo mais maduro entre os casais, sustentado por uma profunda afeição e paixões comuns, entre outras coisas. Mas o laço mais forte é a aposta comum no maior investimento de todos, os filhos. As estatísticas de divórcio no mundo ocidental testificam que mesmo isto não é tão forçoso. Maridos e mulheres abandonam uns aos outros mais depressa do que abandonam os filhos, ou mesmo seus irmãos.

Esta é, de várias maneiras, uma área de risco para as empresas familiares. A mais óbvia é o fechamento de uma empresa familiar devido ao rompimento de um casamento, pois no processo divide-se ativos, lealdades e a integridade do negócio.[41] Em nenhum dos nossos casos esta é uma causa direta de conflito, principalmente porque estamos falando a respeito de empresas familiares maduras, e este risco é especialmente comum entre empresas jovens ou nascentes, onde ambos os cônjuges estão intimamente ligados com ela.[42] Nas empresas mais maduras aqui analisadas, o rompimento de um casamento é absorvido, embora as conseqüências ainda possam ser negativas, deixando um resíduo. Muitos de nossos casos ilustram como isto pode ser corrosivo, em especial quando os direitos de propriedade estão distribuídos de forma desigual.

Outra conseqüência problemática é um novo casamento depois do divórcio. Em muitos dos casos que iremos ver, o laço matrimonial entra em conflito com o laço familiar – com lealdades individuais sendo afastadas do centro de gravidade familiar. Em outros casos vemos cônjuges atuando como amplificadores de conflitos entre as outras partes, como na guerra entre os impérios de calçados esportivos da família Dassler (veja Capítulo 3).

Também foi observado que as pessoas mudam de caráter devido ao casamento.[43] Pelo menos, é o que parece para alguém de fora. Na verdade, o que acontece é que parcerias de qualquer espécie salientam aspectos diferentes de nossas personalidades. De fato, escolhemos os parceiros em parte para nos tornarmos a pessoa que desejamos ser. Mas isto também vale para a pessoa que nos escolhe. Qualquer das partes pode estar enganada no julgamento da outra. Além disso, novos aspectos do caráter são revelados à medida que o relacionamento progride. Esta pode ser uma alegre viagem de descobertas, mas com freqüência ocorre o contrário. Sabe-se que as pessoas regridem a comportamentos mais primitivos e desagradáveis sob a pressão de um relacionamento – o drama *Macbeth*, de Shakespeare, conta isto com eloqüência. No caso da U-Haul, a morte da primeira esposa do patriarca produziu uma profunda mudança no estilo e no comportamento dele, gerando uma série de eventos que separaram a família. Outras pessoas florescem depois do segundo casamento, pessoas cujas arestas foram aguçadas numa união anterior podem tê-las suavizadas no seguinte. Mas o reverso também pode acontecer!

PAIS E FILHOS

Passemos agora aos genes, começando com a **paternidade**. As perspectiva neodarwiniana nos diz que ambivalência e conflito são endêmicos no relacionamento.[44] Isto aumenta com o crescimento dos filhos. Os pais têm um forte interesse em alimentar, ajudar e orientar seus filhos para caminhos de sucesso pois seus filhos levam consigo a carga preciosa dos genes da família. Em retorno, os filhos amam seus pais; é seu impulso instintivo para solidificar a ligação entre eles e as pessoas de quem dependem de forma tão total.

Até aqui, tudo bem. Mas aí vem o conflito. O desejo dos pais de gerenciar o destino dos filhos torna-se cada vez mais inaceitável para estes. Os pais precisam aprender a soltá-los, o que muitas vezes é difícil. Quantas vezes você já ouviu pais alegarem lamentosos "É para seu bem", ao passo que os filhos respondem "Como você sabe o que é melhor para mim?". A criação bem-sucedida dos filhos é pontuada por conflitos deste gênero, mas a causa deles faz parte da nossa programação biogenética. Os filhos são motivados a extrair todo o valor que puderem dos seus pais; portanto, mantêm os acordos que seus pais fazem com eles, conformando-se aos seus desejos. Mas os filhos têm um senso crescente de autonomia e da legitimidade das suas metas – eles estão indo potencialmente para uma posição que espelha seus pais, buscando controlar seu próprio destino e o futuro dos seus futuros filhos. Assim, o padrão se repete de geração em geração.

A batalha entre pais e filhos é travada em todas as culturas. Os pais não conseguem soltar as rédeas o suficiente ou suficientemente rápido porque eles estão presos a uma idéia dos filhos menos madura do que aquela que os próprios filhos têm de si mesmos. Do outro lado, os filhos estão perpetuamente forçando as rédeas e procurando escapar da esfera de controle paterno. Algumas culturas, como a latina e a do sul da Ásia, atribuem grande peso ao lado paterno, dando-lhes o direito de arranjar os casamentos e as carreiras dos filhos. As diferenças no caráter da empresa familiar entre as culturas devem muito à maneira pela qual este conflito é regulado pelas normas sociais.[45]

Em nossos casos veremos numerosos exemplos de batalhas pelo controle entre pais e filhos, porque quando este drama é estendido até a esfera de uma empresa, ele adquire peso extra. Um dos exemplos mais agudos é o da IBM, onde Tom Watson Jr. lutou com unhas e dentes contra o pai antes deste entregar as rédeas (Capítulo 4). Isto porque estão em jogo não só as opções do indivíduo mas também todo o peso dos recursos da família e da empresa. A arena mais comum na qual este conflito tem lugar é a sucessão. Os exemplos são de legiões de patriarcas idosos recusando-se a entregar o controle a seus filhos de meia-idade.[46] Eles nunca deixam de acreditar que conhecem melhor o negócio – às vezes até depois de mortos. Eles podem lançar uma sombra de

IRMÃOS E IRMÃS

Chegamos agora a uma das áreas mais intensas de conflito biogenético, os **irmãos**.[47] No mundo animal, é comum encontrar espécies em que os irmãos não apenas competem entre si, mas se matam uns aos outros se possível.[48] A garçota, uma ave semelhante à garça, comum em muitos climas temperados e tropicais, tem um sistema familiar sanguinário. Os pais ficam como observadores desinteressados enquanto o primeiro filhote a nascer bica até a morte seu irmão mais novo, menor e mais fraco. Por que os pais toleram isto? Porque o segundo filhote foi concebido como um plano de seguro genético para o caso do primogênito não sobreviver. Caso ele seja forte o suficiente para ser o portador garantido dos genes familiares, então a missão genética dos pais está cumprida e as chances da sua sobrevivência só poderão ser reduzidas pelas reivindicações do irmão mais novo sobre os recursos limitados. Isto consagra a essência da política do conflito entre irmãos: a competição por recursos limitados.

Na família humana, o assassinato entre irmãos não é desconhecido – Caim e Abel se destacam como um alerta prévio para a espécie humana – mas felizmente o conflito entre irmãos até este ponto é raro, apesar de existir. Porém, uma grande dose de amargura e inimizade entre irmãos e irmãs não é incomum.[49] Mas o mesmo se dá com os elos de amor, lealdade e companheirismo. Para muitas pessoas, os irmãos e as irmãs se tornam e permanecem como os melhores amigos da vida. Muitas empresas familiares são fundadas e dirigidas com sucesso por irmãos. A liderança conjunta entre irmãos é ainda mais comum. O que é então que pode transformar essa ligação em algo venenoso? Os pais desempenham um papel crítico,[50] assim como a personalidade, a qual será discutida daqui a pouco.

Na família humana o drama dos irmãos é desempenhado segundo o mesmo modelo genético, mas com um conjunto diferente de contribuições em cada caso. Vamos explicar. O primogênito recebe toda atenção dos pais. Essa atenção se divide com o advento do segundo filho. Como muitos pais sabem, a diferença de idade é importante.[51] Quanto maior a diferença, mais fácil é para o primogênito lidar com esta intrusão – através de compreensão e poder superiores. Contudo, ainda existe uma intrusão e os primogênitos criam estratégias que os mantêm em posição favorável junto aos pais, muitas vezes curvando-se aos desejos paternos e/ou através de realizações visíveis.[52] É comum encontrar primogênitos e filhos únicos nas fileiras de liderança.

A regra da primogenitura é aplicada em muitas sociedades e no passado era comumente praticada nas empresas familiares e explora este relacionamento.[53] O problema, é claro, é que o primogênito pode ter vontade de ter sucesso, mas não a capacidade para obtê-lo. Contra esta supremacia, nem tudo está perdido para os filhos mais novos. Eles contam com uma estratégia de ajuste diferente no sistema familiar. Eles se dão conta de que o arranjo confortável estabelecido pelos seus pais e pelo primogênito precisa ser derrubado para que eles possam competir em pé de igualdade. Inicialmente, eles recebem todo o amor e atenção que um recém-nascido atrai, mas com o passar do tempo começam a ver sua desvantagem em relação aos irmãos mais velhos, que têm posições seguras. Para cada novo irmão, à medida que a família cresce, este potencial de opressão e menor parcela dos recursos torna-se cada vez mais evidente.

O que podem fazer os mais novos? Rebelar-se.[54] Essa revolta assume muitas formas diferentes. Pode envolver tentativas de usurpar ou derrubar os irmãos mais velhos. Isto pode ser conseguido através de um modelo diferente de relacionamentos e valores que os distinga dos irmãos mais velhos. Os mais novos buscam um terreno de sua escolha para competir com eles e talvez superá-los. Por exemplo, o humor sempre foi a arma e a defesa de quem carece de poder por outros meios. A criatividade é outro recurso. Constatou-se que, entre os radicais do mundo, os irmãos mais novos predominam.[55] Esta espécie de diferenciação é visível em vários dos nossos casos.

Nada disso é suficiente para provocar uma guerra entre irmãos. Muitos pais confusos testemunharam conflitos quase fratricidas entre jovens irmãos que depois se transformaram em ligações maduras de lealdade e amizade. A razão é que o recurso pelo qual eles lutavam – a atenção paterna – passa a ser cada vez menos relevante. Eles têm mais a aprender e ganhar uns com os outros como amigos do que como rivais. Mais uma vez, a empresa familiar entra na equação com uma força potencialmente destrutiva. Ela amplia potencialmente o domínio contestado até a vida adulta, porque liga as pessoas – a riqueza da família e a posse da empresa passam a simbolizar tudo aquilo por que lutaram durante a infância.

SEXO E OUTROS FATORES

Mas que outros fatores afetam a probabilidade de um conflito? Um deles é o **sexo** dos filhos.[56] Meninas e meninos competem em territórios diferentes – os conflitos mais agudos sempre serão entre irmãos do mesmo sexo, principalmente para os meninos. Em geral, a necessidade de dominar é maior para homens do que para mulheres. Outro fator, já mencionado, é o **espaçamento de idades**. Diferenças maiores de idade reduzem a probabilidade de conflito, mas não a eliminam. O **tamanho da família** também difunde o conflito. Nas famílias grandes, a parcela de atenção e recursos recebidos por cada um é reduzida; portanto, há menos por que lutar. Em vez disso, os irmãos vêem a inutilidade da luta e encontram seus próprios caminhos. Muitas vezes as empresas familiares funcionam melhor em grandes famílias por esses motivos, os irmãos têm maior probabilidade de buscar nichos variados, dentro e fora da empresa.

O papel dos pais é crítico, especialmente na maneira pela qual eles distribuem recursos. Como todos os filhos são igualmente portadores dos seus genes, eles estão por instinto dispostos a dividir igualmente entre todos. As empresas familiares islâmicas têm esta divisão de heranças exigida pelas injunções da lei Sharia (embora as filhas recebam uma fração daquilo que é dividido entre os filhos). É claro que a igualdade nem sempre é justa ou a melhor solução, em especial quando significa dividir ativos em nome da "justiça" familiar.[57] E é claro que os filhos não vêem as coisas dessa maneira – cada um deles pode estar inclinado a ver a si mesmo como merecedor de forma única, especialmente aqueles que ocupam posições de liderança na empresa da família.

Assim sendo, a política dos genes é a interação de interesses genéticos em famílias de formas e tamanhos diferentes. Esta análise ajuda na compreensão dos muitos padrões gerais que vemos nas famílias. Mas ela não é de muita ajuda nos casos específicos de guerras familiares, onde todos os tipos de jogos são jogados. Esta é a área que podemos chamar de dinâmicas familiares.

DINÂMICAS FAMILIARES

ESTILOS DE PATERNIDADE

Vamos começar pelos pais. Há muitas maneiras de ser pai. As variações mais óbvias se dão em torno de amor e autoridade. Os pais diferem na maneira de educar seus filhos, na quantidade de atenção dedicada. Eles também diferem em quanto exercem o poder de cima para baixo. Junte isso e você terá quatro estilos de paternidade, mostrados na Figura 2.1.[58]

Atenção e apoio para os filhos	Poder de cima para baixo	
	Alto	Baixo
Alto	Autoritário	Indulgente
Baixo	Autoritário	Negligente

Figura 2.1 – Estilos de paternidade

O pai autoritário e controlador é baixo em apoio emocional e alto em distanciamento do poder – típico do patriarca obcecado com a empresa, que espera apoio em segundo plano da família e dirige por decreto, como veremos no Capítulo 5, onde Sumner Redstone espera que seus filhos sigam seu comando. O pai negligente é baixo em ambos. Esta é uma característica de empresas familiares em que não existe direção nem apoio para que os filhos se interessem pela empresa. O pai indulgente é alto em apoio e baixo em poder. Os pais educam seus filhos e lhes dão liberdade para atuar na empresa da maneira que quiserem. Isto é visível na família Gucci e na notável saga da U-Haul, onde o pai oscilou entre os estilos autoritário, negligente e indulgente entre os filhos mais velhos e mais novos. (Apresentado no Capítulo 9). A categoria final é provavelmente a ideal em muitas culturas: os pais autoritários, altos em apoio e também em autoridade.

Numa empresa familiar, isto pode orientar os filhos, de forma planejada, para que se tornem parte da empresa, ou desencorajá-los de fazê-lo. De qualquer maneira, este quarto estilo é reconhecido pelos terapeutas como o mais eficaz para equilibrar as necessidades dos filhos e manter a família unida.[59] Mas devemos tomar cuidado, pois não é um modelo que sirva para todos os casos. Amor e apoio podem ser opressivos se estiverem demasiado ligados ao controle; algumas famílias se tornam "enredadas" quando suas referências são todas internas, todos são obcecados a respeito de todos na família e quando a luz do mundo exterior raramente parece penetrar a confusão dos seus relacionamentos.[60] No extremo oposto estão as famílias em que um clima de liberdade foi cultivado até o ponto em que cada um age à sua maneira, sem levar em conta os outros. A família está fragmentada e centrífuga, com cada um escapando para seu próprio mundo individual.

PAIS EM GUERRA

Há outras variações. Algumas ocorrem em torno do relacionamento entre os pais. Onde existe guerra, ou talvez uma trégua armada entre os pais, pode haver uma batalha por aliados entre os filhos – produzindo uma divisão na família à medida que os filhos são recrutados por um ou outro lado. Nessas famílias, muitas vezes a batalha é travada através dos filhos, com severas conseqüências para o desenvolvimento da coesão familiar na próxima geração.[61] A família Pritzker (Capítulo 7) sofreu uma divisão deste tipo.

Dizem que entre as maiores fontes de influência sobre os filhos estão as vidas não vividas dos pais.[62] Eles podem descarregar suas frustrações sobre os filhos. Muitos indivíduos altamente ambiciosos tiveram seus esforços alimentados pelos desejos insatisfeitos dos pais, cujas vidas foram limitadas pela falta de oportunidades, de recursos ou pelo seu próprio comportamento como agentes bloqueadores. Esses padrões podem ser considerados "roteiros" de vida que as pessoas escolhem em várias fontes na infância: pais, professores e modelos.[63] Muitas vezes os adultos se rebelam contra os roteiros que lhes foram dados – embora isto possa acontecer tarde, na meia-idade – e abandonam a vida e a carreira que vinham tendo. Otis Chandler, o último membro da família editora do *LA Times*, ilustra isto de forma grave (veja Capítulo 7). Nas empresas familiares o roteiro de um filho que cresce pode ser escrito em torno do futuro papel pretendido para ele. Isto significa claramente perigo se a geração seguinte adotou a narrativa sem possuí-la psicologicamente:[64] isto é, se os filhos sabem recitar seus papéis, mas sua vida real secreta é outra. O perigo palpável é que eles assumam a empresa e a dirijam com indiferença.

BUSCANDO BODES EXPIATÓRIOS

Uma patologia comum nas famílias é a "triangulação" – quando duas partes em conflito desviam sua energia negativa para uma terceira – normalmente pais em guerra escolhendo um dos filhos.[65] Também ocorre uma busca generalizada por bodes expiatórios, quando todos os membros da família identificam um indivíduo como "o problema". Esta conspiração faz do bode expiatório a tela sobre a qual são pintados os desejos frustrados de todos os outros membros da família. O indivíduo assim identificado, com freqüência é o mais fraco, mais lento, mais agressivo e assim por diante: aquele que mais se desvia da gama considerada normal ou aceitável pelo restante da família. Pode ser um filho, mas também pode ser um dos pais, em especial quando estes estão em conflito.

O lado oposto da moeda é o favoritismo - indivíduos que são escolhidos para receber atenção e apoio especiais porque são considerados talentosos, especiais ou mais cativantes. Voltando à linguagem da política dos genes, todo o investimento dos pais passa a se concentrar na fonte de retorno mais provável: o filho que será o portador mais confiável dos genes familiares. Isto nem sempre funciona como pretendem os pais. A escolha feita por Edgar Bronfman Sr. entre seus filhos ilustra este ponto (o caso Seagram no Capítulo 6). Até mesmo o filho mais obediente pode se rebelar contra a pressão das expectativas, romper as algemas e desapontar os pais voando em uma nova direção.

FAMÍLIAS COMO CULTURAS

A idéia de **clima familiar** capta essas variações.[66] O conceito de clima é um aspecto cultural. Ele denota os conjuntos específicos de crenças e práticas que são expressas e praticadas por um grupo; muitos deles reúnem aquilo que é esperado. Dentro de uma família, a cultura está nos comportamentos e atitudes que são dados como certos. Até aqui nos concentramos em aspectos ligados a sentimentos – em especial em torno de amor, controle e identificação. O clima familiar também tem uma dimensão de pensar e uma de agir.

A dimensão de pensar é o grau até o qual os membros da família compartilham a mesma visão do mundo e os mesmos valores. Isto tem claramente relação com sua solidariedade ou sua capacidade para coesão. O excesso de coesão leva as famílias a se refugiarem em seu mundo e sua cultura exclusivos – "emaranhados" e impermeáveis ao mundo exterior. Nas empresas familiares, uma conseqüência mortal é a incapacidade para verificar a realidade externa que, como veremos, conduz a conflitos destruidores de empresas como demonstram os casos do Capítulo 6, e talvez de forma mais espetacular no caso Sakowitz, onde um conflito acabou com uma anteriormente próspera cadeia texana de lojas de departamentos. No caso oposto, a falta de coesão, os membros da família se espalham em diferentes áreas da vida, juntando-se ocasionalmente em grupos de dois ou três, mas mantendo uma norma de separação.

A dimensão de atuação do clima familiar é a maneira pela qual os membros da família se conduzem e resolvem problemas. Ela pode ser rígida ou flexível. A rigidez provém do fato de membros da família se prenderem aos seus roteiros e papéis – como pai durão, mãe indulgente, filho realizador, filha rebelde. A rigidez pode parecer uma estabilidade confortável, até que a família fique sob pressão. Então ela se torna menos adaptável. A família tornou-se esclerótica – incapaz de alterar seu padrão para acomodar mudanças. A família Guinness (Capítulo 6) caiu nesta armadilha não adaptando suas habilidades para atuar efetivamente como administradores da sua empresa.

O livro e o filme *Ordinary People* (*Gente como a Gente*) descrevem uma crise dessas, onde o afogamento acidental do filho mais velho, o favorito, causa um colapso familiar. A mais afetada é a mãe (representada no filme por Mary Tyler Moore), que se mostra incapaz de deixar de lamentar a perda do filho favorito para refazer seu relacionamento com o marido e o outro filho. As chaves para a flexibilidade são comunicação aberta e disposição para adotar novos comportamentos para atender aos requisitos do momento. Em algumas famílias não há áreas de impossibilidade de comunicação. Com freqüência há boas razões para a existência de tabus, mas quanto maior seu número, maior a dificuldade para se lidar com situações e circunstâncias excepcionais. É possível ser demasiado flexível? A resposta é sim – crianças necessitam de âncoras e que seus pais adotem papéis estáveis.

O princípio mais geral é que as famílias precisam se adaptar às mudanças da vida. Qualquer família se tornará pouco funcional se mantiver um formato rígido.[67] As necessidades dos filhos se alteram à medida que eles crescem. O relacionamento entre os pais também amadurece de maneiras diferentes. A vida econômica e os recursos da família não permanecem constantes. Eventos externos interferem constantemente nas famílias, com mudanças de demandas, oportunidades e ameaças.

O CONCEITO DO VASO FAMILIAR

Vamos simplificar tudo isso com uma única imagem. Imagine um vaso de cerâmica feito para levar líquidos. Ele tem uma forma, uma identidade e uma finalidade. Ele é a família. Na maior parte do tempo, ele cumpre sua finalidade; algumas vezes está seco, outras cheio até transbordar. Ele é robusto, mas não infinitamente; pode ser quebrado. Também pode se desintegrar sob pressão. Imagine se esse vaso for submetido a uma entrada violenta de líquido, por exemplo de um bocal de alta pressão. Pequenas rachaduras e fissuras que, em uso normal, não causam problemas, passam agora a constituir um problema. São pequenas linhas que se transformam em fendas, que acabam por destruir o vaso. O mesmo se dá com as famílias. Gostamos de pensar que a adversidade une as pessoas. Pode ser que isso ocorra a curto prazo, mas com freqüência as famílias são divididas pela tensão de ter que enfrentar tempos de desespero.[68]

Voltaremos a esta imagem do vaso familiar. Para muitas famílias, o fato de possuir uma empresa gera mais pressão do que elas podem suportar. Uma família precisa ser resiliente e adaptável para suportar a carga de possuir e dirigir uma empresa. A adaptação pode começar fácil e tornar-se difícil. Enquanto a empresa vai bem, é fácil para as pessoas ser felizes, mas à medida que ela se torna mais complexa e mais pessoas são envolvidas, aumenta a probabilidade de conflito. A robustez do clima familiar é testada.

Pode parecer que consideramos as famílias como nada mais que pacotes de desvantagens. O tema deste livro é que uma família pode aumentar sua força enfrentando problemas com sucesso. Isto significa que a família mais vulnerável pode ser aquela que não enfrenta tensões – ela irá carecer de estratégias de adaptação quando as tensões surgirem de repente.

Este livro visa ajudar as famílias a encontrar caminhos para o sucesso enfrentando problemas e lidando com eles. Os casos que veremos aqui provêm de empresas cujo sucesso veio a um alto preço em termos de harmonia familiar, ou que fracassaram como empresas devido aos seus conflitos. Examinando os caminhos que elas seguiram, esperamos trazer critérios e esperança para aqueles que querem evitar esse destino. Antes, porém, vamos analisar dois temas – dois conjuntos de fatores que afetam as dinâmicas familiares – que irão ocorrer repetidamente à medida que contarmos nossas histórias. Eles são cultura e personalidade.

CULTURA E PERSONALIDADE

OS ANÉIS DE INFLUÊNCIA SOBRE AS FAMÍLIAS

As famílias não surgem do nada – elas fazem parte de uma cadeia de influência, ou melhor, estão no centro de anéis concêntricos de influência. Imagine uma série desses anéis, com setas de influência entre eles. Cada anel mais externo influencia os anéis a ele internos.

O primeiro anel em torno dos pais representa os pais deles, encerrados em suas memórias e seus instintos. Imitamos como sendo "normais" muitas das práticas habituais de nossos pais, sem pensar muito no assunto. Em alguns casos, a influência é negativa – reagimos com a mesma força na direção oposta, em especial quando as lembranças da infância são dolorosas. Pode haver oscilações de estilos paternos entre as gerações que se sucedem: os filhos de pais permissivos crescem e se tornam disciplinadores, e vice- versa. Como há dois genitores, com freqüência o modelo adotado é um acordo negociado; um compromisso. Algumas vezes, o modelo de um dos genitores é imposto ao outro. Como buscamos, para parceiros no casamento, pessoas cujos valores se alinham com os nossos, normalmente isto não constitui problema.[69] Mas como vimos, quando os pais trazem modelos contrastantes e permitem que estes se tornem pontos de conflito entre eles, o resultado pode ser obscuro, desagradável e preocupante para os filhos.

O próximo anel concêntrico é a educação. Por educação entendemos professores de todas as espécies e de todas as fontes. Os pais inicialmente controlam esses fatores – as histórias que nos contam antes de dormir são uma espécie de educação, porque ajudam a formar nossas primeiras idéias a respeito da vida familiar e de moralidade. A televisão e as conversas com nossos amigos também nos educam sobre o que é "normal" ou que pode ser dado como certo.[70] A educação formal incorpora tudo isso. Em todas as culturas, a sala de aulas é o lugar em que aprendemos em detalhe as regras da nossa sociedade.

Assim, o próximo anel concêntrico é nossa cultura nativa – ou, mais corretamente, nossa subcultura, uma vez que estamos sujeitos às restrições de nosso clã local antes que as leis mais amplas da tribo nos sejam impostas.[71] Os anéis concêntricos se alargam para abranger ideologias e sistemas de pensamento amplos, que distinguem os mundos de diferentes sistemas econômicos e políticos, crenças e ideologias.

As empresas familiares, em seus conflitos e sua capacidade de adaptação, usam a linguagem e as energias dessas forças, mesmo quando parecem estar perdidas no passado ou invisíveis para os atores sociais.

A FAMÍLIA ÚNICA

Portanto, existem diferenças entre as empresas familiares devido a diversas fontes. Algumas são únicas e exclusivas da família, ao passo que outros padrões provêm de forças culturais mais amplas e não visíveis. Assim há muitas diferenças entre o Tata Group, o conglomerado diversificado de uma família indiana, e a longa cadeia de sucessão de pai para filho que pode ser vista na Beretta, fabricante de armas italiana com quase 500 anos de vida. Finalmente, há uma outra dimensão a considerar: o tempo. As famílias não são mais como antigamente e estão mudando no mundo inteiro. Em geral a prosperidade econômica provoca uma queda no índice de natalidade, ao mesmo tempo em que benefícios sociais e na saúde aumentam a longevidade. Em todo o mundo, o resultado é a disseminação da estrutura familiar do tipo "poste" – só comprimento e sem largura – com múltiplas gerações vivas ao mesmo tempo, mas poucos irmãos e primos.[72] Isto afeta profundamente a futura forma das empresas familiares, restringindo opções e alterando a natureza das dinâmicas entre as gerações.

Empresas familiares também estão surgindo em áreas onde anteriormente sua existência era proibida, como nos antigos estados comunistas, e em regiões em que a globalização está reestruturando de forma radical a vida social e econômica, como ocorre em partes da África e do Oriente Médio.

Uma marca das empresas familiares de maior sucesso é que elas têm conseguido superar as ondas de mudanças culturais, com cada geração adotando as novas idéias do seu tempo. É claro que este também é um ponto de fracassos e conflitos, quando a velha geração cede o poder tarde demais e tem pouca confiança na "nova sabedoria" da geração seguinte. Veremos esta saga infeliz e suas conseqüências em várias das nossas histórias, em especial na família Ford, onde somente na terceira geração o fundador Henry Ford foi finalmente afastado (Capítulo 4).

COMO OS MEMBROS DA FAMÍLIA DIFEREM ENTRE SI

Todos esses padrões são gravados pela cultura na identidade da família – alguns de forma consciente, outros de forma subliminar. Muitas vezes subestimamos o grau até o qual nosso pensamento é condicionado pelos outros e pelas circunstâncias que nos cercam. Mas ainda há uma fonte de singularidade que, acima de todas as outras, faz parte do tecido da família e da sua empresa: a **personalidade**.

A personalidade é um conceito misterioso e de certa forma intangível, mas é invocado nas conversas do dia a dia para cobrir cada fraqueza e idiossincrasia que uma pessoa pode exibir. Porém, ultimamente a psicologia tem feito grandes esforços para esclarecer e medir seu significado e sua estrutura.[73]

Seria tedioso tentar relacionar todas as maneiras pelas quais um membro da família pode diferir de outro, mas essa lista se resumiria a poucos temas. Qual é o estilo ou caráter externo da pessoa, sua exibição de sentimentos? Qual é seu tom emocional – positivo, negativo, variável ou estável? Quais são seus principais motivadores, suas necessidades e obsessões, e com que força são mantidos? Elas têm conflitos interiores? Qual é o seu padrão de relacionamento preferido, em termos de intimidade, variedade e força?

De acordo com os psicólogos, a personalidade é o conjunto das "disposições duradouras": qualidades de pensamento, sentimento e ação, que permanecem conosco pela maior parte das nossas vidas adultas. É uma coleção de filtros, propensões e instintos que nos levam a preferir uma situação a outra ou uma pessoa a outra. Mas a personalidade é somente uma parte da história na diferenciação entre indivíduos de uma mesma família. Existem três outras áreas.

Uma delas é **habilidade** e **aptidão**. Diferimos no que os psicólogos chamam de fatores cognitivos, como inteligência, raciocínio lógico e memória, os quais são funções programadas de nossos cérebros. Esses fatores têm influência nos negócios, mas o quanto depende muito da situação. Em muitas áreas de negócios não é preciso ser superinteligente para ser uma pessoa de negócios eficaz. Está cada vez mais fácil obter tecnologia para ajudar em tarefas que eram anteriormente uma província exclusiva dos "peritos". Os melhores líderes sabem disso e procuram se cercar de pessoas ainda mais aptas que eles.

A segunda área é de **valores** e **crenças**. Estes provêm de várias fontes – a personalidade certamente desempenha um papel importante. As atitudes das pessoas em relação à autoridade, caridade ou comunidade, por exemplo, estão intimamente ligadas às suas necessidades de poder, amor e sociabilidade. Mas grande parte da nossa ideologia pessoal provém da cultura e das pessoas que são importantes para nós. O alinhamento consistente com valores ligados à empresa é vitalmente importante na empresa familiar, mas ele provém menos de valores pessoais do que da personalidade. Isto é, as crenças individuais de um membro da família a respeito daquilo que a empresa familiar deveria defender importam menos que o estilo e a maneira pela qual eles expressam suas crenças.

A terceira área é a que podemos chamar de **autoconceito**. É como cada pessoa vê a si mesma – é o julgamento que fazemos quando olhamos no espelho, ou a idéia a respeito de nós mesmos que desejamos que os outros tenham de nós. Em alguns aspectos, é uma história que contamos a nosso respeito – um "roteiro" que podemos levar conosco através da vida, o qual procuramos representar. De tempos em tempos, reescrevemos o roteiro. Isto acontece quando decidimos que o roteiro que estivemos seguindo não é nosso verdadeiro "eu"; usualmente isto acontece porque nos damos conta de que outra pessoa escreveu o roteiro para nós e acreditamos naquilo. Pais e professores são os principais culpados. A intensa ligação dos pais com os filhos pode levá-los a projetar sobre eles desejos de realizações heróicas. Lembre-se do que dissemos a respeito de filhos vivendo os sonhos insatisfeitos de seus pais. Em alguns casos, este é um mau roteiro. Veremos vários casos em que pais julgaram erradamente seus filhos e suas capacidades. A negligência em relação às filhas é um dos temas restritivos mais comuns dos roteiros paternos.

OS ELEMENTOS CONSTRUTIVOS DA PERSONALIDADE

Esses fatores são importantes, mas a personalidade –a maneira pela qual pensamos e sentimos – influencia todos os aspectos da experiência. O que ela é e de onde vem? Os psicólogos, em sua maioria, concordam que a personalidade tem uma estrutura de cinco dimensões, comumente chamada de modelo de personalidade dos Cinco Grandes.[74] É a combinação dos altos e baixos nessas dimensões que define grande parte da nossa individualidade:

- Emoções – até que ponto somos sensíveis, ansiosos, pessimistas ou suscetíveis a mudanças de humor *versus* imutáveis, imperturbáveis e insensíveis.
- Extroversão – até que ponto somos sociáveis, dominantes e carentes de estímulos externos *versus* solitários, amantes do silêncio e auto-suficientes.
- Abertura – até que ponto somos radicais, buscamos mudanças e somos adaptáveis *versus* conservadores, tradicionais e estruturados.
- Afabilidade – até que ponto somos estimuladores, clementes e de mente aberta *versus* duros, orientados para a justiça e oportunistas.

- Consciência – até que ponto somos dedicados, controlados e obsessivos *versus* complacentes, desorganizados e tranqüilos.

Estas cinco dimensões produzem uma variedade quase infinita de padrões de personalidade. Nenhum desses padrões é intrinsecamente "melhor" ou "pior" que qualquer outro, apesar de podermos desejar muito que outras pessoas ou nós mesmos sejamos de um ou outro tipo. A questão à qual devemos realmente dedicar atenção é até que ponto nossas personalidades são compatíveis com as situações em que estamos: os desafios que enfrentamos em nosso trabalho e os relacionamentos e grupos aos quais estamos ligados, inclusive nossas famílias.

Uma família é um caldeirão borbulhante de ingredientes humanos; cada membro tem seu próprio sabor. Algumas vezes a mistura de personalidades produz uma boa sopa, mas em outras elas não se misturam bem e coisas desagradáveis vêm à superfície. A receita para uma família feliz vem em parte dos ingredientes e em parte do cozimento. Personalidades fortes na família podem dominar o sabor, o clima familiar. Membros dogmáticos e sinceros podem monopolizar as atenções, ao passo que os membros mais impressionáveis ficam em plano secundário. Às vezes os sabores se chocam, como quando indivíduos teimosos lutam pelo controle da família.

O PARADOXO DA PERSONALIDADE HERDADA

Há um fato curioso, paradoxal mas vitalmente importante, a respeito da genética da personalidade: embora grande parte da nossa personalidade provenha de nossos genes, isso parece não funcionar nas famílias.[75] A personalidade é fortemente hereditária: mais de 50% do nosso caráter vem de nossos genes, enquanto o restante vem do caminho único da nossa experiência de vida, principalmente da infância impressionável. Mas como a matriz herdada da personalidade provém de combinações únicas de genes, nossos filhos herdam padrões muito diferentes dos mesmos genes e, conseqüentemente, diferem em personalidade.

Pense nisso da seguinte maneira. Os genes que compõem sua personalidade são como uma mão de cartas com as quais você nasce e joga durante sua vida – ganhando e perdendo de acordo com as forças e fraquezas das cartas que você tem e dependendo de como as joga.[76] O mesmo vale para seu parceiro(a). Quando você e seu parceiro(a) se reproduzem, estão passando cópias de metade das cartas que têm para seus descendentes. Eles nascem com uma nova mão, composta por metade das suas cartas e metade das cartas do seu parceiro(a) – escolhidas ao acaso. Assim, a configuração da nova mão – o perfil genético da criança – é única. Assim sendo, duas pessoas amantes da paz podem ter uma filha esquentada; e duas pessoas altamente nervosas podem ter um filho calmo e fácil de lidar. Acontece.

As implicações para as empresas familiares são óbvias. Não dependa da possibilidade dos seus filhos herdarem os traços que possibilitaram que você construísse a empresa. Empreendedores não geram empreendedores, exceto por um acaso feliz – aquilo que podemos chamar de "loteria genética".[77] Vemos repetidamente empresas familiares onde se assume falsamente que a combinação de hereditariedade e escolaridade irá facilitar a sucessão entre gerações. Muitas vezes a loteria genética estraga tudo, ou leva a família numa direção totalmente nova. Entre nossos casos, vários ilustram esta verdade, como o caso dos estilos divergentes dos filhos de Césare Mondavi, Robert e Peter, e sua incapacidade para satisfazer o desejo do pai de que trabalhassem em harmonia dentro da empresa da família (Capítulo 3).

DISCERNIMENTO E CONTROLE

Mas a personalidade por si só não dá forma à família ou à empresa familiar. A mera coexistência de duas personalidades fortes numa família não as condena a uma vida de conflito incessante. Como qualquer força psicológica, a personalidade pode ser controlada e disciplinada. O controle pode vir de dentro. Se formos sensatos, aprenderemos quais são nossos traços perigosos e procuraremos dominá-los para assumir o controle e não seguir caminhos improdutivos. O aconselhamento terapêutico com indivíduos problemáticos tende a focalizar esses hábitos.

Nas empresas familiares, algumas das intervenções mais fortes e úteis provêm de conselheiros com experiência em terapia familiar e capacitados para ajudar famílias a desenvolver comunicações saudáveis e autodisciplina emocional. Também se pode efetuar controle externo com regras e convenções. As empresas familiares desenvolvem códigos de práticas que irão ajudá-las nos caminhos estreitos da boa tomada de decisões. Os conselheiros podem ser catalisadores úteis para o desenvolvimento desses documentos e protocolos. Muitas das guerras familiares que iremos ver poderiam ter sido evitadas por um pouco de autocontrole, um pouco de disciplina externa e alguns conselhos de elementos externos.

Nos casos mais complexos os problemas têm múltiplas camadas e sua resolução requer atenção a vários níveis. Os sistemas de governança podem ajudar muito, desempenhando muitas funções diferentes. Na empresa familiar eles provêem os meios para a conciliação de perspectivas diferentes e o consenso entre os proprietários. É uma questão de controlar o poder único da família de modo a obter o melhor resultado. Em quase todos os casos que iremos ver, uma melhor governança poderia ter ajudado a manter a família e sua empresa nos trilhos.

AS HISTÓRIAS DE GUERRA FAMILIAR

Assim termina nossa revisão de temas e pontos de disputa. Muitos deles irão brotar em nossa jornada pelos campos de batalha das guerras familiares. Faremos pausas para analisar como elas ocorreram e como poderiam ter sido evitadas.

Eis o caminho que seguiremos. Ele vai das formas mais primárias de conflito até as mais complexas. Começaremos com a extremidade primitiva no próximo capítulo com "Irmãos em armas", focalizando o relacionamento que costuma ser o mais difícil e perigoso: a ligação entre irmãos. As irmãs são ocasionalmente envolvidas, mas é entre os rapazes que surgem a maior parte dos problemas mais destrutivos nas empresas familiares. A seguir consideramos o outro ponto primitivo de conflito: a ponte genitor-filho e como ela se desintegra sob o peso de uma sucessão mal administrada. Este fator também é predominantemente masculino – pais e filhos "Lutando pela coroa". Nossa próxima parada é "A casa construída pela arrogância", onde encontramos líderes, nem sempre fundadores, cujas personalidades agem de forma perigosa por tudo à sua volta. No capítulo intitulado "Cabeças na areia – a armadilha do isolamento" examinamos famílias que se isolaram até o ponto de perder a capacidade para tomar boas decisões de negócios e também o controle. Deste ponto passaremos à arena das divisões na família quando analisarmos "Rompimento – a casa dividida". Concluiremos com "Guerra rude", onde tribos com interesses divergentes se chocam em muitas áreas do campo de batalha.

Se isto parece assustador, não tenha medo. Cada caso também contém lições para as pessoas sensatas e esperanças para outras empresas familiares. Nosso livro terminará como começou – louvando a empresa familiar e os benefícios únicos que ela pode alcançar em termos de riqueza, desempenho, cultura e comprometimento.

Isso virá mais tarde. Antes precisamos respirar fundo e dar nosso primeiro mergulho na confusão constituída pelas Guerras Familiares.

3.
Irmãos em armas[1]

"A palavra mais perigosa em qualquer idioma humano é irmão. Ela é inflamatória."

TENNESSEE WILLIAMS, AUTOR TEATRAL

"Por acaso sou o guardião de meu irmão?"

BÍBLIA

INTRODUÇÃO

Era uma vez um homem muito carismático e criativo que fundou uma corporação, a qual cresceu até atingir proporções globais. Adam, seu filho, cresceu e tornou-se um excelente jovem, mas sua teimosia e sua independência mental levaram-no a resistir à autoridade do pai. Havia uma briga séria entre eles e o jovem decidiu partir com sua mulher para ganhar a vida na agricultura. Ele trabalhou duro e criou uma vida para si mesmo e para sua família e foi abençoado com vários filhos, entre eles dois homens, Ken e Abe.

Ken, o primogênito, era quieto, sério e muito determinado. Abe, seu irmão mais novo, era, em contraste, uma pessoa brilhante e solar, naturalmente agradável e talentoso, de natureza fácil e generosa. Ken tinha ciúmes dos favores que pareciam fluir sem esforço para o irmão mais jovem. Enquanto isso, o avô continuava a exercer uma forte influência sobre a família, e era ele que Ken mais procurava em busca de consideração. Sua chance veio quando, certo dia, o avô pediu que os dois rapazes fossem fazer um trabalho na empresa dele. Para Ken era uma oportunidade para eclipsar o irmão e ele dedicou-se ao trabalho com muita energia. Infelizmente para Ken, seus esforços não foram suficientes. Mais uma vez Abe provou que somente o esforço não bastava. Por meio de seu talento, Abe mostrou que sabia realmente como agregar valor ao projeto do avô. Pior ainda, o avô convocou os rapazes à sua presença e lhes comunicou seu veredicto sobre os seus esforços. Ken ficou mortificado ao saber como o avô estava desapontado e que ele deveria se esforçar para ser mais como o irmão.

Ken mostrou-se inquieto durante a entrevista e, tão logo ficou a sós com Abe, teve um acesso de cólera, voltando-se para o irmão com as seguintes palavras: "Não há justiça neste mundo". Às quais Abe inteligentemente replicou: "Você está completamente errado. Você deveria se concentrar mais nos valores duradouros que norteiam esta empresa, em vez de pensar sempre em si mesmo". Aquilo levou Ken para além dos limites. "Vá para o inferno", gritou ele, socando o irmão na face. Foi um golpe mortal. Abe cambaleou e caiu, para nunca mais se levantar. Ken havia matado seu irmão. O veredicto no inquérito foi de homicídio culposo. Ken escapou de ser sentenciado à prisão, mas foi forçado a deixar o país. E acabou seus dias trabalhando numa terra remota e estéril.

Assim termina a história da primeira rivalidade entre irmãos registrada na literatura ocidental – pois esta é a saga de Caim e Abel e seu conflito perante o Todo-Poderoso. Essa história foi reescrita muitas vezes – na novela *East of Eden*, de Steinbeck, na série de TV *Dallas* e no filme *O Rei Leão*. Na história e nas lendas, irmãos tentam se matar ou eliminar com freqüência alarmante: pense em Michael Corleone atirando em seu irmão Fredo em *O Poderoso Chefão*, em Rômulo matando Remo, no Rei Claudius eliminando o pai de Hamlet e, da história, em Césare Borgia matando seu irmão e rival.

Isto pinta um quadro sombrio dos relacionamentos entre irmãos, em especial do sexo masculino, onde a competição por recursos e atenção é ampliada pelo machismo. Contudo, sabemos que esta é somente metade da história. Irmãos podem trabalhar muito bem em conjunto. Como vimos na introdução, há boas razões genéticas para que irmãos se unam. Eles têm mais interesses em comum do que qualquer um deles possa ter com estranhos. Mas a dinâmica dos irmãos é que eles entram em conflito quando estão presos em um único espaço, dividindo recursos para chegar à mesma meta – só pode haver um macho alfa. Caso eles consigam se diferenciar e encontrar seu próprio espaço, tudo fica mais fácil. Por isso, irmãos de sexos opostos conseguem uma coexistência mais pacífica que irmãos do mesmo sexo. Também é mais fácil quando existe uma grande diferença de idades. Também ajuda se os irmãos tiverem personalidades, estilos e necessidades muito diferentes, o que felizmente a loteria genética da família consegue com freqüência.

Mas o que acontece quando o sexo é o mesmo, a diferença de idade é pequena e ambos desejam ter sucesso no mesmo território? Para muitos irmãos em crescimento, o território é a identidade. É como se a identidade devesse ser subordinada à identidade do outro para que eles se entendam. É claro que a solução para isto é um grau adequado de separação – assim cada um pode construir por si mesmo e manter o respeito pelo irmão. Como já vimos, garotos que brigam na infância e na adolescência muitas vezes surpreendem os pais tornando-se grandes amigos quando adultos.

Mas o que faz uma empresa familiar com esses irmãos? Eles representam um risco especial. Irmãos podem dirigir uma empresa com sucesso e satisfação se conseguem uma adaptação que não fere os interesses de nenhum deles. Com freqüência ela é a aceitação, por um deles, do outro como o líder reconhecido, como foi no caso dos Watson da IBM (Capítulo 4), onde Dick, chefe de operações internacionais, nunca ficou no caminho de Thomas Jr., seu irmão mais velho. Em muitas empresas familiares irmãos operam com sucesso, dividindo trabalho e responsabilidades, mas com um deles no domínio. Nos vem à mente o exemplo da família Hinduja, que lidera um dos maiores conglomerados da Índia; existem outros exemplos notáveis em quase todos os países.

Assim, a receita para a guerra ou paz entre irmãos é um coquetel de caráter, diferença de idades e circunstâncias que lhes permitam estar alinhados numa formação que não seja o conflito. Os pais desempenham um papel importante – muitas vezes involuntariamente, alimentando o potencial de conflitos pela maneira pela qual recompensam, punem e rotulam seus filhos. Nos casos que virão a seguir, veremos fortes exemplos desta toxicidade parental.

KOCH INDUSTRIES – REFORMULAÇÃO DESTRUTIVA

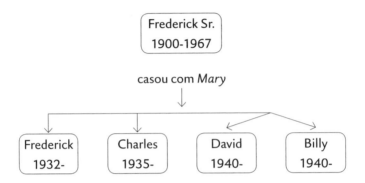

Figura 3.1[2] – A família Koch

ORIGENS

Nem mesmo as maiores e mais bem-sucedidas empresas familiares estão imunes a lutas internas, como demonstra a história da família Koch. Fundada em 1940 por Frederick C. Koch, a empresa tornou-se uma das maiores empresas familiares de capital fechado do mundo. Continua atualmente nas mãos dos irmãos Charles e David Koch, que construíram um negócio com receitas superiores a US$ 80 bilhões. A corporação abrange uma gama diversificada de indústrias, entre elas oleodutos, fibras e polímeros e produtos de madeira e de consumo. A filosofia da empresa se baseia num "sistema de valores e de ação que encoraja os funcionários a pensar e agir como empreendedores com princípios". Frederick, o fundador, era um típico empreendedor autônomo que, nos anos que levaram à Segunda Guerra Mundial, com a ajuda de uma nova tecnologia de refino, meteu-se numa luta de

David e Golias contra as grandes empresas petrolíferas. Em pouco tempo ele viu a impossibilidade daquela briga, retirou-se do mercado e decidiu ir para um território virgem: foi construir refinarias na Rússia. Sua experiência naquele país ajudou a moldar sua visão política – ser um forte opositor da ideologia comunista. Seus valores estão perpetuados até hoje pelos seus filhos, que apóiam causas políticas libertárias.

Até aqui, tudo bem. Esta é uma história conhecida de sucesso na construção de empresas, mas por trás das cenas há muito sofrimento. Fred Koch, antes de morrer, implorou aos filhos que fossem "bondosos e generosos uns com os outros", pedido ao qual, como se temesse pelo pior, ele acrescentou que a riqueza deles poderia ser "uma bênção ou uma maldição". Se ele tinha maus pressentimentos, eles certamente se realizaram, pois ele previu uma divisão da família, na qual cada um dos lados partiu em busca de seus respectivos interesses, depois de uma sucessão de fortes tremores. No caso da Koch, esta não é uma saga de vencedores e perdedores. Ao longo do caminho alguns membros ganharam mais que outros, mas a harmonia familiar pagou um alto preço. Diante de visões diferentes entre os proprietários, uma divisão dos ativos ou a venda por uma das partes costuma ser preferível à tentativa de fechar as rachaduras, que pode consumir tempo e dinheiro. A divisão da Koch permitiu que os irmãos seguissem seus instintos empreendedores com energia ainda maior e atingissem resultados surpreendentes.

O MUNDO DOS RAPAZES

Aquela era uma família em que o regime paterno era duro – no jargão da teoria das famílias, autoritário ao invés de competente. Fred Sr. tinha o espírito pioneiro e havia se transformado num dragão empreendedor, abrindo seu caminho assumindo riscos calculados e através de uma sucessão de batalhas jurídicas e de negócios com as grandes petrolíferas. Seus quatro filhos foram criados sob um severo regime disciplinar e esperava-se que trabalhassem para a empresa nas férias e sempre vivessem segundo os mais elevados padrões de comportamento. O filho mais velho, Frederick, como Caim, foi extremamente desaprovado pelo pai devido a um suposto ato por este reprovado. A despeito dos protestos de inocência do filho, Fred Sr., como uma divindade vingativa, concluiu que desejava cortar todas as ligações com seu filho, transferindo sua herança para os outros descendentes. Charles, o segundo filho, era o mais ambicioso; compulsivo e esforçado como seu pai. Quando jovem, ele empurrava os irmãos no jogo conhecido como "Rei da colina". David e Billy, os irmãos mais novos, eram gêmeos. Dos dois, Billy era o mais enérgico e se controlava diante do tratamento duro que recebia do pai, bem como das ameaças feitas por Charles, seu irmão mais velho.

Quando morre um homem forte ou um imperador, é comum formar-se um vácuo de poder. Esperar pela paz no leito de morte é tarde demais para conseguir um clima de cooperação e, quando pessoas autoritárias perdem seu poder, como tem mostrado repetidamente a história – veja o caso do Iraque – elas deixam como herança facções em luta.

No caso da família Koch, o primeiro passo para o conflito foi dado quando Billy tomou em segredo providências para expulsar seu irmão mais velho Charles do conselho de administração em 1980. Sua tática era conquistar o controle da empresa por meio de uma luta de procurações. Logo Charles tomou conhecimento do que estava acontecendo e, com o apoio de David, entrou na luta, persuadindo na última hora alguns acionistas a mudar de lado. Uma vez assegurada a vitória, Charles demitiu Billy sumariamente e tratou de adquirir as participações dos dois irmãos que não mais estavam envolvidos. Ele conseguiu fazê-lo, e assim Billy e Freddie Jr. deixaram a empresa como homens ricos. A operação em 1983 rendeu aos vendedores US$ 1,1 bilhão. Charles e David puderam então dirigir a empresa como queriam. Eles controlavam 80% das ações em aliança com um antigo associado, James Howard Marshall II, que detinha uma participação de 16%, com o restante das ações em mãos de funcionários.

Durante a malsucedida luta de Billy pelo controle, Howard Marshall III, o filho mais velho de Marshall II, tinha assumido uma posição contra Charles e David. Ilustrando a capacidade do veneno se espalhar nas guerras familiares, a luta se repetia na família Marshall. Marshall Sr., desaprovando o apoio dado por seu filho a Billy, deserdou o filho mais velho e tornou E. Pierce Marshall, seu irmão mais novo, seu herdeiro principal. A família Marshall chegou novamente às manchetes em 1995, quando o patriarca James Howard morreu e sua nova mulher, Anna Nicole Smith, mais de 50 anos mais jovem, entrou com uma ação contra seu espólio quando descobriu que ele nada havia deixado para ela em seu testamento.[3] O caso, que foi debatido regularmente no programa de TV de Anne Nicole, foi até a Suprema Corte dos Estados Unidos. A protagonista, que havia sido a garota do ano da revista *Playboy* de 1993, morreu prematuramente em 2007.

A LUTA DE BILLY

Depois da venda do controle acionário em 1983, parecia que tudo estava acertado para o futuro. Infelizmente, não estava. Quando a poeira supostamente estava assentando depois da separação, Billy deu novamente o ar de sua graça. Ele achava que os empréstimos bancários que a empresa havia tomado para comprar sua parte haviam sido pagos muito mais depressa do que havia previsto. Billy acreditava que poderia processar seus irmãos porque ele teria direito a uma parcela maior dos ativos da empresa durante o processo de venda. Com base neste raciocínio, ele iniciou os procedimentos legais que se transformaram numa enorme e longa saga que se arrastou por mais de uma década, envolvendo equipes de advogados e custando milhões de dólares.

Apesar de todo esses esforço, Billy não conseguiu a reparação à qual pensava ter direito. Mas ele ainda estava determinado e não ia desistir. Quando todos pensavam que o caso estava encerrado, ele redirecionou seu ataque para outro alvo – a empresa. Na época estava em andamento no Senado uma investigação que muitos afirmavam ser falha. A Koch Industries era acusada de roubar recursos naturais de índios americanos nativos usando métodos pouco confiáveis para medir o petróleo bombeado por seus oleodutos.[4] A empresa negava fortemente qualquer irregularidade. Billy, ainda combativo, juntou-se àquela ação contra a empresa da família. Finalmente, em 2001, as ações legais foram encerradas. Billy Koch e a Koch Industries acertaram suas batalhas jurídicas, levando ao fim uma guerra familiar que durou mais de 20 anos.

COMENTÁRIO

Quando a geração anterior deixa a questão da sucessão nas mãos dos descendentes, é de se esperar que, de tempos em tempos, um grupo não se entenda com o novo líder escolhido. Neste caso, Billy passou quase metade da sua carreira lutando com os irmãos. No drama da rivalidade entre irmãos, a história da vingança do irmão mais novo buscando derrubar a ordem estabelecida da supremacia acusando um irmão mais velho de desonesto e destituído de valores e princípios. Em retrospecto, podemos ver que a batalha de Billy estava condenada ao fracasso desde o início; por que então ele se esforçou tanto para fazer com que o mundo compartilhasse dos seus sentimentos negativos a respeito de Charles, seu irmão mais velho?

É curioso como os resíduos da infância são limpos pelo desenvolvimento adulto, ou se infiltram ao longo dos anos para formar paixões mais fortes. Parece que foi o que aconteceu neste caso, com ressentimentos da infância – memórias de sofrimento nas mãos do irmão – oferecendo uma fonte contínua de motivação, além do dinheiro, para conquistar uma vitória.

Houve um prêmio de consolação para Billy ao final de sua saga, quando, em 1992, seu veleiro *America* conquistou o troféu mais prestigiado do iatismo – o Americas Cup. Mas a história irá registrar este fato juntamente com uma vida inteira de sofrimento e conflito. Esta é uma família cujos membros poderiam ter seguido seus caminhos separadamente, aceitando suas diferenças.

A HISTÓRIA DA RELIANCE – O MITO DA UNIDADE[5]

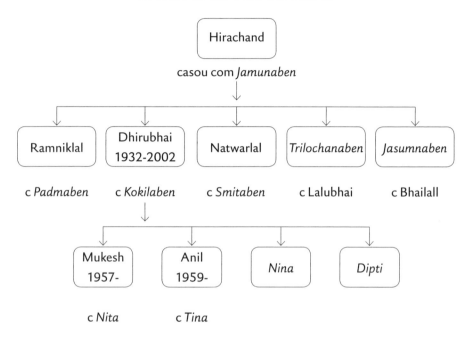

Figura 3.2 – A família Ambani

ORIGENS

A história da Reliance é, provavelmente, uma das maiores disputas empresariais, travada sob as luzes da publicidade. Ela diz respeito a dois irmãos, imensamente ricos, contestando o controle de um enorme império empresarial na Índia. É a história de uma feroz luta pelo poder que teve um final surpreendentemente feliz, o qual poderia ter sido adiantado, com alguma sensatez.

O Império Reliance foi fundado por Dhirajlal Hirachand Ambani, também conhecido como Dhirubhai, segundo filho de um professor pobre, numa pequena aldeia no estado indiano de Gujarat em 28 de dezembro de 1932. Logo após terminar os estudos, Dhirubhai decidiu se juntar ao irmão mais velho em Aden, Iêmen, trabalhando inicialmente como frentista de um posto Shell e mais tarde no escritório da empresa. Dhirubhai tinha mentalidade

EMPRESAS FAMILIARES

empreendedora – tinha talento para identificar oportunidades e energia para persegui-las. Um dia, enquanto ainda estava se adaptando à vida em Aden, ele se deu conta de que o valor da prata nas moedas de prata do país superava o valor delas. Imediatamente ele começou a negociar, gerando rapidamente lucros que usou em 1958 para fundar uma agência de comércio denominada Reliance Commercial Corporation, que importava fios de poliéster e exportava especiarias.

Muitas vezes Dhirubhai teve prejuízos na exportação de especiarias, enquanto tentava obter licenças de reabastecimento para importar nylon. Porém, os produtos importados tinham uma vantagem extra, pois os indianos, com sua crescente renda disponível, estavam desenvolvendo um apetite crescente por roupas dispendiosas. Depois de dez anos em Aden, Dhirubhai retornou à Índia. Vendo oportunidades crescentes no ramo de têxteis, ele abriu sua primeira fábrica de têxteis em Ahmadabad, em 1966. Com o passar do tempo, os produtos têxteis da marca Vimal da Reliance tornaram-se a marca mais vendida na Índia e aquela em que as pessoas mais confiavam.

Nos anos 1970, Dhirubhai lançou a primeira oferta pública de ações da empresa. Seu sucesso foi mudar a imagem do financiamento corporativo no país, e ajudar a desenvolver uma cultura capitalista no público em geral. Os investidores que tiveram a sorte de comprar ações da Reliance Industries Ltd. (RIL) em 1977 tiveram o prazer de ver cada Rs 1.000 investidas (US$ 29) crescer até Rs 165.000 (US$ 3.419) em 2002. Nesse período de grande crescimento, o número de acionistas aumentou, atingindo 3,3 milhões em 2005.

Na década de 1980 Ramniklal e Natvarlal, irmãos de Dhirubhai, assumiram os papéis de diretor gerente e diretor executivo, enquanto o fundador presidia como líder geral e presidente do conselho. Havia mais duas irmãs, mas como se tratava de uma família conservadora de Gujarat, elas desempenhavam um papel pequeno na empresa. Quando os irmãos levantaram a idéia de dividir a Reliance entre os três, Dhirubhai reagiu com veemente desagrado. Para ele, era um artigo de fé que a força da empresa vinha de sua unidade e indivisibilidade, sob sua liderança. Ela permaneceria unida. Para evitar outras disputas e salientar sua visão, Dhirubhai decidiu afastar os irmãos da empresa, oferecendo-lhes grandes somas a título de compensação. Aquela não seria a última vez na história do grupo em que a unidade de liderança seria um problema.

ENTRAM OS RAPAZES

Pouco depois, em 1981, Dhirubhai diversificou, entrando nos setores de plásticos e poliestireno e trouxe seu filho mais velho, Mukesh, que havia pouco tempo concluíra seu MBA na Stanford University, para dirigir o projeto. Mukesh logo provou seu talento e foi considerado o autor da implantação da visão de seu pai. Ele seguia, em muitos aspectos, o padrão do primogênito descrito no capítulo anterior – um homem sério, decidido e orientado para negócios. Em 1983 Anil, seu irmão mais novo, também veio para a empresa depois de se formar na Wharton Business School. Anil era muito diferente do irmão – criativo, altamente sociável, com gosto para o luxo. Dos dois, Anil era o mais talentoso em relações públicas e viria a se tornar a face pública da família Ambani.

Dhirubhai era popular e tinha boas conexões políticas e burocráticas para apoiar o sucesso do seu império empresarial. Um fator importante no sucesso do grupo era que suas instalações de produção, competitivas em termos globais, tinham uma escala maior que aquelas dos concorrentes. A empresa era gerenciada por profissionais, apesar de ser controlada pela família, e Dhirubhai dava autonomia aos seus leais gerentes, encorajando-os a tomar iniciativas e assumir riscos, insistindo ao mesmo tempo na excelência.

Depois de sofrer um derrame em 1986, Dhirubhai deixou as operações do dia a dia para os filhos, embora permanecesse como presidente do grupo. Considerado um estrategista e tecnocrata, Mukesh gerenciava os projetos da empresa e estabelecia novos empreendimentos, ao passo que Anil cuidava de investimentos, mercados financeiros e comunicações corporativas. A perspicácia empreendedora de Anil destinou-o a ser um negociador. Na década de 1990, a Reliance entrou nos mercados de serviços financeiros através da Reliance Capital Ltd., sob a liderança de Anil. Na época, os irmãos respondiam diretamente a Dhirubhai, o maior acionista e presidente do conselho da Reliance Industries Ltd., a empresa holding.

A saúde de Dhirubhai piorou e, depois de outro derrame, ele faleceu em julho de 2002. Como acontece com muitos outros líderes idosos, parece que ele teve dificuldade para acreditar na sua própria mortalidade, mesmo diante dos sinais de alerta, pois ele claramente não estava preparado por ocasião do seu falecimento. Ele morreu sem deixar testamento. Assim, o gerenciamento do império de US$ 15,5 bilhões caiu automaticamente para os filhos. Tudo que a família tinha como orientação eram os desejos declarados do patriarca, resumidos em seu compromisso consistente com a não divisão de seu legado.

A SUCESSÃO

Em menos de três décadas, sob a liderança de Dhirubhai, o Reliance Group tinha se transformado numa empresa de classe mundial e respondia por 3% do PIB da Índia. Logo depois da morte do fundador, de acordo com a Lei de Sucessões indiana, Kokilaben, a viúva de Dhirubhai, os filhos Mukesh e Anil e as filhas Nina e Dipti herdaram os ativos do grupo. Os filhos assinaram um documento de liberação para a mãe, transferindo a ela os direitos sobre todo o espólio. O império continuou a se expandir sob a direção de Mukesh, que havia assumido as funções de presidente do conselho e diretor gerente do grupo, enquanto Anil foi nomeado vice-presidente e vice-diretor gerente. Porém, o cenário havia mudado – irmãos cuja rivalidade iria se manifestar perigosamente na arena dos negócios. Anil – extrovertido, dominante e um empreendedor bem-sucedido – não tinha intenções de ser subordinado ao irmão. As relações entre os dois estavam piorando sem parar.

Para criar uma igualdade visível entre eles, Anil propôs que sua mãe se tornasse presidente não executiva do conselho, ao passo que ele e Mukesh dirigiriam a empresa como presidentes executivos conjuntos. Mukesh rejeitou a proposta e em 2002 assumiu como porta-voz da Reliance. Esta responsabilidade sempre tinha sido de Anil, que considerou o ato de Mukesh uma afronta. Ele viu aquilo como uma tentativa do irmão para afastá-lo e sobrepujar sua autoridade. Enquanto isso Mukesh continuava a gerenciar duas empresas do grupo, a Reliance Infocomm (RIC), e a Indian Petrochemicals (IPCL), ao passo que Anil dirigia duas outras empresas, a Reliance Energy (REL) e a Reliance Capital (RCL). Os irmãos continuavam, de forma algo desconfortável, a dividir a liderança da empresa holding. Esta era a configuração instável que alimentava o jogo de poder e a profunda brecha que se abriu entre os irmãos.

LUTA PELO PODER

Em 2002 esperava-se que a RIC, a preferida de Mukesh, vendesse serviços da Reliance Communications a 5 milhões de assinantes, que escolheriam a opção de um pagamento adiantado. Mas ele havia interpretado mal o mercado. Em vez de 5 milhões, somente 1 milhão de assinantes optaram por aquele pacote, com a maioria dos novos assinantes preferindo pagamento parcelado, criando falta de liquidez. Mukesh recorreu ao conselho de administração da empresa holding, a RIL, para obter fundos para a RIC, mas enfrentou a oposição de Anil. O conselho decidiu a favor de Mukesh. Anil ficou irritado e tornou público seu desprazer deixando de comparecer ao lançamento de um importante projeto em dezembro de 2002. Àquela altura já diziam que Anil e Mukesh estavam se evitando em ocasiões privadas. Eles haviam entrado na conhecida espiral de escalada da luta interna.

Para grande desprazer de Mukesh, em junho de 2004 Anil tornou-se membro do Rajya Sabha (o Conselho de Estados e Casa Alta do Parlamento Indiano), entrando para o partido Samajwadi (Socialista). Mukesh era contrário à idéia de qualquer associação do Reliance Group com política. Na sua visão, o crescimento da empresa seria prejudicado por qualquer aliança polí-

EMPRESAS FAMILIARES

tica – contra o caráter que, para ele, deveria guiar uma empresa. O foco de Mukesh, concentrado em negócios, contrastava com os instintos de Anil com respeito a construir um alto perfil público e um envolvimento visível com a comunidade.

Logo depois, um outro evento aguçou a animosidade entre os irmãos. Anil anunciou que sua divisão, REL, iria iniciar um projeto de energia baseado em gás no estado indiano de Uttar Pradesh, um projeto que exigiria investimento pela RIL, a empresa holding. Mukesh, ainda irritado com as demonstrações anteriores de independência por parte de Anil respondeu com um retumbante não, dizendo que Anil deveria ter procurado obter o consentimento do conselho do grupo antes de fazer o anúncio. Além disso, Mukesh fez com que soubessem que ele não gostava da idéia da RIL assumir os projetos de modernização dos aeroportos de Delhi e Mumbai, aos quais Anil pretendia que a empresa se candidatasse. Esses pontos de contenção relacionados a investimentos eram, é claro, a manifestação externa da verdadeira batalha entre Mukesh e Anil, travada para se saber quem era o verdadeiro chefe da RIL e qual dos dois deveria decidir questões de propriedade e controle gerencial.

A disputa se acirrou em julho de 2004, quando o conselho da RIL aprovou uma resolução na ausência de Anil, redefinindo os poderes e a autoridade dos principais dirigentes da empresa, conferindo a Mukesh o papel de presidente executivo do conselho e a Anil os de vice-presidente e diretor gerente. Aquilo deu a clara liderança do grupo Reliance a Mukesh, com todos os funcionários, inclusive Anil, reportando-se a ele. Anil explodiu, protestando formalmente junto ao conselho que a decisão tinha sido tomada sem seu conhecimento e consentimento. Aquilo era um plano para deixá-lo completamente no escuro e em um papel secundário em relação ao irmão mais velho. O estilo pessoal de vida de Anil também passou a ser objeto de críticas entre os partidários de Mukesh, que afirmavam que o liberalismo de Anil não estava alinhado com as tradições conservadoras da família. Suas amizades com astros do cinema e políticos claramente incomodavam Mukesh e outros membros da família. Dhirubhai havia reconhecido as diferenças de caráter entre seus filhos e deliberadamente lhes atribuíra papéis separados para evitar esse tipo de conflito. Agora eles tinham sido apanhados juntos naquele drama, como conseqüência indesejada e insensata do fato da família respeitar o legado do fundador.

REPERCUSSÕES

Até então, quase tudo estava acontecendo a portas fechadas, mas os rumores circulavam. Subitamente a luta tornou-se pública quando Mukesh, em novembro de 2004, respondendo à pergunta do repórter de um canal de televisão indiano a respeito da probabilidade de uma divisão entre os irmãos, admitiu a existência de problemas de posse. Isto provocou especulações a respeito do futuro da empresa e os preços das ações da RIL caíram mais de 12,6%, a maior queda na história da empresa. Aumentaram as especulações a respeito de uma divisão formal e das implicações, para todo o grupo, de qualquer alteração na estrutura acionaria.

Anil mudou o foco dos seus ataques para a governança da corporação. Ele alegou que o conselho não havia respeitado princípios aceitos de prática e deixado de tomar conhecimento das suas preocupações. Ele foi fundo e redigiu um memorando de 500 páginas relacionando os alegados lapsos de governança na RIL, o qual ele entregou aos membros do conselho da empresa.[6] Um ponto específico de discussão era a respeito de questões de propriedade e da concessão de opções de ações em empresas do grupo. Anil questionou o valor pelo qual opções de ações da Infocomm haviam sido emitidas em favor de Mukesh, e alegou que os procedimentos reguladores com a bolsa de valores não tinham sido seguidos. Ainda no mesmo ano, Anil absteve-se na votação de uma proposta de recompra, pelo grupo, de ações da RIL em poder de terceiros.

Com o aumento da pressão, o debate passou a ser sobre qual dos irmãos era o melhor líder para proteger a visão e o legado do fundador. Os partidários de Mukesh argumentaram que ele era o arquiteto por trás dos projetos mais importantes e que, em comparação, a contribuição de Anil era modesta. A resposta dos partidários de Anil foi que os projetos de Mukesh eram suportados por subsídios por parte da RIL, a empresa principal, cujo sucesso devia-se muito a Anil, o cérebro financeiro por trás da RIC. Anil também continuou a afirmar que desde a morte do seu pai, Mukesh havia alterado as estruturas de controle acionário em proveito próprio. À medida que os preços das ações caíam, a ruptura entre os irmãos tornou-se uma preocupação pública, em especial para os 3 milhões de acionistas não pertencentes à família. A imagem da empresa e sua reputação por boa administração e transparência estava sendo prejudicada aos olhos dos investidores. Muitos achavam que as disputas não deveriam ser tornadas públicas, mas sim acertadas internamente. Também havia uma crença generalizada de que era necessário um gerenciamento mais profissional para melhorar o valor para os acionistas.

O primeiro movimento no sentido de acertar as diferenças veio de Mukesh, oferecendo a divisão do Reliance Group com Anil. O acordo oferecido era que Anil ficasse com a REL e a RCL, além de receber um pagamento em dinheiro. Como parte do acordo Mukesh queria que Anil deixasse o conselho de administração da RIL, mas sua proposta foi recusada. O arranjo proposto aumentou a sensação de desigualdade de Anil. Mas era evidente que a dissolução do Reliance Group estava se tornando inevitável. No início de 2005, sentindo-se cada vez mais frustrado, Anil deixou o posto de vice-presidente do conselho da IPCL.

O ACORDO

Finalmente, em março de 2005, depois de numerosas exortações de vários setores, inclusive da imprensa, a mãe, Kokilaben, saiu da sua privacidade e interveio, solicitando que dois cidadãos de prestígio – K. V. Kamath, presidente do conselho do ICICI Bank, o maior grupo de serviços financeiros da Índia, e Nimesh Kampani, amigo da família e presidente do conselho da filial indiana de um banco de investimentos americano – atuassem como mediadores entre os irmãos. Kampani efetuou avaliações e deu sugestões para um acordo familiar. Em junho de 2005, Kokilaben anunciou que a participação de 34% da família Ambani no Reliance Group seria dividido segundo uma fórmula de 30:30:40, dando a Mukesh e Anil uma parcela de 30%, enquanto ela ficaria com outros 30%; os 10% restantes seriam divididos entre as duas filhas, Nina e Dipti.

Era clara a relutância da mãe em tomar aquela providência. A última coisa que ela queria era servir de instrumento para a divisão e possível desvalorização do legendário império do seu marido tão pouco tempo após sua morte. A solução também não satisfez inteiramente os irmãos, porque agora as mulheres estavam entre os maiores acionistas do grupo.

Pelo acordo, Mukesh manteve o controle sobre os negócios originais que incorporavam petróleo e gás, produtos químicos e têxteis, enquanto Anil manteve as empresas de telecomunicações, distribuição de energia e serviços financeiros. As participações existentes de Mukesh e Anil nas empresas seriam trocadas, e Anil receberia US$ 1 bilhão em dinheiro. Kokilaben também insistiu que ambos os filhos assinassem um acordo de "não competição". Com este acordo no noticiário, os preços das ações do grupo começaram a subir.

COMENTÁRIO

Embora a história da Reliance claramente não tenha terminado, o acordo acabou com o impasse, abrindo a porta para um resultado bem-sucedido. A separação das empresas e a possibilidade dos irmãos atuarem como líderes, em seu próprio estilo e com suas próprias empresas, mostrou ser uma fórmula que permitiu inovação e crescimento em alta escala. Explorando as condições flutuantes do mercado da Índia e com novo foco em seus respectivos grupos, as empresas dos irmãos Ambani estão ambas progredindo. Uma olhada nos websites dos dois grupos mostra ambos afirmando ser o portador do legado de Dhirubhai.

Nenhuma família gosta que sua roupa suja seja lavada em público. Mas neste caso era inevitável que a imprensa se interessasse muito pela história, uma vez que ela afetava diretamente milhões de investidores. Contudo, o caso ilustra como as discussões divulgadas através da imprensa acabam seriamente amplificadas devido a distorções feitas pela mídia nos comentários e posturas, sobre as quais as partes não têm controle; contudo, ambas se inclinam a considerar as notícias como a voz autêntica do adversário.

Esta história é sobre individualidade e sobre a loucura de se criar um jogo de soma zero colocando jovens com mentalidades diferentes, mas igual ambição, em um espaço competitivo comum. Às vezes parece que é melhor ignorar os desejos dos pais.

A FAMÍLIA DASSLER – CORRENDO PELA SUPREMACIA[7]

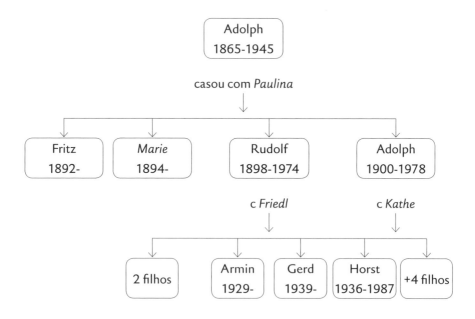

Figura 3.3 – A família Dassler

ORIGENS

A família Dassler vivia na cidade de Herzogenaurach, no norte da Bavária, a qual durante séculos havia sido um centro de produção de calçados. Adolf Dassler nasceu em 1900 e, quando jovem, era um esportista ativo, participando de corridas e competições com os amigos. A família não era rica, mas era trabalhadora. Seu pai fazia sapatos e sua mãe, para ajudar nas despesas, dirigia uma pequena lavanderia comercial nos fundos da casa. Na Primeira Guerra Mundial, Adolph, juntamente com seus dois irmãos mais velhos, foi para o combate. A família teve a sorte de ter os três filhos de volta depois da guerra. Adi, como ele era conhecido, retornou com uma ambição e montou imediatamente uma pequena fábrica de calçados no espaço da antiga lavanderia da mãe, que tinha sido desativada. Adi dedicava parte do tempo a trabalhos experimentais em seu amado esporte de corridas, interessando-se pela manufatura de sapatos de correr com cravos.

No início, ele e seus amigos eram os únicos clientes para o produto. Em 1920 o empreendimento se mostrava promissor e foi fundada a empresa de calçados Adolph Dassler. De todos os mercados em potencial para seus produtos, foi identificada uma oportunidade no futebol, que estava emergindo como o esporte mais popular. A empresa começou a vender seus calçados diretamente aos clubes esportivos e de futebol. Mas o grande avanço ocorreu quando Adi conseguiu chamar a atenção do treinador da equipe olímpica alemã na preparação para os Jogos Olímpicos de Amsterdã em 1928. Aquele novo relacionamento foi o impulso para que a empresa se tornasse a maior fornecedora de calçados atléticos para correr.

ADI E RUDI

Em 1923 Adi estava sentindo o ônus do sucesso e pediu que o irmão Rudolf entrasse na empresa para focalizar o desenvolvimento de novos negócios. Rudolf, dois anos mais velho que Adi, era uma pessoa diferente. Seu modo expansivo de ser tinha se mostrado inadequado para sua primeira carreira, na polícia local. Ele se deu conta de que seus talentos seriam mais bem empregados em vendas. Então os irmãos se tornaram oficialmente sócios em julho de 1924, incorporando a Gebruder Dassler, Sportschufabrik, Herzogenaurach.

EMPRESAS FAMILIARES

Logo um romance acenou para Rudi e, em 1928, encorajado pelas finanças do negócio em crescimento, ele casou-se com Friedl, uma bela morena com personalidade complacente. O casal mudou-se para a grande *villa* que a família dividia em Herzogenaurach, onde a noiva estabeleceu um bom relacionamento com os parentes do marido. Passaram-se alguns anos até que Adi decidisse casar, em 1934. Sua escolhida foi Kathe, uma mulher de personalidade mais assertiva que teve dificuldades para se integrar na rotina doméstica da *villa* comunitária.

O clima familiar começou a se tornar um caldeirão emocional, devido à química de personalidades contrastantes e do calor da proximidade. Além das personalidades contrastantes das mulheres, uma divisão ideológica começou a surgir entre os irmãos a respeito de suas crenças e lealdades políticas. Era a década de 1930 e a região não estava distante do epicentro da ascensão do Nacional Socialismo na Alemanha e da emergência do regime nazista. Ambos os irmãos se tornaram membros do partido, mas de maneiras diferentes. Enquanto Adi não se comprometia, Rudi apoiava abertamente a filosofia do partido no poder. Havia uma atmosfera de tensão crescente na *villa* da família, alimentada pelos casais em disputa. Também na empresa Rudi estava se tornando cada vez mais assertivo. Ao passo que Adi permanecia no centro da empresa, o homem com o conhecimento que dava a Gebruder Dassler sua vantagem. A tensão entre os irmãos crescia à medida que suas personalidades contrastantes colidiam com intensidade cada vez maior. Rudi sentia cada vez mais impaciência com a dedicação do irmão aos detalhes, ao passo que Adi sentia-se cada vez menos à vontade com a impulsividade e o domínio do irmão.

A DIVISÃO

Com o advento da Segunda Guerra Mundial, o estado alemão ainda necessitava da indústria para produzir bens vitais. Assim, Adi conseguiu a liberação do exército para continuar a produzir calçados esportivos. Enquanto isso Rudi estava fora, ocupando um cargo administrativo do serviço alfandegário na Polônia ocupada. Aquela disparidade de fortunas deixou Rudi amargo e ciumento. Lá estava ele, longe de Herzogenaurach, enquanto seu irmão dirigia a empresa. Rudi queria recuperar o controle e tratou de pensar numa estratégia para fazê-lo.

O final da guerra não foi bom para Rudi. Ele foi preso pelos americanos como suspeito de ser simpatizante dos nazistas. Mas Adi também tinha que lutar para limpar seu nome para poder prosseguir com o negócio de produção de calçados. Foi durante esse período – ambos, como muitos dos seus compatriotas, sensíveis com as cicatrizes da guerra – que eles atingiram o ponto em que decidiram se separar. Kathe, a mulher de Adi, ouviu dizerem que Rudi havia dado informações falsas ao Comitê de Desnazificação, tentando incriminar Adi. Isso a deixou furiosa.

Àquela altura Rudi e sua família deram o primeiro passo, deixando a *villa* da família juntamente com sua mãe Paulina, então uma viúva, e se mudaram para o outro lado da cidade. Marie, a irmã, permaneceu com Adi. Ela também vivia às turras com Rudi e não o perdoava por ter se recusado a empregar seus dois filhos na fábrica de calçados, o que teria evitado que fossem para a guerra. Ambos haviam sido mortos em ação e ela culpava Rudi.

Com a divisão aumentando entre eles, os irmãos decidiram dividir os ativos da empresa, com Rudi assumindo a fábrica menor em seu lado da cidade. Os funcionários tiveram o direito de decidir com que irmão gostariam de trabalhar. A maior parte da equipe de vendas ficou com Rudi, ao passo que o pessoal da produção, em sua maioria, permaneceu com Adi. Em 1948, os irmãos registraram suas respectivas empresas. Cada um deles escolheu um nome que viria a se tornar um dos líderes na área: Adidas e Puma. A divisão não foi somente um evento importante na família; foi também uma causa célebre na cidade, que também estava dividida no apoio às duas empresas locais. A disputa anunciou décadas de rivalidade no mercado de materiais esportivos, que crescia rapidamente. Herzogenaurach tornou-se conhecida como a cidade onde as pessoas sempre olhavam para os pés umas das outras quando se cumprimentavam, para saber a marca dos calçados usados e, portanto, de que lado estavam.

ESCALADA

A luta que pôs Adi e Rudi Dassler um contra o outro iria aumentar ainda mais quando a segunda geração começou a entrar nos negócios. Inicialmente a Adidas foi incentivada por Horst, filho de Adi e Kathe, que apresentava muito do estilo comercial do seu tio, promovendo com sucesso a marca Adidas. Mas Horst iria criar uma outra divisão na família. O estímulo foi o fato dos seus pais o enviarem à França para estabelecer uma nova divisão. Horst teve tanto sucesso que a Adidas France cresceu a ponto de rivalizar com a matriz na Alemanha. Horst, um empreendedor viciado em trabalho, estava embalado e preparou-se para superar a empresa de seu pai.

A ascensão de Horst eriçou penas, inclusive de sua mãe. Kathe, sempre a durona da família, estava determinada a manter o controle do império familiar. Então Horst isolou-se do pai, desafiando a política da empresa ao entrar no mercado de vestimentas esportivas. Enquanto era travada essa luta interna, a luta no mercado também estava se intensificando. Durante a Copa do Mundo de 1958 na Suécia, a Puma registrou uma queixa contra o slogan publicitário da Adidas. Os irmãos, que dirigiam suas respectivas empresas com firmeza, nunca desistiam.

A próxima geração estava se preparando para continuar a luta quando os protagonistas da primeira deixassem o cenário. Rudi, sempre o mais difícil dos dois irmãos, também tinha um mau relacionamento com Armin, seu filho mais velho, a quem sempre repreendia. À medida que os irmãos envelheciam, suas relações com seus sucessores não melhoravam. De fato, quando Rudi entrou na fase terminal de uma doença nos anos 1970, ele impulsivamente alterou seu testamento, excluindo Armin da sua herança em favor de Gerd, seu filho mais novo. Rudi morreu em 1974 e, quando seu testamento foi lido, Armin ficou arrasado diante daquele golpe final e inesperado do pai. Seu irmão recusou-se a ouvir as súplicas de Armin; assim, ele procurou aconselhamento jurídico. Acabou obtendo uma correção e tornou-se o sócio majoritário da Puma, com Gerd recebendo uma participação minoritária.

Passaram-se mais quatro anos antes que Adi morresse em 1978, sendo enterrado no mesmo cemitério que Rudi, mas em outro local. Embora os irmãos tenham se encontrado pessoalmente poucas vezes na fase final de suas vidas, até o final as famílias permaneceram ferozmente divididas.

COMENTÁRIO

Quais são as lições deste caso? Uma das mais óbvias é levar em conta o caráter antes de se começar a trabalhar com alguém, em especial se essa pessoa for um parente próximo. Pessoas que poderiam ter coexistido pacificamente em espaços separados não só foram forçadas a dividir o mesmo teto, mas também conviver com as diferenças entre seus cônjuges. A rivalidade entre mãe e filho que surgiu a seguir é altamente incomum, mas tem a mesma origem da maior parte dos conflitos entre pais e filhos – o desejo de controle contra o desejo por autonomia. Personalidades fortes pioram esta desvantagem.

Em contraste com o caso da Reliance, uma divisão limpa entre os interesses empresariais de dois irmãos em luta não produziram uma solução. A razão foi que eles continuaram a estar no mesmo espaço competitivo. Isto sugere que uma divisão mais criativa de responsabilidades no império poderia ter funcionado, embora na época da divisão provavelmente houvesse ressentimentos demais. As diferenças ideológicas entre Adi e Rudi Dassler sempre iriam dificultar qualquer tomada conjunta de decisão. Tudo isso leva à conclusão de que uma separação completa, inclusive acordos de não concorrência, talvez seja a única saída num contexto de baixa confiança, como sentiram os proprietários da Reliance e a família Dassler.

A FAMÍLIA MONDAVI – UMA TAÇA AMARGA[8]

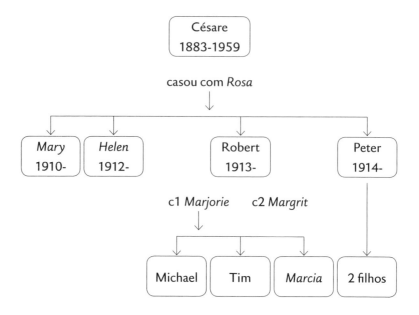

Figura 3.4 – A família Mondavi

ORIGENS

O personagem central desta história é Robert Mondavi, empreendedor que foi o pioneiro de uma revolução no negócio de vinhos na Califórnia e a viu emergir na segunda parte do século XX como uma região atualmente reconhecida como uma das grandes origens mundiais de ótimos vinhos. Liderando por meio do exemplo, ele conseguiu demonstrar que a argúcia dos cidadãos americanos para negócios podia ser combinada com os melhores talentos do Velho Mundo para a produção de vinhos que podiam ser oferecidos a apreciadores de bons vinhos.

É um testemunho a sua determinação o fato de Robert ter conseguido implantar sua visão quando tinha bem mais de 50 anos. Corriam os anos 1960 e ele tinha uma visão de como fundir a arte da Europa com os conhecimentos da América do Norte. Robert foi incentivado pelo desejo de demonstrar sua capacidade e pela rivalidade com Peter, seu irmão mais novo.

Robert e Peter nasceram em Minnesota pouco antes do início da Primeira Guerra Mundial e eram os mais novos dos quatro filhos de Césare e Rosa Mondavi, que haviam emigrado da Itália para os Estados Unidos. O pai era o provedor e acreditava fortemente em depender de si mesmo, ao passo que a mãe trabalhava duro para ajudar a família hospedando outros imigrantes em sua casa. Césare, desejando uma vida melhor para sua família, viu a oportunidade de entrar no negócio de venda de uvas no atacado para a comunidade italiana produtora de vinhos da América.

RIVAIS

Os irmãos já eram rivais na juventude, competindo no verão com grupos de trabalhadores nos vinhedos da família para ver quem conseguia montar mais caixas de madeira. Com muito espírito de luta e desejo de vencer, Robert geralmente vencia, gritando alegremente para o irmão que era "campeão mundial". Na década de 1930, os garotos Mondavi estavam se tornando adultos. Robert foi o primeiro a entrar para o negócio de vinhos em 1936, e imediatamente ele inflamou sua paixão. A empresa da família efetuou uma importante mudança estratégica em 1943, durante a Segunda Guerra Mundial, quando Robert convenceu seus pais a adquirir a produtora de vinhos de Charles Krug e trocar o ramo de atacado de uvas pelo de vinhos engarrafados, que tinha margens maiores. Césare impôs somente uma condição para comprar o estabelecimento: que Robert trabalhasse em harmonia com seu irmão Peter. Assim quando terminou a Segunda Guerra Mundial, Peter foi dispensado do exército e juntou-se a Robert na Krug.

Os irmãos eram muito diferentes em termos de motivação, interesses e valores. Robert focalizava o negócio, onde detinha as rédeas em termos de vendas e marketing, com poucos interesses externos, além de ter-se casado com Marge em 1937. Sua falta de atenção aos filhos que cresciam e ao seu casamento iriam persegui-lo mais tarde na vida. Peter seguia uma abordagem à vida mais equilibrada, reservando tempo fora do trabalho, onde ele era responsável por todos os aspectos da produção da empresa, ao seu passatempo – pescar – e à sua família. Robert, querendo desenvolver a empresa, pressionava Peter constantemente pela produção de vinhos melhores para melhorar a reputação da empresa por qualidade. Quando Peter não atuava a contento, Robert se irritava. E os dois se afastavam cada vez mais.

A TAÇA PARTIDA

Com a morte do patriarca Césare em 1959, a família não contava mais com um mantenedor da paz e as divisões entre os irmãos se ampliaram. A família não estava mais unificada por uma visão comum. A ambição de Robert, de ser o melhor, não era acompanhada pelos objetivos de Peter, honestos mas mais modestos. Em novembro de 1965, a família Mondavi realizou uma reunião, que foi o palco para um ponto de fratura fundamental. Robert e Peter brigaram devido a uma discussão a respeito do novo casaco de pele de marta de Marge e de ele ter sido ou não comprado com dinheiro da empresa (na verdade, não tinha sido). Robert, então com mais de 50 anos, pareceu reunir a energia negativa das suas décadas de rivalidade e se deixou levar pelas emoções, acertando vários socos em Peter. A briga acabou sem pedidos de desculpas nem apertos de mãos, apesar de todos saberem que a causa original tinha sido um mal-entendido.

Mas a briga dividiu a família, partindo o coração de Rosa, a matriarca. Em conseqüência da luta, Robert foi forçado pelo conselho de administração a tirar uma licença remunerada de seis meses, deixando Peter na direção da empresa. O resultado foi uma nuvem de rancor, com Robert acusando a empresa de exoneração injusta e exigindo liberdade para receber em dinheiro sua parcela de 20% das ações. Robert foi aos tribunais acabou ganhando a ação depois de uma batalha de uma década.

A maior mudança depois da divisão familiar em 1965 foi a liberação de Robert para perseguir sua visão de fundar um novo e ousado empreendimento para produzir vinhos de alta qualidade no Napa Valley. Ele preparou-se para criar a melhor produtora de vinhos, que seriam vendidos pela reputação e não pelo preço, emulando os melhores produtores europeus. No início, devido à sua limitação de recursos financeiros, ele trouxe um sócio. Alguns anos depois, quando havia chegado a um acordo com sua família e a nova empresa começava a florescer, ele conseguiu comprar a parte do sócio e tornar-se totalmente independente. A Robert Mondavi, Winery atingiu seus objetivos, produzindo aquilo que seu fundador pretendia fazer e tornando-se um exemplo a ser seguido por outros pioneiros dos vinhos californianos. A reputação de Mondavi cresceu a ponto do Barão Phillipe de Rothschild, vendo o potencial dos vinhos do Novo Mundo, ir bater à porta de Robert Mondavi quando decidiu desenvolver sua produção de vinhos na Califórnia. Em 1978 foi estabelecida a Opus One, parceria entre os dois, outro empreendimento que iria merecer muitos elogios entre os conhecedores de vinhos.

RIVAIS, SEGUNDA GERAÇÃO

Libertado do restante da família, Robert foi capaz de atingir alturas ainda maiores. Agora, em seu papel de fundador de sua própria empresa, ele queria desenvolver seus filhos para que se tornassem os futuros líderes da mesma. Mas os talentos de visionário dos negócios e organizador da família não necessariamente caminham lado a lado. Parte do problema era que Robert, como seu pai, queria ver os filhos Michael e Tim se envolvendo no comando da empresa da família. Ao colocar os dois filhos em competição aberta um com o outro, ele estava inadvertidamente reproduzindo seu próprio passado e pondo uma cunha entre eles. Muitas vezes, quando cometiam um erro, ele os repreendia publicamente, humilhando-os diante dos empregados.

A evidência de um lado "gentil" era para Robert uma desvantagem. Ele parecia ignorar os problemas causados pelo seu comportamento rude. Michael, o filho mais velho e mais extrovertido, era visto como o líder natural. Tim, o irmão mais novo e pensativo, havia relutado em entrar para o negócio da família, lembrando-se das lutas familiares entre o pai e o tio. Robert tentou diferentes modelos de liderança e acabou nomeando os filhos como co-CEOs em 1993, logo depois da abertura do capital da empresa. Ele temia que, se escolhesse um deles para o papel de CEO, o outro deixaria a empresa. Mas sua decisão turvou as águas. Durante aqueles anos, a empresa vinha crescendo rapidamente e estava começando a se expandir além dos limites. Os co-CEOs eram carentes em disciplina e clareza para tomar decisões. Naquele caso, a co-liderança era um esforço para prover esses importantes atributos gerenciais.

A ênfase de Robert claramente não estava no desenvolvimento de um plano de continuidade para o negócio da família. A abordagem dos Mondavi ao planejamento de sucessões era tentar cada solução existente nos livros. Parte da incapacidade para chegar a uma solução duradoura era o fato da geração mais velha se aferrar ao poder. Mas também a nova geração, em particular Michael, nunca se mostrou totalmente à altura do desafio. Talvez o pai tivesse exagerado ao tentar moldar os filhos de forma que refletissem sua visão do mundo, em vez de simplesmente instilar neles boas aptidões de proprietários e criá-los como organizadores. Pode ser que a irmã Márcia tivesse as qualidades de liderança que eles deveriam ter tido. Ela era membro do conselho e tinha opiniões fortes; por exemplo, foi ela que questionou a proposta de abertura do capital da empresa.

De fato, a oferta pública inicial, que deveria ajudar a empresa a financiar seu crescimento, marcou o início do capítulo final para a empresa familiar. O período culminou com a perda da independência da empresa dez anos depois, quando seu controle foi assumido por terceiros. Quando a empresa foi posta à venda em 2004, ambos os irmãos já estavam fora dela. A liderança de Michael não teve sucesso e em 2001, depois de um período relativamente curto no comando, ele renunciou ao cargo de CEO. Apesar de permanecer como presidente do conselho, ele havia se tornado um líder indefeso e foi expulso do conselho no início de 2004, sem oposição aparente por parte do pai. Com o conselho nas mãos de pessoas não pertencentes à família, a decisão de vender a empresa em face de uma oferta de um concorrente maior não sofreu oposição, levando ao fim a empresa familiar. Se houve um prêmio de consolação pela venda da empresa, foi a reconciliação pública de Robert com Peter, ambos então com mais de 90 anos, anunciando que iriam produzir em conjunto um barril de vinho para um leilão de caridade.

COMENTÁRIO

Vemos, mais uma vez, a falta de compreensão dos pais forçando os filhos a ocupar o mesmo espaço, quando o *modus operandi* destes é mais competitivo do que cooperativo. Neste caso o erro foi maior, porque Robert recriou uma conjunção ainda mais difícil para seus filhos forçando-os a aceitar uma co-liderança. Uma clara separação de papéis entre os membros da família que trabalhavam na empresa teria ajudado muito.

Para pessoas com dons e temperamento de visionário como Robert, a resposta é contratar uma liderança profissional e criar uma verdadeira parceria para o sucesso da empresa. Uma das maiores deficiências de Robert parece ter sido em inteligência emocional – a capacidade para gerenciar suas próprias emoções e ler as emoções alheias. Suas decisões a respeito dos filhos refletem claramente este fato.[9]

Vamos terminar esta saga de rivalidade fraterna com a história de outro produtor de vinhos norte-americano, um dos maiores do mundo, a família Gallo.

A FAMÍLIA GALLO – CONFLITOS DE SAFRAS[10]

ORIGENS

O sobrenome Gallo tornou-se um sinônimo de indústria vinícola na Califórnia, e sua história na vinicultura remonta ao início do século XX. Hoje a Gallo é a segunda maior produtora de vinhos do mundo, seguindo de perto os novos proprietários da marca Constellation da Mondavi. A família Gallo foi uma das pioneiras da indústria e seu nome está associado de forma indelével ao desenvolvimento da indústria vinícola da Califórnia.

EMPRESAS FAMILIARES

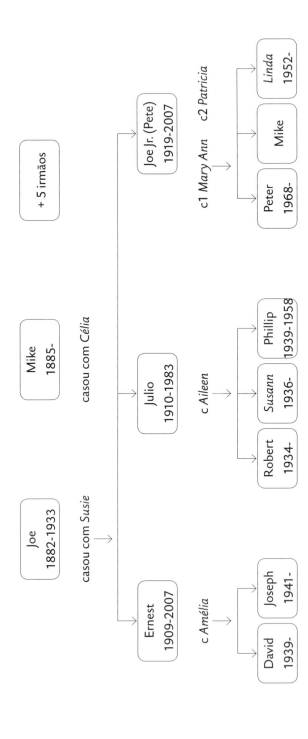

Obs.: Susie e Célia eram irmãs.

Figura 3.5 – A família Gallo

Antes do advento da Lei Seca nos Estados Unidos em 1920, Joe Gallo era dono de pequenas empresas no setor hospitaleiro, entre elas a Gallo Wine Company (fundada em 1907 com seu irmão), a qual rendeu uma vida confortável para ele e a família.

Em 1908, Joe casou-se com Susie, filha de Battista Bianco, um antigo vinicultor da Califórnia, ao passo que seu irmão Mike estava apaixonado pela outra filha de Bianco, Célia, com quem acabou se casando. O casamento de Joe mostrou-se tempestuoso, com Susie pedindo divórcio por duas vezes, mas desistindo. Mais por sorte do que por perspicácia, Joe fechou sua loja de bebidas e o hotel que tinha em 1918, investindo na produção de uvas para vinho. Esta providência mostrou-se inteligente quando entrou em vigor a Lei Seca, porque essas uvas estavam em alta demanda tanto por produtores domésticos de vinhos como pelos contrabandistas de bebidas alcoólicas. Joe Gallo era um empresário esperto, que construiu um bom negócio e conseguiu manter o mínimo de problemas com a lei, pois sua indústria estava muito sujeita ao escrutínio das autoridades.

Susie teve três filhos: Ernest, Julio e Joe Jr., também conhecido como Pete. Joe Jr. nasceu em 1919, uma década depois de Ernest, seu irmão mais velho, que era apenas um ano mais velho que Julio. Como pai, Joe estava com freqüência ausente, surgiram dificuldades no seu relacionamento com os filhos mais velhos. Durante grande parte da infância, eles ficavam sob os cuidados dos avós maternos. Era uma vida dura para os dois garotos, sem muita liberdade nem riquezas materiais, embora essa fase tenha dado a Ernest seus primeiros conhecimentos de produção de vinhos, pois via seu avô enchendo os jarros de cerâmica dos pastores bascos que vinham dos montes das redondezas para comprar vinho caseiro.

As coisas foram diferentes para Joe Jr. Ele chegou em tempos de maior abundância e com um regime mais solto – sendo-lhe permitido fazer coisas que haviam sido negadas aos irmãos. Quando acabou a Lei Seca, esperava-se que os jovens Gallo crescessem passando muito tempo nos vinhedos quando não estivessem na escola. A prisão do pai em 1923, acusado de violar a Lei Seca, era um embaraço para Ernest e Joe; assim, o alívio foi geral quando as acusações foram retiradas no mesmo ano. Esses eventos durante os anos de formação tiveram uma forte influência sobre os dois irmãos mais velhos, no sentido de levá-los a criar suas próprias identidades e se afastarem da geração dos pais.

PAI E FILHO

Ernest, o filho mais velho, estava disposto a enfrentar seu pai e a distância entre eles aumentou. Joe podia ser rude e com freqüência gritava com o filho quando eles discordavam. O ressentimento de Ernest em relação ao pai crescia sem parar. Mas ele, sempre observador, aprendeu os segredos do ofício e também alimentava suas ambições de sucesso. Ansioso por uma participação nos frutos de seu trabalho, ele começou a pressionar o pai para que lhe desse uma parcela da empresa da família, mas isso lhe foi recusado. Finalmente, em 1930, Ernest decidiu resolver as diferenças com o pai e lhe deu um ultimato: dê-me uma participação ou irei embora. A resposta não foi a que ele queria. Joe explodiu de raiva e pegou sua espingarda, ameaçando os rapazes. Àquela altura eles fugiram de casa, deixando a mãe para lidar com a ira do pai.

A separação não foi permanente, e eles voltaram meses depois a pedido dos pais. Ao mesmo tempo, os irmãos mais velhos observaram que Joe Jr. estava sendo muito mais bem tratado pelo pai. Embora Joe Jr. ainda visse os irmãos mais velhos como heróis, estes tinham ciúmes dele. Além disso, Ernest havia encontrado outro caminho na vida ao se casar em 1931 com Amélia Franzia, filha de outra proeminente família de vinicultores da Califórnia.

Então veio o golpe que iria mudar a família para sempre. Em junho de 1933, Joe e Susie foram encontrados mortos em sua propriedade. Até hoje não se sabe como eles foram mortos. O legista registrou um veredicto de assassinato-suicídio. Aquilo trouxe grande tristeza para a família. Dos irmãos, Julio foi o que ficou mais abalado. A saída de Ernest foi mergulhar ainda mais fundo em seus planos para a empresa, em resposta ao fim da Lei Seca ainda naquele ano. Os plantadores de uvas estavam se preparando para a nova era em que poderiam começar a atuar como vinicultores. Ao mesmo tempo, o testamento dos pais tinha de ser validado e Ernest foi nomeado administrador do espólio.

O testamento da mãe estipulava que sua herança deveria ser dividida em partes iguais entre os três irmãos quando eles completassem 21 anos; o pai tinha morrido sem fazer testamento. Um dos maiores ativos da propriedade eram os vinhedos, um elemento-chave no plano dos dois irmãos mais velhos para estabelecer sua nova vinícola. Para conseguir as licenças necessárias, eles precisavam ser produtores ativos de uvas. Naquele estágio, os irmãos mais velhos eram os guardiões legais do mais novo, com plenos poderes para administrar os negócios de Joe Jr. Eles o tratavam mais ou menos como o pai os havia tratado, fazendo com que ele trabalhasse sem descanso fora do horário escolar e mantendo-o no escuro a respeito da situação da empresa ou da sua história. Joe Jr. inocentemente assinava todos os documentos que lhe punham na frente, inclusive uma procuração plena para Ernest e Julio.

Na ocasião, os ativos das propriedades dos pais foram postos numa sociedade, a Gallo Brothers Ranch. Meio século mais tarde, a questão da divisão da propriedade seria disputada nos tribunais por Joe Jr.

A ERA DE ERNEST

Nos anos seguintes Ernest imprimiu gradualmente sua marca como líder da empresa. Inicialmente ele e Julio trabalhavam em conjunto, revezando-se no trabalho com o trator em turnos de 12 horas, mas seu relacionamento foi se tornando cada vez mais desconfortável. Julio ainda estava sofrendo com a morte dos pais. Ele tivera vários colapsos nervosos durante o período, sendo hospitalizado em várias ocasiões durante a Segunda Guerra Mundial.

Quando finalmente ele voltou à ativa, os irmãos tiveram uma divisão do trabalho potencialmente frutífera, com Ernest, o vendedor infatigável, promovendo brilhantemente os produtos e atuando como líder da empresa, enquanto Julio gerenciava o vinhedo e supervisionava a produção de vinho. Mas Ernest vivia segundo três princípios – rigor, dureza e impiedade, que ele incutiu na sua força de vendas – o que significava uma pressão incessante sobre Julio para entregar a produção necessária para sustentar o crescente sucesso da empresa no mercado. Com as relações entre os irmãos se deteriorando, Julio começou a fazer ameaças de deixar o cargo e buscar a dissolução da sociedade, mas sem nunca tomar qualquer providência nesse sentido.

Logo que a guerra acabou, Joe Jr. deixou o exército e voltou a trabalhar na empresa da família. Embora Ernest tenha lhe oferecido a chefia da produção de vinhos, tentando seduzi-lo com uma possível sociedade, ele preferiu trabalhar sob a direção de Julio na operação do vinhedo. Joe assentou em seu novo papel como funcionário e membro da equipe. Alguns anos depois, em 1950, todas as ligações financeiras que ele ainda tinha com a família terminaram quando foi dissolvida a sociedade Gallo Bros. Ranches.

Nas décadas de 1950 e 1960 aconteceram transformações na empresa. Ela passou de maior fornecedora no segmento inferior do mercado para uma posição mais próxima da respeitabilidade, através de um novo produto muito vendido. Era o Thunderbird, que devia o nome ao carro esportivo da Ford, um vinho barato com aroma de limão. Foi através do enorme sucesso daquele produto que os irmãos Gallo assumiram a liderança no final dos anos 1950.

Ao mesmo tempo em que crescia a riqueza dos irmãos, a geração seguinte estava chegando à idade adulta. A porta estava aberta para a entrada dos outros membros da família, sem muita reflexão a respeito de quais eram seus talentos. Isso era problemático. David e Joey, filhos de Ernest, se esforçaram para deixar sua marca à sombra do pai. Ele não tornou fácil a vida deles, inclusive repreendendo-os em público. Embora Ernest quisesse que seus filhos o sucedessem, ao mesmo tempo seu desejo de ser a figura dominante era insaciável.

Dentro da empresa, a percepção de que o nepotismo estava regendo as nomeações para cargos-chave estava abalando o moral. O giro de pessoal estava alto e em ascensão. A contratação de membros jovens da família estendeu-se para o lado de Julio, de onde seu filho Bob e seu genro Jim Coleman vieram trabalhar na empresa. Então aconteceu outra tragédia: Phillip, o filho mais novo de Julio, cometeu suicídio. Diziam que ele tinha problemas psicológicos. Com mais esse golpe ao seu já frágil estado mental, Julio recomeçou a pensar em deixar a empresa, mas com o incentivo do irmão menor Joe Jr. ele foi novamente persuadido a permanecer.

TERRITÓRIO DISPUTADO

Um incidente ocorrido em meados dos anos 1960 provocou mais tensão na família, quando os irmãos decidiram consolidar a unidade de garrafas de vidro, por meio da qual Joe Jr. tinha uma participação minoritária no grupo. Ernest e Julio não permitiram que o irmão trocasse suas ações na subsidiária por uma pequena participação na E&J Gallo, mas insistiram em comprar suas ações. Isso levou a uma disputa sobre o valor a ser pago e foi somente depois de ameaçar com uma ação judicial que a família de Joe conseguiu um preço considerado satisfatório por suas ações. Mas aquele incidente foi apenas uma escaramuça antes do conflito que viria a se instalar a respeito de questões maiores.

Outra tragédia abateu-se sobre a família em 1968, quando Peter, o filho mais velho de Joe, foi morto em combate no Vietnã. Incentivado pela perda súbita na família e livre de laços íntimos com as atividades dos irmãos mais velhos, Joe e Mike, seu outro filho, redobraram seus esforços para montar suas próprias atividades comerciais. Uma delas era fornecer uvas dos seus vinhedos a Gallo. No início dos anos 1980, eles decidiram entrar no ramo de alimentos e lançaram uma operação de produção de queijos, a Joseph Gallo Cheese Company, a qual teve sucesso no mercado. Ernest compareceu à inauguração para cumprimentar o irmão caçula, mas um ano depois a situação piorou, com Ernest acusando o irmão de violar o direito de marca registrada comercializando os queijos com a marca Gallo.

Em 1979, a Gallo havia adquirido os direitos de marca para o Salame Gallo, uma marca que estava havia anos no mercado, aparentemente com intenção de proteger a marca Gallo em alimentos frescos. Ernest convocou Joe para um encontro, ao qual Julio também compareceu, para discutir a questão da marca. O resultado da reunião foi o início de negociações para o estabelecimento de um contrato de licenciamento da vinícola para a empresa de queijos. Mas eles não conseguiram chegar a um acordo. Ernest adotou uma posição cada vez mais inflexível e a disputa aumentou em 1986, com a vinícola Gallo levando a batalha para os tribunais, acusando a empresa de Joe de violação dos seus direitos de marcas registradas. Durante o processo apareceu um documento que, para Joe, indicava que ele tinha direito a um terço do legado da sua mãe. Quando soube disso Joe ficou indignado e entrou imediatamente com uma ação alegando prejuízos pela sua exclusão dos ativos da propriedade dos pais.[11]

Mas Joe estava sem sorte. Seus argumentos não tiveram eco nos tribunais. No final, ambas as batalhas judiciais fracassaram. Ele perdeu o direito de usar a marca Gallo em seus queijos e também não conseguiu provar nenhum delito dos irmãos em relação à herança da mãe. Para piorar a situação, dois anos depois das batalhas judiciais, os contratos de fornecimento de uvas para a E&J Gallo foram rescindidos. Mais de meio século depois da morte dos pais, os interesses dos irmãos estavam finalmente separados.

LANCE FINAL

Hoje a Gallo ainda ocupa uma posição privilegiada no mercado e prospera como empresa de capital fechado, controlada pelos descendentes da família fundadora. Precedidos por Julio, que foi morto num acidente rodoviário em 1993, Ernest e Joe Jr. morreram em 2007, com uma diferença de um mês entre eles. Com suas mortes, as tensões e perturbações das gerações anteriores finalmente terminaram, enquanto a família e os negócios iam em frente. Os Gallo têm papel ativo na direção da empresa. Em contraste com a família Mondavi, eles deram consistentemente grande importância a atrair, reter e motivar talentos de alta qualidade de fora da família, fator que os deixou em boa posição. Por se mostrar adaptável e ajustar sua estratégia corporativa às mutáveis tendências do mercado, a Gallo permanece como a maior vinícola familiar do mundo.

COMENTÁRIO

Esta é a história de uma empresa familiar em que a parceria entre os irmãos inicialmente funciona bem, por que um deles reconhece que o outro dispõe de energia e visão para comandar a empresa. As dificuldades surgiram devido a negligência aos interesses do irmão menor, culminando com os prejuízos inevitáveis de uma ação judicial.

A origem das dificuldades pode ser, em parte, atribuída a Joe Sr.: um modelo de persistência e resistência, ele forçou Ernest, seu filho realizador, a romper os laços e ir em frente. Ele ensinou ao filho virtudes e vícios na mesma medida – sendo estes o mau julgamento de caráter no trato com os filhos e a incapacidade para compreender as necessidades e dificuldades deles.

Na verdade, este foi o tema em todos os casos neste capítulo: um mau modelo paterno, deficiências em inteligência emocional, decisões erradas a respeito dos papéis dos filhos na empresa e desconhecimento (em alguns casos, até mesmo incentivo) de rivalidades entre os filhos homens. Veremos em outras partes deste livro repetições deste padrão, pois este estudo sugere que ele pode ser um dos problemas mais comuns e fundamentais para as empresas familiares.

4.
Lutando pela coroa

"Os pais são os ossos nos quais os filhos aguçam seus dentes."

PETER USTINOV

INTRODUÇÃO

Existe um sonho que muitas empresas familiares vivem com sucesso. Nele, pais amorosos e equilibrados constroem uma empresa e uma casa lado a lado, dando aos seus filhos orientação e opções que os capacitam a encontrar a si mesmos antes de encontrarem suas carreiras. Isto significa uma dose de tentativa e erro – especialmente erro, pois não existe descoberta sem risco. Os filhos adquirem aptidões profissionais e de vida que irão usar na empresa em qualquer nível ao qual aspirem.

O fato da sucessão na liderança da família ser ou não uma seqüência contínua depende da loteria genética e da capacidade da empresa de oferecer as oportunidades corretas. Mas mesmo na ausência de executivos da família, a posse responsável pode ser uma aspiração viável para todas as famílias que estão em empresas.

Para evitar ficar à mercê da loteria genética – isto é, não ter de contar com o pai, a mãe e os filhos terem todos temperamentos e mentalidades congruentes – as famílias necessitam de uma paternidade sólida. Com isso elas podem resistir a um pouco de infortúnio. Muitos dos protagonistas em nossos casos carecem de elementos essenciais de paternidade ou controle eficaz e se vêem à mercê de divisões internas, hostilidades, tentações e todos os problemas que podem dividir uma família.

Estamos entrando em território shakespeariano, onde reis velhos e tolos transformam numa confusão a passagem do poder, e príncipes combatentes estão dispostos a tudo para conquistar o poder absoluto. Entre a sonhada transmissão de poder e o banho de sangue existem muitas variáveis, como a dinastia que se esforça continuamente para assumir uma face corajosa para o mundo exterior, encobrindo as fissuras existentes na família e fazendo o possível para ocultar as excentricidades e deficiências de caráter manifestas dos protagonistas.

A principal diferença entre uma monarquia e uma empresa familiar é que esta última conta com mais opções e menos recursos. As famílias reais são limitadas por leis, tradições e pelo peso do escrutínio público. As empresas familiares – surpreendentemente para alguns observadores, entre os quais nos colocamos – podem começar a agir como a realeza, adotando regras e restrições desnecessárias e entrando numa confusão por causa da maneira pela qual ataram suas próprias mãos.

Mas mesmo nas empresas familiares em que não há nada de manifestamente errado na família, as transições de propriedade e liderança constituem provas. A sucessão é reconhecida geralmente como o calcanhar de Aquiles das empresas familiares, especialmente em certas fases do seu desenvolvimento.[1] Temos observado que as transições entre gerações podem ocorrer por períodos prolongados, estendendo-se às vezes por décadas. Veja o caso da família Carlson.[2] Dona de um dos maiores grupos de viagens e hospitalidade do mundo, com propriedades como a Radisson Hotels, ela suportou um dos mais prolongados períodos de transição já vistos na passagem do comando do fundador Curtis L. Carlson para seu genro, depois de volta às mãos dele e finalmente para sua filha Marilyn, que liderava a empresa na ocasião em que este livro foi escrito. Neste caso, o processo de passagem do bastão a um membro da segunda geração demorou mais de duas décadas.

No Capítulo 2 delineamos as causas profundas de conflitos, em especial as origens evolucionárias dos conflitos entre irmãos e entre pais e filhos. No Capítulo 3 mostramos como os laços entre irmãos podem estrangular uma empresa e o tema reaparece em várias partes deste capítulo, tal é a dualidade nas relações entre irmãos e irmãs. Mas aqui nossa atenção está principalmente no conflito menos reconhecido entre pais e filhos. Esta é, com freqüência, a matéria-prima da tragédia. Parece antinatural pais e filhos entrarem em guerra, mas por mais que eles se amem permanece o fato de que os interesses de pais e filhos estão muitas vezes divididos, em alguns casos de forma fatal para uma empresa familiar.[3] Luta pela coroa é o rótulo sumário, mas subjacentes a ele há batalhas por controle e autonomia, por liberdade e poder e por destinos muitas vezes conflitantes.

A presença de riquezas substanciais em muitas empresas familiares não ajuda a situação. Em vez de constituir um apoio e um redutor de impactos que capacita pais e filhos a fazer ótimas opções, como aconteceria em um mundo ideal, no mundo real elas parecem apenas elevar as apostas.[4] Encontramos em muitos casos a geração mais velha, que foi a principal responsável pelo crescimento da riqueza da família, segurando as rédeas do poder por tempo demais, mesmo que legalmente isto seja seu direito. A questão é: ela ainda está agregando valor? Infelizmente, com freqüência isto não acontece.

Tipicamente a geração mais velha assume que está agregando valor em virtude da sua sabedoria e experiência acumuladas. Mas a questão que está em suas mentes, muitas vezes não mencionada, é sua própria qualidade de vida. O poder vicia; as pessoas têm dificuldade para mudar de estilo de vida. As pessoas mais velhas também sabem, apenas olhando à sua volta, como as energias parecem se dissipar quando elas se aposentam.[5] Os prazeres de partidas infindáveis de golfe são ilusórios, em especial para as pessoas que se envolviam em grandes decisões e carregavam com sucesso a carga de uma empresa e todas as vidas que dela dependem. Além disso, muitas vezes esses "imperadores" da geração mais velha estiveram tão mergulhados na empresa que nem tiveram tempo para aprender a jogar golfe ou desenvolver qualquer outro grande interesse. Incapazes de se separar da empresa, eles se tornam objetos imóveis.[6]

Possuir e dirigir uma grande empresa é um pouco como ser um semideus, independente de como você descreva isso na linguagem de administração e atenção. E quando os deuses quiserem desistir de seus tronos celestes? O medo da morte está à espreita nos recessos da sua consciência. A mente pode sonhar facilmente com muitas boas razões para se manter no poder sob esse desincentivo à saída, sem saber do que se está fugindo. Também existe a barreira prática em empresas pequenas ou jovens, de que eles podem não ter tido tempo suficiente para gerar um pé-de-meia adequado de economias para a aposentadoria.

Na maior parte dos casos, embora todos saibam o que está acontecendo, com freqüência ninguém está disposto a falar a respeito. Nas empresas familiares costuma haver uma total falta de planejamento de sucessões, mesmo quando os mais velhos têm idade avançada.[7] De qualquer maneira a geração seguinte pode se dar conta do fato e sair da empresa, deixando-a sem um futuro familiar. Nos casos aqui examinados, os membros desta geração são mais tenazes e frustrados – batem na porta dos pais para que estes os deixem entrar. E nem sempre eles têm o direito ao seu lado. A geração seguinte pode exagerar – imaginando que os pais estão mais senis e incompetentes do que eles realmente são e acreditando-se mais capazes de assumir o poder do que realmente são. Em resumo, não são apenas os mais velhos que estão sujeitos a ilusões egoístas. Esses jogos psicológicos são complicados por arranjos de participação acionária. Usualmente, a situação é, direta ou indiretamente, favorável à geração mais velha, com as mãos dos outros membros da família atadas por ações mantidas em fundos.

Portanto, o processo de transmissão do poder é um assunto complicado. Existem três linhas entremeadas que devem ser desembaraçadas:

- a transferência de propriedade;
- alteração no equilíbrio de poder e responsabilidade;
- e a mais importante: a transição psicológica de um papel para outro.

Com tudo isso acontecendo, não é de se admirar que se possa perder a empresa. As sucessões em todas as empresas constituem um distúrbio, mas nas empresas familiares, apesar delas serem em geral menos freqüentes do que nas empresas não familiares e de capital aberto, elas são mais graves e muitas vezes ultrapassam o ponto de fratura fatal.

Outra barreira à sucessão é a loteria genética. Em muitos casos os mais velhos, por sorte ou por julgamento, construíram uma empresa de sucesso, mas quais são as qualidades necessárias para que a nova geração seja de líderes eficazes ou proprietários responsáveis? Imagine um pai orgulhoso e amoroso saber, no fundo do seu coração, que seus filhos não foram feitos para dirigir sua empresa. O amor e o temor de prejudicar a ligação paterna podem levar a dissimulações, adiamentos ou qualquer outra pequena desonestidade. Infelizmente, a pesquisa revela riscos muito reais. Embora estudos tenham demonstrado que a propriedade pela família gera um desempenho extra[8] – aquilo que chamamos de valor agregado do "capital familiar" – existem fortes evidências recentes dos riscos da sucessão familiar para o desempenho, em especial quando atua a progenitura masculina: isto é, quando o filho mais velho é o sucessor.[9]

Os sistemas de governança que precisam arcar com o peso desses desafios muitas vezes não são capazes. Eles podem instituir regras e procedimentos que forcem a sucessão em seus aspectos de prazos e processos, mas a maneira deles serem operados é muito importante, especialmente em termos de como lidar com emoções e resolução de conflitos. Muitas famílias criam políticas que regem as condições para a entrada na empresa da família. Uma política típica cobre questões como padrões educacionais para os membros da família que aspiram trabalhar na empresa, critérios de idade mínima e experiência profissional para se candidatar a entrar na empresa e os procedimentos de contratação. Algumas famílias querem linhas claras de demarcação entre a gerência e o conselho de administração, implantando políticas que proíbem membros da família de assumir papéis gerenciais na empresa e restringindo seu envolvimento no controle da mesma.

EMPRESAS FAMILIARES

A família Henkel, da Alemanha, é um exemplo de empresa familiar de muito sucesso que mantém uma política pela qual membros da família normalmente não têm acesso a posições gerenciais na empresa, que tem ações negociadas em bolsa.[10] Num exemplo mais extremo, William Randolph Hearst, o primeiro grande magnata da imprensa dos Estados Unidos, morto em 1951, escreveu em seu testamento que não acreditava que nenhum dos seus herdeiros fosse competente para dirigir seus negócios.[11] Ele estabeleceu um fundo, no qual a família manteve uma minoria dos votos, com o controle do dia-a-dia da empresa nas mãos de gerentes não pertencentes à família. Qualquer herdeiro que questionasse seus desejos seria deserdado. O plano de Hearst parecia muito simples no papel, mas 40 anos após sua morte a família estava nos tribunais lutando pela direção do fundo familiar. O plano dele – manter a família fora da direção dos negócios, provendo diretrizes claras a respeito de como a empresa deveria ser dirigida – fracassou anos depois. Subordinar os pontos de vista da família proprietária a curadores não pertencentes a ela era de fato ir um pouco longe demais. Nem mesmo um homem poderoso como Randolph Hearst podia governar do túmulo, mas surpreendentemente, muitos proprietários idosos de empresas familiares cometem a tolice de tentar exatamente isso. Este é um mau substituto para o planejamento de sucessões com uma avaliação realista das opções e dos recursos humanos.

Vamos agora contar algumas histórias que ilustram esses temas e considerar como as coisas poderiam ter tido melhores resultados.

OS McCAIN – QUANDO AS FRITAS ESTÃO EM BAIXA[12]

A DINASTIA McCAIN

A família McCain fazia parte da onda de emigrantes das Ilhas Britânicas que começaram a plantar nas terras férteis do leste do Canadá na década de 1860. H. H. (Henry) McCain era um inovador e um verdadeiro empreendedor – um homem que

LUTANDO PELA COROA

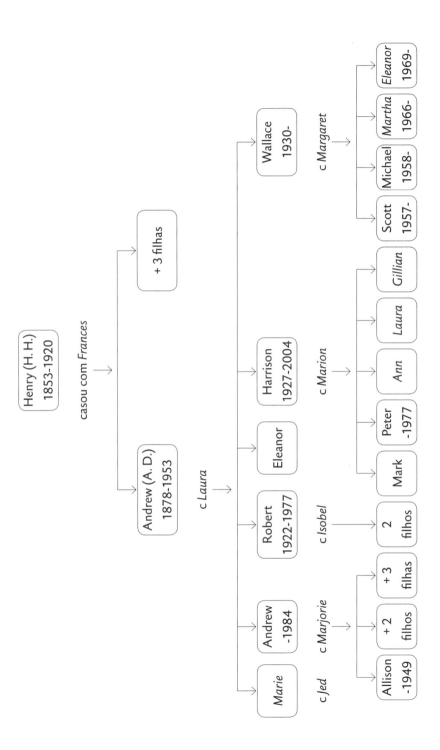

Figura 4.1 – A família McCain

EMPRESAS FAMILIARES

olhava a oportunidade no olho e a agarrava. Seu primeiro empreendimento foi uma plantação de maçãs na sua fazenda de Florenceville, New Brunswick. Ele também montou uma loja de departamentos e foi um dos primeiros comerciantes na área a pagar pelos produtos dos agricultores em dinheiro em vez de mercadorias. Teve três filhas e um filho, Andrew Davies (A. D.). A loteria genética foi favorável e A. D. desde cedo mostrou ser esforçado e inteligente, assumindo grandes responsabilidades para a sua idade. Em 1910, Henry e A. D. começaram a cultivar batatas e chamaram sua empresa de McCain Produce Company. As batatas se tornaram a mais importante fonte de dinheiro no campo, e os McCain aproveitaram a oportunidade para exportar sua produção para os Estados Unidos e outros países. A. D. trabalhava incansavelmente e, quando Henry morreu em 1920, o negócio estava florescendo. Juntamente com o crescimento dos seus negócios, os McCain tinham granjeado a reputação de capitalistas benevolentes, que apoiavam generosamente atividades e projetos da comunidade local. A Sra. A. D. dirigia uma agência de serviço social em apoio à comunidade de Florenceville.

A. D. e Laura, sua mulher, tiveram seis filhos: Marie, Andrew, Robert, Eleanor, Harrison e Wallace. Dessa vez a loteria genética produziu uma matriz de tipos de personalidade que viria a ser um importante tema para a saga da família. Marie, a filha mais velha, era quieta e tímida; Andrew e Robert eram tipos sólidos, algo sérios, ao passo que Eleanor, a mais nova, era inteligente, divertida e falante. Os dois irmãos mais novos, Harrison e Wallace, eram como gêmeos e muito próximos um do outro – até dividiam a mesma cama, como faziam os irmãos mais velhos, até irem para a universidade. Uma ética severa de trabalho foi incutida em todos os filhos pelos pais, e a mediocridade não era tolerada. Os McCain nunca davam dinheiro demais aos filhos. Se eles quisessem alguma coisa, tinham de merecê-la. A Sra. A. D., como era conhecida, era uma mulher forte e dinâmica que controlava a família McCain com a mesma autoridade que exercia como líder natural da comunidade de Florenceville. A. D., por seu lado, embora tivesse uma personalidade mais quieta e submissa que sua mulher, não era nenhum fraco, mas um homem determinado que contava com o respeito dos filhos e dos seus empregados.

HARRISON E WALLACE

Durante os anos escolares e na vida adulta, foram os dois irmãos mais jovens, Harrison e Wallace, que mais se destacaram. Harrison foi uma criança quieta e estudiosa, que não só floresceu em termos acadêmicos, mas também era um grande atleta. Mostrou qualidades de liderança ainda na escola e, na adolescência, desenvolveu um forte interesse pela política. Wallace, seu "gêmeo", era o piadista da família e um pouco rebelde, necessitava de incentivos constantes para progredir nos estudos. Mas com o tempo ele também floresceu, em parte devido à sua enorme capacidade de atenção aos detalhes. Ambos conheceram suas parceiras de casamento na universidade: Harrison casou-se com Marion "Billie" McNair, a sofisticada e bem-relacionada filha do primeiro ministro de New Brunswick, e Wallace casou-se com Margaret Norrie, uma mulher forte e independente. Na universidade os irmãos construíram suas redes sociais, as quais incluíam um importante relacionamento com o sucessor de um grande industrial, K. C. Irving, em cuja empresa ambos conseguiram seus primeiros empregos quando terminaram os estudos.

A. D. McCain morreu em fevereiro de 1953, aos 74 anos, com a empresa na cabeça até o fim. Mas Harrison e Wallace decidiram não entrar para a empresa da família depois da morte do pai, preferindo continuar trabalhando para K. C. Irving. A. D. morreu sem deixar testamento, fato que exigiu que seus bens fossem divididos de acordo com a lei. Laura, a viúva, recebeu um terço dos ativos, e o restante foi dividido igualmente entre os seis filhos, dando a cada um 10% da empresa. Laura não tolerava qualquer dissensão familiar e, preenchendo o vazio deixado pelo marido, assumiu o papel de força unificadora da família. A direção da empresa coube em grande parte a Andrew e Robert, os irmãos mais velhos, com o apoio de Laura no papel de presidente da empresa. Laura sabia que seu marido tinha uma amante, mas quando ele morreu, numa demonstração típica da sua visão racional do mundo, ela mostrou sangue-frio na defesa da sua memória para manter a unidade familiar. Em resumo, como administradora daquele período de transição, ela foi exemplar.

McCAIN FOODS LTD.

Enquanto isso, os dois irmãos mais novos estavam ansiosos para iniciar seu novo empreendimento, e foi Harrison quem assumiu a liderança deixando o emprego para começar a buscar oportunidades. Com a proteção da herança, ele podia se dar ao luxo de tirar algum tempo para observar o cenário. Porém, Laura ficou nervosa por ver o filho desempregado e implorou que Robert, o filho mais velho, desse algumas idéias. Robert soube que a marca General Foods Birds Eye tinha começado a embalar alimentos congelados numa instalação no Maine, logo depois da fronteira, inclusive batatas fritas congeladas. Ele disse a Harrison e Wallace que havia uma oportunidade em processar batatas frescas em New Brunswick e entrar no ramo de alimentos congelados.

Os irmãos mais novos gostaram da idéia de montar aquele empreendimento, investindo C$ 30.000 por uma participação de um terço, com Andrew e Robert contribuindo com C$ 20.000 cada um por uma participação de um sexto. Os recursos para completar o capital inicial de C$ 100.000 foram levantados através de um empréstimo bancário, suplementado por uma concessão federal no custo de um armazém refrigerado para armazenar os produtos da empresa. Harrison já estava disponível para começar a preparar o terreno para a nova empresa, e logo Wallace juntou-se a ele para supervisionar a construção do local e instalação dos equipamentos. Os irmãos formaram a Opco (Operating Company), um grupo sob o qual a McCain Foods, a Carleton Cold Storage e as futuras subsidiárias iriam operar.

O conselho de administração foi composto por membros da família, inclusive os quatro irmãos e Jed Sutherland, o marido de Marie, que era dentista. Nos estágios iniciais a empresa cresceu rapidamente sob a liderança comum de Harrison como presidente e de Wallace como vice-presidente, vendendo a maior parte da produção a empresas de preparação de refeições. Harrison estava confiante desde o início. Ele era o McCain visto pelo público, ao passo que Wallace era o detalhista focalizado nas operações. Ano a ano o negócio se tornava mais lucrativo e o crescimento era estável. Enquanto isso, a empresa de criação de gado e agricultura fundada pelo avô deles, a McCain Produce Co., que fornecia matéria-prima para a nova processadora e continuava a vender sementes de batatas para o mundo inteiro, ainda era dirigida por Andrew e Robert. Eles permaneceram com uma visão mais provinciana, mantendo-se próximos da terra da qual viviam e da comunidade agrícola onde haviam crescido.

Uma das melhores ações estratégicas dos McCain durante os anos 1960 foi a de focalizar seus esforços de desenvolvimento internacional no mercado britânico, em vez de tentar os Estados Unidos, o país vizinho. Essa opção mostrou ser inspirada, porque eles entraram no Reino Unido numa época em que os restaurantes de fast-food estavam proliferando por todo o país. Na década de 1970, a McCain Foods havia crescido e se tornado uma grande operação integrada verticalmente. Em 1971 ,os irmãos trocaram de cargos para melhor refletir aquilo que de fato estavam fazendo na empresa: Harrison tornou-se presidente do conselho, e Wallace presidente.

Mais tarde, numa mudança que possivelmente prenunciava a crescente incapacidade dos irmãos de trabalhar em conjunto, eles começaram a compartimentalizar a empresa, dividindo suas responsabilidades segundo linhas geográficas: Harrison passou a se encarregar do Reino Unido, da Europa e da empresa de transportes no Canadá, enquanto Wallace dirigia as operações no Canadá, na Austrália e nos Estados Unidos, mercados nos quais a empresa agora estava atuando. Durante esse período, as vendas da McCain cresceram fortemente.

SOCIEDADE DESCONFORTÁVEL

Harrison e Wallace trabalhavam lado a lado como uma equipe de irmãos. Harrison gostava de desempenhar o papel do patriarca, apesar de ter um traço temperamental. Ele focalizava o desenvolvimento do negócio e a descoberta de pessoas de talento para tripular a empresa que crescia. Wallace, com sua meticulosa atenção aos detalhes, mantinha a fábrica em operação, garantia que os custos estivessem sob controle e buscava continuamente maneiras para melhorar a produtividade. Em todos os seus relacionamentos, com funcionários e com fornecedores, Wallace era duro, mas escrupulosamente honesto. No início das atividades a administração era relativamente informal e os irmãos raramente faziam reuniões do conselho. Eles buscavam um consenso informal para tomar a maior parte das decisões.

É curioso, mas verdadeiro, o fato das pessoas muitas vezes acharem mais fácil ficarem juntas quando estão lutando para melhorar sua condição do que quando estão cercadas de luxo e riqueza. À medida que cresciam as fortunas pessoais dos McCain, o mesmo se dava com as rachaduras em seu anteriormente sólido relacionamento. O primeiro ponto de fratura entre Harrison e Wallace, os outrora "gêmeos" inseparáveis, começou a se tornar visível. Assim como acontece com quaisquer irmãos, seus interesses podiam estar divididos tão facilmente quanto unidos.

Embora sua riqueza fosse comparável, o *status* não era. A posição social de Harrison recebeu um grande impulso quando ele foi nomeado para o conselho de administração do Bank of Nova Scotia em 1971. Wallace desaprovava o fato do irmão se dedicar a outras atividades profissionais em detrimento da empresa da família. Ao mesmo tempo, surgiu uma segunda questão, mais séria, a respeito do planejamento de participação acionária. Três dos irmãos concordaram com um plano para transferir suas ações para fundos fiduciários. Harrison, o quarto, um homem cada vez mais distinto, foi contra a transferência. Sua visão era que não se deve confiar automaticamente na própria família.[13] Wallace ficou chocado. O que poderia significar o fato de seu irmão, outrora tão próximo, poder se tornar tão desconfiado? Aquilo poderia significar que Harrison não era digno de confiança?

Anote: confiança é a palavra mais importante em negócios e a base da empresa familiar. Ela é como uma árvore. Leva anos para crescer, mas pode ser derrubada em uma hora. Lance as sementes da desconfiança e você terá uma colheita amarga. Para os McCain, o processo de perda de confiança na família havia começado a se instalar.

ENTRA A PRÓXIMA GERAÇÃO

Harrison e Marion tiveram cinco filhos: Mark, Peter, Ann, Laura e Gillian. Nenhum dos filhos chegou a fazer uma carreira longa na empresa da família. Em grande parte, isso se deveu ao seu pai dominante. Não havia muito espaço para crescer sob a sombra da presença de Harrison, cada vez mais agigantada, e todos acharam melhor desenvolver suas vidas longe do pai. Além disso, embora a política de contratação para os membros da família do sexo masculino fosse muito liberal, as filhas de Harrison não eram bem-vindas. Laura parecia ter as qualificações e ser a mais motivada para trabalhar lá, mas ficou na empresa por pouco tempo, antes de sair para montar sua própria empresa de frutos do mar.

Wallace e Margaret tiveram quatro filhos: Scott, Michael, Martha (adotada) e Eleanor, e seu índice de sucesso em termos de carreira estava destinado a superar àquele dos filhos de Harrison. Scott, o primeiro filho, que gostava de hóquei e de vida social, viria a ser vice-presidente de produção na McCain Foods, mas Michael, o outro filho de Wallace, mostrou ser o mais ambicioso. Academicamente brilhante e cheio de autoconfiança, foi Michael, de todos os McCain da sua geração, quem demonstrou maior interesse em entrar para a empresa.

Michael expressava abertamente sua ambição de, um dia, suceder seu tio Harrison. Ele o fazia baseado na crença de que os membros da família deviam provar seu valor e que a política de contratação então em vigor era frouxa demais, protegendo os membros mais fracos ao colocar pouca ênfase no desempenho. Michael também sabia que seria muito difícil chegar ao topo, devido à tensão existente no seu relacionamento com o tio. Ele sentiu muito cedo que eles estariam empenhados numa luta. Era um caso de macho jovem *versus* macho velho. Margaret, sua mãe, vendo a nuvem de conflito no horizonte, queria que seu filho mais novo saísse da empresa antes que ocorresse um choque. Enquanto isso, outros membros da família estavam de olho no mesmo cargo. Allison, primo de Michael do lado de Andrew McCain, formado em engenharia, pediu ao tio Harrison para entrar para a empresa. A permissão de Harrison foi dada sem o conhecimento do seu irmão Wallace.

Em muitas famílias esse ato seria bem recebido, mas na atmosfera de baixa confiança que estava surgindo entre os irmãos, Wallace interpretou aquilo como uma tentativa de Harrison para conseguir um sucessor em potencial e um rival para Michael. Ele pensou que, em Allison, seu irmão havia achado um substituto para seus próprios filhos, que haviam abandonado a corrida. O veneno estava começando a se infiltrar na empresa da família.

CRESCE A TENSÃO

Começou assim um período de tensão crescente entre os irmãos. Então, uma doença súbita atacou Robert, o segundo dos irmãos, que morreu em 1977, aos 55 anos. Sua perda foi um golpe, não só porque a família havia perdido a pessoa que tinha dado a idéia da empresa para os irmãos mais novos, mas também porque Robert era uma força unificadora na família. Além disso, a situação revelou deficiências nos procedimentos administrativos da empresa. Não havia nenhuma orientação a respeito de como resolver a questão de quem deveria suceder Robert no conselho, pois ele havia morrido de forma súbita e inesperada, sem deixar planos de sucessão. Àquela altura, a família convidou seu advogado Roger Wilson para ser membro do conselho. O desejo de contar com um apoio mais próximo do advogado na ocasião era compreensível, mas Harrison e Wallace sabiam que a nomeação de consultores próximos não era uma boa prática em termos de administração. Um membro independente teria sido de mais valor naquele estágio. Mas os irmãos fizeram um gesto de boa vontade para os acionistas minoritários da família e começaram a efetuar pequenos pagamentos de dividendos, os primeiros em mais de duas décadas. Porém, logo os irmãos retornaram ao seu modo normal de dirigir sua empresa em rápido crescimento, sem responder a perguntas a respeito de administração e planejamento de sucessões.

Faz parte da natureza dos conflitos o fato deles muitas vezes fluírem como um rio subterrâneo, enquanto os protagonistas trabalham na terra acima dele, aparentemente não perturbados – isto é, até que ele entre em erupção por uma fissura exposta. Foi o que aconteceu com Harrison e Wallace, que teimosamente ignoraram os problemas entre eles enquanto continuavam a se afastar um do outro. Mas surgiram fissuras, e a tensão explodiu.

Um incidente visível ocorreu quando Harrison estava inaugurando uma nova fábrica na França em outubro de 1981. Harrison organizou uma entrevista coletiva durante a inauguração sem nem mesmo convidar Wallace, que havia estado intimamente envolvido para conseguir com que as instalações funcionassem. Essa negligência aumentou alguns anos depois em 1988 numa cerimônia de premiação de líderes empresariais em Toronto, na qual Harrison foi agraciado e, mais uma vez, deixou de convidar seu irmão. Mas Wallace tomou conhecimento da cerimônia e reservou uma mesa, para a qual convidou executivos da empresa por ele escolhidos. Mas Harrison venceu no fim. Quando ele subiu ao palco para receber seu prêmio e fazer seu discurso, apresentou todos os que estavam na mesa, exceto seu irmão. Para Wallace, aquilo foi uma humilhação pública.

Enquanto isso, a McCain Foods tinha crescido e se tornado a maior produtora de batatas fritas do mercado, empregando mais de 18 mil pessoas, com 55 fábricas em todo o mundo. Harrison e Wallace trabalhavam em escritórios contíguos ligados por uma porta sem fechadura e muitas vezes conversavam pelo intercomunicador ou gritavam através da porta aberta. As decisões de negócios eram tomadas por consenso e os irmãos continuavam a trabalhar em equipe, apesar da antipatia que borbulhava por baixo. Porém, o assunto que os dividia abertamente era a sucessão. Com o passar dos anos, Harrison sentia que seu irmão estava se tornando cego por sua consideração com seu filho Michael.[14]

A TRITURAÇÃO

Wallace, por sua vez, achava que Harrison estava sendo corrompido pelo poder e que se agarraria a ele o máximo possível de tempo, asfixiando assim as ambições da próxima geração. Àquela altura, o impasse entre os irmãos estava começando a afetar negativamente a corporação. Em 1988, o maior concorrente deles nos Estados Unidos foi colocado à venda, e a McCain nem mesmo fez uma proposta, perdendo com isso uma oportunidade única para tentar conquistar uma parcela maior do mercado americano.

Com o relacionamento com o irmão caminhando para o rompimento, Wallace decidiu tentar encontrar uma solução com o auxílio de intervenção externa, contratando o Professor John Ward, o eminente consultor de empresas familiares. Aquela não foi a primeira tentativa. Dois anos antes, outro consultor havia se mostrado incapaz de negociar uma paz duradoura entre os irmãos. Ward viu que a principal necessidade era maior objetividade e distanciamento, estabelecendo um conselho de administração com maioria de membros independentes, exigindo que os irmãos recuassem de suas respectivas posições. A tarefa do conselho seria decidir sobre um plano para a sucessão da liderança. Previsivelmente, a confiança entre os irmãos estava tão baixa que eles não conseguiram chegar a um acordo sobre a estrutura do conselho, para não falar das posições não executivas. Embora o remédio fosse correto, em teoria, ele fracassou porque não passou pelo primeiro obstáculo do consenso entre os irmãos em luta. Quando o paciente não quer tomar o remédio, a sabedoria do médico é inútil.

Wallace havia expressado o desejo de indicar seu filho Michael para CEO das operações da McCain, um novo posto que a organização devia preencher. De fato, Michael vinha dirigindo havia algum tempo a McCain Citrus, a maior das três divisões nos Estados Unidos, aumentando significativamente suas receitas e fazendo com que voltasse a apresentar lucro. Mas Harrison considerou Michael inadequado para dirigir a divisão, demonstrando forte preferência por um dirigente de fora da família.[15] Wallace mostrou-se inflexível e, usando seus poderes como cabeça da Divisão dos Estados Unidos, nomeou Michael em outubro de 1990. Aquilo provocou uma forte reação de Harrison, que convocou imediatamente uma reunião do conselho para discutir a nomeação.

Na reunião Harrison parecia ter deixado de lado suas objeções, mas quando a pauta chegou a assuntos diversos Wallace fez seu pronunciamento. Ele leu uma declaração defendendo seus atos na promoção de seu filho Michael. Indo além, ele declarou que seu relacionamento com Harrison estava péssimo e que a confiança entre eles tinha se evaporado. Harrison respondeu que se ele não conseguisse fazer o irmão desistir da nomeação, iria buscar mudanças mais amplas na organização.

Naquele ponto as posições de batalha estavam endurecendo e estava ficando evidente, para Wallace e sua mulher Margaret, que eles não tinham mais o apoio da família. Ele e o irmão tinham, cada um, uma participação de 33,3% da empresa, com o restante dividido entre duas dúzias de parentes. A proposta de reestruturação de Harrison incluía a formação de um conselho de administração de dois níveis, que tiraria o poder dele e do irmão, passando-o para o restante dos acionistas da família. A composição proposta seria de um membro de fora da família juntamente com dois representantes da família de Wallace, dois da de Harrison e um das famílias de Andrew e de Robert. As famílias de Andrew e de Robert aprovaram o esquema. Quanto à sucessão, Harrison propôs que ele e Wallace preparassem cada um uma lista de três candidatos à posição de CEO que renovariam periodicamente e, por ocasião da aposentadoria de qualquer dos irmãos, o conselho de administração escolheria um dos nomes das listas. Assim, a solução de Harrison daria à família o papel principal na resolução de diferenças, em contraste com a proposta de Ward de um conselho formado por elementos externos à família. Quem estava certo? Qual das propostas poderia ser mais facilmente controlada pela política de construção de uma coalizão?

Os irmãos discutiram o assunto por quase um ano, até que o conselho determinou que se as diferenças entre eles não fossem resolvidas até outubro de 1992, haveria uma nova reunião para decidir pela demissão de Harrison, Wallace ou de ambos.

EMPRESAS FAMILIARES

A REMOÇÃO DE WALLACE

Àquela altura, a batalha pela sucessão havia se tornado abertamente cáustica e extremamente confusa. Wallace propôs três opções para romper o impasse:

- dividir geograficamente as operações da empresa em duas unidades separadas;
- implantar um acordo de compra e venda, pelo qual o controle acionário pode mudar desde que um dos acionistas possa vender ou comprar as ações dos outros;
- vender a empresa.

Wallace deixou claro que não desejava ser posto para fora da empresa, nem ser rebaixado em relação a Harrison. Como era de se esperar, Harrison rejeitou as propostas do irmão, enviando uma carta a Andrew McCain, o presidente do conselho, descrevendo as propostas de Wallace e pedindo que os membros decidissem sobre um curso de ação. A questão chegara a ponto de ebulição. Depois de uma rápida série de reuniões do conselho, foi decidido que Wallace deveria abdicar de sua posição de CEO.

O conselho estava determinado a prosseguir com sua decisão de tirar Wallace. A decisão foi apoiada por todos os membros, exceto seus filhos. Ele tinha somente uma última carta para jogar. Ofereceu-se para comprar 17,5% das ações dos parentes para obter uma participação majoritária do grupo. Com aquela oferta, pela primeira vez havia sido posto um valor para a empresa, mas a oferta de Wallace expirou sem que ninguém a aceitasse. O resultado deixou Wallace e sua família marginalizados. Foi então que eles decidiram vender suas ações à empresa e deixá-la completamente. Terminou assim a longa luta dos irmãos McCain. A separação acabou com o relacionamento entre eles e, enquanto Harrison continuou a comandar o negócio original até a velhice, Wallace e sua família, mantendo-se fiéis aos seus valores, adquiriram uma grande participação na maior produtora de pães do Canadá, a Maple Leaf Foods, iniciando uma dinastia paralela que dura até hoje.

COMENTÁRIO

Este caso não deixa de ser um episódio de rivalidade entre irmãos, mas é muito mais do que isso. Na verdade, ele evolui em torno de um relacionamento adulto em mutação, um caso fascinante de dupla liderança que deu errado. Os modelos de dupla liderança são muito mais comuns em empresas familiares do que em outras, e com freqüência funcionam bem, com irmãos, primos, tios, pais, bem como não membros da família, dividindo-a.[16] Às vezes há cargos conjuntos, como o de co-CEO. Em outros casos, um deles é nomeado presidente do conselho e o outro, CEO. O importante é a adequação entre personalidade e papel. Como evolui o relacionamento? Até que ponto os sócios estão conscientes e de acordo a respeito de seus respectivos papéis? Até onde cada um deles é sensível às necessidades e aos direitos do outro? Que tipo de processo rege sua interação?

Esta aliança parece ter entrado em vigor por nada mais que força de vontade e conveniência, e daí em diante é cada um por si. Aqui, dois irmãos próximos entraram num espaço que estava cheio demais para eles e, além disso, psicologicamente desregulado. Harrison poderia ter refreado sua ambição, Wallace poderia ter sido mais aberto em sua atitude com relação a direitos e obrigações da família. A luta pela coroa foi uma batalha entre os mais velhos em nome da geração seguinte. Na ausência de qualquer meio efetivo para regular o relacionamento e o processo decisório, caberia aos irmãos achar um modo construtivo de resolução de problemas. Nada é fácil quando as armas estão empunhadas.

Outra lição neste caso é que consultores são tão bons quanto a maneira como são usados. O que é pertinente é que a família buscou ajuda e a recebeu, mas não estava disposta ou preparada para adotá-la. Isto parece extraordinário e irracional – mas pense a respeito. Talvez este comportamento seja mais comum do que gostamos de admitir. As pessoas não consultam o médico e depois ignoram seus conselhos? Por quê? Porque foram em busca de uma garantia que não receberam, ou lhes foi receitado um remédio que seria doloroso demais para ser tomado. Os sacrifícios no seu estilo de vida corrente eram demasiado grandes. Não podemos ler as mentes dos McCain, mas o bom conselho que receberam teria criado uma reversão completa no seu padrão de agir preferido, que era de manter estranhos à distância e confiar na boa sorte que o esforço e a força de vontade lhes tinha trazido no passado.

A lição para os consultores é: não dê como certo que as pessoas estão abertas ao seu raciocínio. Não é no nível da racionalidade que a batalha deve ser combatida e vencida. Corações antes das mentes!

IBM – OS WATSON – UMA LUTA POR IDENTIDADE[17]

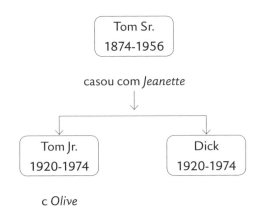

Figura 4.2 – A família Watson

ORIGENS

Hoje a IBM talvez seja um resumo da corporação moderna de capital aberto, onde a racionalidade – e não o sentimento – dá as cartas em termos estratégicos e culturais. Parece difícil acreditar, ainda mais do que no caso da Ford, que a IBM foi uma empresa dirigida por uma família pelo seu primeiro meio século de existência. Isto não faz dela uma empresa familiar completa, uma vez que os Watson, de cuja dinastia iremos tratar e que se estendeu por duas gerações, ficaram somente com uma pequena porcentagem das ações da empresa. Porém, o capital estava tão espalhado que as ações do CEO, Tom Watson Sr., eram suficientes para lhe dar o poder de dirigente absoluto da empresa. Tom Watson era um empreendedor poderoso e determinado. Mas seu filho e sucessor também era, e foi sobre a estreita plataforma de participação acionária que os Watson lutaram sua batalha de pai contra filho.

A história começa em 1874, quando Thomas Watson nasceu numa família americana de ascendência escocesa. Ele poderia ter optado por seguir os passos do pai e trabalhar no negócio de madeira da família, mas em vez disso, com o incentivo do próprio, ele partiu para o mundo e deixou seu vilarejo natal no Nordeste dos Estados Unidos. Estabelecendo-se na cidade de Buffalo e desesperado por um emprego para pagar suas dívidas, ele conseguiu persuadir o gerente da filial local da National Cash Register Company (NCR) a lhe dar um emprego de vendedor. Lá ele aprendeu algumas lições importantes. Talvez as mais importantes tenham sido as qualidades pessoais de flexibilidade e persistência diante de mercados difíceis e inflexíveis. Como muitos líderes, nessa época crítica ele se beneficiou do fato de ter um mentor, seu chefe John Range. Ele aprendeu a arte de vender, adquirindo uma boa dose de argúcia comercial e aprendendo a sofrer ofensas de um chefe duro e exigente. Ele logo foi promovido, em 1899, passando a ser gerente do escritório da NCR em Rochester, NY.

A NCR estava tendo um sucesso fenomenal, em grande parte devido a John H. Patterson, seu fundador, um empreendedor exibicionista que conquistou um lugar entre os heróis americanos dos negócios com sua missão de suprir a nação de caixas registradoras. Patterson era um homem de princípios e os incutiu incansavelmente na equipe da NCR, inclusive no jovem Watson. Como local de treinamento para um jovem homem de negócios ambicioso em ascensão, não havia nenhum igual. Era difícil, mas Watson prosperou e subiu rapidamente, tornando-se gerente nacional de vendas. Mas seu patrão, apesar das suas virtudes, não suportava rivais e os grandes realizadores tinham baixo índice de sobrevivência na organização. Foi o que aconteceu com Watson. Em

1913, Patterson, temendo de forma irracional qualquer funcionário poderoso que pudesse lhe tomar a empresa, demitiu Watson. Este deixou a organização muito magoado, mas com uma orientação para os negócios em valores e métodos de trabalho muito semelhante à do seu antigo patrão – dedicação total à empresa, exigência rígida de lealdade do pessoal, uma queda pelo paternalismo e um estilo sensível que nunca estava de bom humor.

Thomas Watson era um homem com valiosos conhecimentos tácitos e, em pouco tempo, foi procurado para dirigir a Computing-Tabulating-Recording (CTR). Na época a CTR, que havia sido formada através da fusão de várias empresas pouco relacionadas, estava muito endividada e em má situação. Watson rapidamente tratou de reformular os ativos da empresa, mudou seu nome para IBM e criou um senso de propósito comum na empresa. Foi nessa época que Watson e sua jovem esposa Jeanette Kittredge começaram sua família. Thomas J. Watson Jr. (Tom Jr.) nasceu em 1914.

OS TESTES DE TOM JR.

Tom Jr. não teve uma infância fácil sob a influência dominadora de seu pai exigente. Sua auto-estima murchou sob a pressão das altas expectativas do pai, que lhe dizia continuamente que ele não conseguiria passar de ano. O senso de impotência de Tom Jr. era aumentado pela sua incapacidade para proteger a mãe dos ataques do pai durante seus acessos de mau humor.

De fato o relacionamento dos pais estava mal, e somente quando sua mãe ameaçou Tom Sr. com o divórcio, foi que ele se impressionou. É uma marca do seu caráter o fato de ele, daí em diante, passar a tratar a esposa e a família com respeito. Para Tom Jr. aquilo significou o interesse do pai pelo seu desenvolvimento, o qual se manifestava em ajudá-lo a garantir um lugar na universidade.

Infelizmente, Tom Jr. não se destacava como estudante. Conseguiu passar pela Brown University e, aos 23 anos, o pai lhe conseguiu um lugar na escola de vendas da IBM. Lá ele tinha uma vida protegida. Quando foi enviado para o campo, ele era resguardado da dura realidade dos negócios recebendo contas fáceis. Enquanto isso Tom Sr. havia voltado ao antigo comportamento. Desapontado com a falta de realizações do filho, voltou a criticá-lo. Ele sempre deixava claro quem era o chefe. Era assim que Tom Sr. queria as coisas.

Mas a ligação entre esses dois homens emocionais era complexa. Quando Tom Jr. casou-se com Olive em 1941, convidou o pai para ser seu padrinho. Era a época de Pearl Harbor e, para Tom Jr., a entrada dos EUA na Segunda Guerra Mundial foi uma bem-vinda liberação da família e do seu trabalho na IBM. Sua vida se transformou. Tom Jr. tinha aprendido a pilotar quando estudava em Brown, descobrindo uma paixão para a qual tinha talento natural. Nas Forças Armadas, a inteligência latente e a argúcia do jovem foram identificadas pelo Major General Follett Bradley, Inspetor Geral do Corpo Aéreo do Exército. Bradley tomou Tom Jr. como seu assistente, e o relacionamento de trabalho foi uma espécie de psicoterapia para Tom Jr., cuja confiança começou a crescer rapidamente. Livre da opressão da vida familiar, ele amadureceu.

PAI LUTADOR

No fim da guerra Tom Jr. pretendia conseguir um emprego como piloto na United Airlines, mas seu mentor, o General Bradley, incentivou-o a pensar que seria capaz de seguir os passos do pai e dirigir a IBM. Inicialmente essa idéia era chocante para ele, mas quando deu baixa em 1946 ele estava pronto para retornar à empresa com confiança renovada. Este episódio demonstra o enorme valor que os sucessores podem obter de experiências externas antes de iniciar suas carreiras. Ele também mostra a vantagem de se ter o incentivo e a orientação de um mentor e conselheiro. Tom Jr. voltou ao trabalho com animação, mas em pouco tempo sentiu-se atrapalhado pelo seu superior imediato, um homem pouco mais velho que ele. O caminho até o topo parecia bloqueado. Tom Jr. tentou deixar a empresa, mas cedeu às súplicas do pai para que ficasse. Para Tom Sr. a ordem natural da supremacia paterna estava intacta. E então o chefe de Tom Jr. morreu de um ataque cardíaco, aos 43 anos.

Na época Tom Sr. estava com 73 anos, um CEO com idade muito acima daquela da aposentadoria e contrariando a regra da organização que exigia que os funcionários se aposentassem aos 65 anos. A aura de Tom Sr. era poderosa e apavorante. A ferocidade das suas explosões de raiva era legendária e cada vez mais elas eram dirigidas ao filho, pois Tom Jr. então se reportava diretamente ao pai e era freqüentemente convocado pelo toque imperioso da campainha que este havia instalado em sua sala. O papel de Tom Jr. muitas vezes consistia em dar explicações públicas para as decisões do pai. Nas ocasiões em que ele discordava, seguia-se uma discussão inflamada. Mas Tom Jr., cada vez mais confiante, não era mais ingênuo e as brigas entre eles se tornaram cada vez mais selvagens com o passar do tempo.

As relações pioraram quando Tom Sr. trouxe Dick, seu filho mais novo, para a empresa e lhe deu amplas responsabilidades. Na verdade Dick tornou-se responsável pela direção das operações fora dos Estados Unidos, uma decisão à qual Tom Jr. se opôs ferozmente. A liderança da IBM estava se tornando um coquetel de rivalidade, no qual os Watson estavam constantemente em luta. Muitas vezes as brigas eram públicas. Numa reunião, Tom Jr. expressou algumas opiniões a respeito da área do irmão na empresa, e o pai mandou que ele cuidasse da própria vida. Tom Jr. respondeu com raiva, gritando que a empresa deveria ter somente um chefe. Depois do incidente ele pensou que seria demitido pelo pai, mas nenhum dos dois estava preparado para tanto.

Um pedido de desculpas por carta neutralizou a situação, mas a cada mês uma nova questão provocava outra discussão violenta entre pai e filho. Cartas publicadas depois da morte de Tom Sr. mostram que ele tinha muito medo de ser posto para fora da empresa pelos filhos, uma coisa contra a qual estava determinado a resistir. Na década de 1950 Tom Sr., então com quase 80 anos, estava começando a ficar mais moderado e a atmosfera estava um pouco mais calma no escritório. Mas o pai ainda testava o filho, fazendo-o lutar em cada passo do caminho até o topo. Tom Jr. também havia aprendido que a melhor maneira para dispersar a raiva do pai era simplesmente aceitar suas repetidas críticas.

Finalmente Tom Sr. cedeu à pressão do filho e nomeou-o presidente em 1951. Mas arrependeu-se logo a seguir e deixou o escritório no mesmo dia sem falar com o filho, nem mesmo para murmurar uma palavra de congratulação. Até sua morte em 1956 Tom Sr. manteve sua mão na empresa, tornando a vida do filho difícil até o fim. Foi somente pouco tempo antes da sua morte que Tom Jr. foi nomeado CEO.

COMENTÁRIO

A história dos Watson é incomum pela intensidade e complexidade de um relacionamento familiar que eclipsava todos os outros. Era uma ligação de amor-ódio da qual nem o pai nem o filho conseguiam se afastar. Tom Jr. era claramente um homem de muita inteligência e muitos recursos – um sucessor adequado para o pai, se não fosse pelas inseguranças que claramente atormentavam a ambos. Existe uma lição para a empresa familiar? Existe, em especial se refletirmos que a IBM era uma corporação que atuava como empresa familiar quando na verdade não era. Caso os Watson fossem os donos da IBM, então as inseguranças poderiam ter se amenizado, embora Tom Sr. nunca fosse deixar de ser um homem obstinado. Mas uma propriedade real pode ajudar, uma vez que permite que os líderes cultivem a arte da economia doméstica: manter a empresa para as futuras gerações. Os Watson – em especial o pai – caíram na armadilha do narcisismo dinástico, preocupando-se mais com o destino pessoal do que com a empresa.

BATA SHOE – UMA LUTA POR ESTRATÉGIA[18]

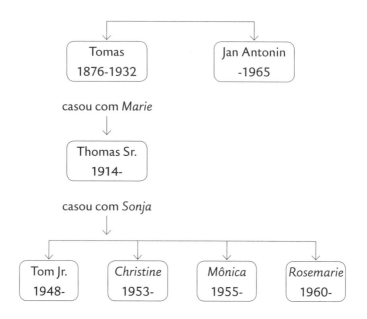

Obs.: Tomas e Jan Antonin eram meios-irmãos.

Figura 4.3 – A família Bata

A história da família Bata ilustra que os padrões de "abrir mão" podem ser repetidos em gerações sucessivas e a importância do momento de se forçar a sucessão.

A Bata Shoe Company ainda é forte depois de mais de cem anos de existência, com mais de 40 mil funcionários em 69 países, vendendo acima de 200 milhões de pares de calçados por ano, mas seu caminho tem tido seus trechos acidentados, principalmente em torno de questões de sucessão altamente problemáticas. A empresa foi fundada por Tomas Bata em Zlin, cidade da Moravia, na atual República Tcheca. Tomas acreditava firmemente que a empresa que havia criado não era apenas um instrumento de produção de riqueza, mas também um veículo para sustentar o desenvolvimento da sociedade por meio de reformas arquitetônicas e sociais do movimento construtivista, popular nos anos 1920. Zlin havia designado como compromisso da empresa criar uma sociedade urbana moderna com o investimento em arquitetura e amenidades contemporâneas. A visão de Tomas para a empresa a concebia oferecendo aos clientes valor em troca de dinheiro e melhorando o padrão de vida das comunidades onde operava. Essas metas ainda são mencionadas com freqüência em reuniões da família. Durante sua história a empresa enfrentou sérios obstáculos, inclusive sobreviver sob o regime comunista que se seguiu à Segunda Guerra Mundial, quando as operações da empresa na Tchecoslováquia foram nacionalizadas.

THOMAS BATA SR.

A vida de Thomas Bata Sr. mudou profundamente com a perda de seu pai Tomas, fundador da empresa, que morreu sem deixar testamento em um acidente de avião em 1932. Thomas Bata Sr., então com apenas 17 anos, não estava pronto para assumir a responsabilidade pela empresa, assim, a liderança passou para Jan Bata, seu tio. Porém, o jovem Thomas havia crescido trabalhando na empresa e estava determinado a suceder seu pai. Ele era uma pessoa popular e cheia de energia, com uma atitude realista de que era essencialmente um fabricante de calçados, apesar da sua enorme riqueza. Mas quando Thomas atingiu a maioridade seu tio agarrou-se à posição e recusou-se a aceitar uma passagem de poder organizada. Isso se transformou em uma guerra, combatida nos tribunais, pelos direitos de propriedade dos ativos da Bata Shoe. Finalmente em 1966, aos 47 anos, Thomas Sr. conseguiu recuperar o controle acionário da empresa, mas somente em virtude de sua tenacidade e persistência.

Thomas Sr. casou-se em 1946 com Sonja Wettstein, uma suíça 13 anos mais nova que havia estudado arquitetura. Sonja tornou-se sua parceira nos negócios e juntos eles começaram a construir a nova Bata Shoe Organization a partir de uma nova base no Canadá. Sonja era uma influência poderosa, era membro do conselho da Bata e, de todas as maneiras, era um elemento-chave na tomada de decisões. Em conjunto, eles construíram uma organização altamente descentralizada com uma cultura conservadora, na qual as pessoas tratavam os altos executivos pelos seus sobrenomes. Porém, sob a liderança de Thomas Sr., eles estavam deixando passar oportunidades para explorar plenamente o potencial da empresa e pouco havia sido investido na marca durante épocas de competição agressiva por parte de marcas modernas como Nike e Adidas (veja o Capítulo 3).

TOM BATA JR.

Enquanto a empresa se desenvolvia, a família Bata também estava crescendo com novas adições, inclusive um filho, Thomas George Bata (conhecido como Tom Jr.) e três filhas, Christine, Mônica e Rosemarie. A cultura conservadora da empresa e suas origens na Europa Central determinaram que não havia lugar para mulheres na administração e havia sido Tom Jr. quem fora criado para dirigir a empresa. Porém, as três irmãs serviram em vários conselhos de administração de empresas regionais, mas sem desempenhar papéis ativos nos negócios do dia-a-dia.

Tom Jr. recebeu o melhor treinamento que o dinheiro poderia comprar: internato numa escola inglesa, seguido por um diploma na Universidade de Toronto. Por encorajamento dos pais ele trabalhou vários anos numa empresa de calçados concorrente para aprender o negócio, e depois obteve um MBA na Harvard Business School. Assim, antes de entrar na Bata ele estava tão plenamente treinado quanto um gerente moderno poderia estar. Tom Jr. subiu rapidamente nas fileiras e, em 1984, com a idade de 70 anos, Thomas Bata Sr. decidiu que estava na hora de se retirar para que Tom Jr., então com 36 anos, pudesse assumir como presidente e CEO da Bata Ltd. Mas os pais não estavam dispostos a abandonar seus papéis dominantes na empresa. Na ocasião a Bata Shoe continha não uma ou duas, mas três personalidades de tamanho acima do normal: Thomas Sr, Sonja e agora a presença premente do brilhante e determinado Tom Jr.

Embora Tom Jr. possuísse energia gerencial, seu estilo era introvertido e ainda precisava demonstrar sua capacidade de liderança. Para continuar seu trabalho, ele precisava se separar de seu pai gregário. Mas à medida que Thomas Sr. envelhecia, Sonja emergiu como uma força maior, no início informalmente e depois como membro do conselho da empresa mãe. Quando Tom Jr. quis abrir o capital de parte das operações da empresa, Sonja objetou. Ela tinha orgulho do fato da Bata ser a maior fabricante de calçados de capital fechado do mundo e não gostava da idéia de abrir o capital. Surgiram outras diferenças de visões com os pais e com o conselho, e finalmente Tom Jr. decidiu que bastava e pediu demissão, apesar de muitas pessoas acreditarem que ele tinha a abordagem certa. Trabalhar à sombra dos pais era insustentável e ele não tinha vontade nenhuma de lutar uma batalha perdida com eles que, ele sentia, não estavam preparados para mudanças. Tom Jr. reconheceu que seria melhor recuar e se distanciar da empresa e suas operações do dia-a-dia, ao menos por algum tempo.

AS PESSOAS DE FORA

Se a Bata era um lugar difícil para um filho trabalhar, era ainda pior para pessoas de fora. A empresa contratou Stan Heath, que não era da família, como presidente. Tão logo Tom Jr. saiu em 1993, a equipe gerencial de Heath traçou uma direção diferente para a empresa. Mas ela teve dificuldades para implantar uma nova estratégia com tanta resistência dos gerentes locais. Thomas Sr. adquiriu o hábito de perguntar sobre pessoas, procurando saber as opiniões de gerentes menos graduados a respeito de Heath. Para Thomas Sr. sempre foi uma luta retirar-se das operações cotidianas. Heath acreditava que a empresa devia se concentrar mais em marketing e terceirizar grande parte da fabricação, mas teve dificuldades para convencer Thomas Sr. a desistir do lado operacional da empresa quando a sua missão a vida inteira tinha sido que a Bata fosse "fabricante de calçados para o mundo". Os gerentes externos contratados para levar adiante a estratégia da empresa estavam muito fora de sincronia com os proprietários. A empresa enfrentava um impasse.

Heath não via uma saída. Sentindo-se questionado e enfrentando resistência, ele optou pelo único curso de ação construtivo que podia ver – pediu demissão. Depois da saída de Heath, Tom Jr. e Jack Butler, o novo presidente do conselho e não membro da família, formaram um comitê para estudar os problemas nas operações da Bata e recomendar ações corretivas. Eles enfrentaram a formidável barreira que era Sonja. Depois de uma série de fortes desacordos com ela, Butler também se demitiu, depois de apenas seis meses na empresa.

A empresa continuou sem CEO por três anos. Então, em 1999, surgiu outro candidato de fora da família para assumir a liderança da Bata: Jim Pantelidis, um respeitado executivo de varejo. Porém, ele carecia do apoio da terceira geração e, em particular, de Tom Jr., que ainda era membro do conselho mas havia sido excluído do processo de recrutamento. Os opositores questionavam sua capacidade para enfrentar os arraigados problemas estratégicos com sua experiência de 30 anos com petróleo.[19] Contudo, o maior desafio de Pantelidis era o mesmo que havia vencido seus antecessores: como atuar no papel de mediador entre Thomas Sr., Sonja e seu filho Tom Jr. – todos pessoas de convicções fortes.

MUDANÇAS NA PARTICIPAÇÃO ACIONÁRIA

Em novembro de 2001, Tom Jr. e suas três irmãs demitiram o novo CEO e decidiram efetuar uma mudança na estrutura acionária da Bata. Embora Tom Jr. estivesse disposto a voltar e gerenciar as operações da empresa, ele foi impedido por uma estrutura que não permitia que membros da família exercessem controle direto sobre a organização. Os irmãos acreditavam que a empresa tinha perdido valor em conseqüência de má liderança ao longo de uma década e estavam convencidos de que uma nova estrutura acionária os ajudaria a encontrar o caminho para a recuperação. Sua meta era preservar o melhor dos valores históricos da empresa e criar um novo início para ela através de uma nova estratégia.

Dessa vez os pais e os gestores que não faziam parte da família estavam dispostos a ouvir e aceitaram o argumento de que era necessária uma nova estrutura para sobreviver às mudanças na indústria de calçados. Assim Tom Jr. conseguiu assumir o papel de CEO com um novo conselho de sete membros, o qual incluía três membros da família Bata e quatro de fora dela, com Sonja Bata presidindo o conselho da fundação Bata de caridade. Com a nova estrutura, o destino da empresa estava mais uma vez nas mãos da família Bata, que conseguiu deixar de lado os problemas que haviam surgido durante os longos anos de transição da segunda para a terceira geração, para que a Bata Shoe avançasse com maior confiança como empresa familiar com um senso comum de propósito.

COMENTÁRIO

O caso da Bata é uma prova viva de que até mesmo conflitos sérios de sucessão não precisam destruir uma empresa. Não há dúvida de que a Bata Shoe foi ajudada pela força fundamental do negócio. Sem ela a empresa e a harmonia familiar poderiam ter desmoronado juntas. Foi a insistência de Tom Jr. em vencer a discussão, ocupar a liderança e transformar as estruturas acionária e administrativa da empresa, o que a protegeu.

Porém, as lições mais sérias do caso Bata estão ligadas à unidade familiar e ao papel dos executivos de fora da família. Quando os membros da família têm uma combinação de vozes divergentes, personalidades fortes e uma abordagem de participação ativa nas operações, a situação torna-se difícil para um executivo de fora da família. Ao que parece, a família Bata não estava preparada para estranhos, e estes não estavam preparados para ela. Isto foi piorado pelo processo de sucessão incompleto que ocorreu – com a geração mais velha mudando de idéia e obstruindo a liderança. Os proprietários foram impedidos de tomar decisões devido a uma arquitetura de administração inadequada para seu fim. Tom Jr. identificou o problema e tratou de simplificar a estrutura para facilitar a tomada de decisões pela família proprietária, equilibrada por um maior escrutínio externo feito por uma maioria de membros independentes no conselho de administração.

5.
A casa construída pela arrogância

"A respeito dos homens no poder, eles estão tão ansiosos para estabelecer o mito da infalibilidade que fazem o possível para ignorar a verdade."

BORIS PASTERNAK

INTRODUÇÃO

Arrogância é uma palavra que significa excesso de confiança e orgulho. Nas tragédias gregas ela denotava as falhas de caráter que causam a destruição de um herói e das pessoas com ele envolvidas. Muitos dos problemas neste livro têm suas origens na identidade do líder. Alguns dos líderes são fundadores – figuras imponentes que chegaram de vários lugares com os bolsos vazios e grandes sonhos. Com o suor de seus rostos eles ganharam dinheiro e depois ganharam mais. Eles constroem seus impérios incansavelmente e com determinação, ignorando todos os obstáculos e agarrando-se a visões de possibilidades. O que eles assumiram a caminho foi que a força de vontade é invencível e arrasta tudo o que estiver na sua frente. E aprenderam que, se você quer uma coisa, pode tê-la.

Era para um mundo que ansiava por mais invenções, melhores produtos, novos serviços que aqueles empreendedores criativos caminhavam. Não precisamos nos deter em discussões acadêmicas a respeito de se empreendedores nascem ou são feitos – aqueles eram homens dos seus tempos.[1] Todos os instintos e dons com os quais eles tinham nascido eram aplicados e afiados no esmeril da experiência. Nem todos os nossos casos são de fundadores; alguns são seus filhos e netos. Mas isso não faz diferença. A loteria genética pode colocar esses indivíduos em qualquer ponto da história de uma empresa familiar.

Mas há um preço a ser pago. A arrogância pertence a pessoas com perfis de personalidade extremos, em especial pessoas que exibem altos níveis de auto-apreciação, vontade de realizar, ambição, apetite pelo poder, pelo domínio e traços análogos.[2] Com freqüência essas pessoas são admiráveis por suas realizações. Elas constroem impérios, mas não são o tipo que você iria querer ter como hóspede por muito tempo. Embora seja um exagero dizer que essas qualidades são desordens de personalidade, em certos aspectos eles podem ser parecidos com alguns dos perfis que aparecem nos consultórios de psicólogos. Na verdade, é possível afirmar que muitos executivos exibem formas brandas das desordens que os psicólogos vêem em suas clínicas. Uma equipe de pesquisadores analisou os seis tipos abaixo, comparando gerentes praticantes e criminosos presos em sua propensão para esses tipos:[3]

- Histriônico. Indivíduos com charme superficial. São insinceros, egocêntricos e manipuladores.
- Narcisista. Esta é a pessoa grandiosa, focalizada exclusivamente em si mesma, carente de empatia pelos outros, altamente independente e exploradora de relacionamentos.
- Perfeccionista. Essas pessoas demonstram excessiva dedicação ao trabalho. Em geral são rígidas, teimosas e ditatoriais.
- Anti-social. Os comportamentos deste tipo beiram o patológico – eles podem ser propensos a agressões físicas, comportamentos irresponsáveis e ter uma atitude negligente em relação a leis e regras.
- Limítrofe. Este tipo é impulsivo e teatral. É emocionalmente instável e sujeito a tentativas de suicídio para manipular emocionalmente os outros.

A CASA CONSTRUÍDA PELA ARROGÂNCIA

- Passivo-agressivo. Os membros deste último tipo estão cheios de ressentimentos não resolvidos e hostilidade. Isto muitas vezes é oculto e eles são especialistas em acusar outras pessoas injustamente e fazer com que se sintam culpadas. Com freqüência fazem isso através de demonstrações exageradas de arrependimento por seus pecados.

Os pesquisadores constataram que os três primeiros distúrbios são mais comuns entre gerentes![4]

Algumas vítimas de arrogância parecem ter sido contaminadas desde a infância com os impulsos que causam sua queda: trata-se assim de uma combinação de loteria genética com criação. Outras parecem inicialmente casos menos extremos, mas se desequilibram durante a vida adulta. A boa sorte repetida alimenta a sua autoconfiança de forma que, como na lenda grega de Ícaro, elas voam cada vez mais alto e mais perto do Sol que irá derreter suas asas e derrubá-las. Uma das penalidades do sucesso é o efeito amplificador que ele tem sobre a personalidade voluntariosa.[5] Assim os líderes passam a crer que são imortais – deixando de redigir seus testamentos mesmo em idade avançada e assumindo riscos enormes nos negócios. Eles acreditam que seu julgamento é infalível e que podem corrigir qualquer coisa que saia errada. Pensam que podem moldar relacionamentos à vontade e conseguir que as pessoas façam aquilo que eles querem. E inevitavelmente acreditam que sua escolha de um sucessor ou sócio irá funcionar exatamente como eles desejam.

Os dotes do fundador e visionário de uma empresa de sucesso muitas vezes apresentam um enorme vazio onde gostaríamos de encontrar a capacidade para refletir, a empatia para observar caracteres, a imparcialidade para fazer julgamentos equilibrados, humildade para unir pessoas e capacidade para preservar e respeitar as diferenças alheias.[6]

O que pode ser feito por essas pessoas? A resposta não é um transplante de personalidade, nem influência sobre o território desconhecido da mente. Não se pode mudar personalidades, mas é possível modificar comportamentos. Essas pessoas, mais que quaisquer outras, necessitam de contrapesos. Estes podem vir na forma de outra pessoa na hierarquia familiar, como um pai ou irmão, por elas respeitada. Por outro lado, a influência equilibradora pode provir de um confidente de fora da família como um sócio, membro do conselho ou consultor. Mas há um problema, como iremos ver, ouvir e confiar numa pessoa cuja visão do mundo é muito diferente da sua é um desafio.

A FAMÍLIA FORD – OPRESSÃO PATERNA[7]

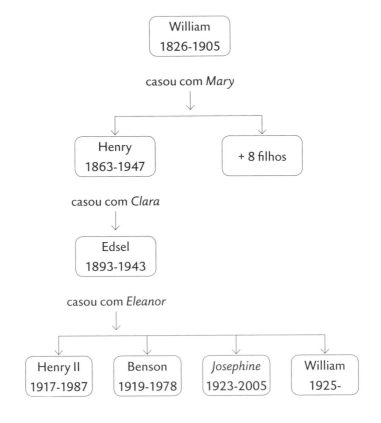

Figura 5.1 – A família Ford

O JOVEM HENRY

A Ford é uma parte tão importante da história industrial, mantendo-se ainda como um ícone da era moderna, que tendemos a esquecer suas origens familiares e a relevância continuada da sua herança. Como história familiar, ela é a saga de um poderoso empreendedor que perdeu prematuramente seu único filho e herdeiro, foi forçado pela nora a abdicar do poder e deixou uma trilha de ruínas psicológicas.

A história da Ford também é um mapa para o sucesso nos negócios através dos valores clássicos de trabalho duro, engenho, persistência implacável diante de obstáculos e uma determinação intensa. Foram essas as qualidades que construíram a América e Henry Ford era seu resumo. Mas há um lado sombrio nessas qualidades de determinação empreendedora, o qual ele incorporava. E também havia sua espetacular incapacidade para ter consciência de seus próprios limites e sua total negligência a respeito do gerenciamento de sucessões.

Henry Ford nasceu em Dearborn, Michigan, em 1863, filho mais velho de Mary e William Ford. Foi educado localmente e desde cedo manifestou interesse por engenharia. Sua mãe incentivou essa paixão, por exemplo, permitindo que ele usasse suas agulhas de cerzir para fazer chaves de fenda para consertar relógios. Quando Mary morreu do parto do nono filho, a família ficou arrasada. O jovem Henry tinha perdido sua maior incentivadora. Movido pela paixão, ele trabalhava dias e noites em suas invenções e, em seu tempo livre, estudava para adquirir os conhecimentos de administração de que iria precisar para ter sucesso. Ele lutou duro, muitas vezes contra as probabilidades, tornando-se um dos maiores empreendedores da sua era. Através de sua determinação focalizada ele estabeleceu a indústria automotiva na América do Norte, iniciando uma nova era no mundo industrializado.

Mas ele tinha uma personalidade obsessiva, uma espécie de "gênio louco". Era sua prática ficar com todos os créditos pelos sucessos da empresa, sem dar reconhecimento às contribuições dos outros, chegando a decretar que os comunicados à imprensa da organização deviam mencionar somente o seu nome. Depois

EMPRESAS FAMILIARES

da Grande Depressão, quando a política de altos salários da Ford não era mais sustentável e as negociações com os trabalhadores se tornaram difíceis, Henry Ford passou a ser detestado pelos sindicatos. Mesmo com o passar do tempo, sua obstinação nunca diminuiu; até o fim ele rejeitava mudanças na empresa, muito depois de elas terem se tornado uma necessidade.

Sua vida incorporava esses contrastes. Henry Ford foi o pioneiro na introdução de automóveis produzidos em massa, transformando a sociedade, chegando a merecer uma expressão na sociologia industrial, o "fordismo", pelo sistema de produção em massa que foi imitado em todo o mundo industrializado. Contudo, ele era um homem teimoso que não aceitava um não como resposta. Durante a Segunda Guerra Mundial, foi acusado de ser simpatizante do nazismo, em parte por ter vetado a decisão de seu filho de apoiar o esforço de guerra produzindo motores aeronáuticos Rolls-Royce para os ingleses. Mais tarde, sua persistência tornou-se seu calcanhar de Aquiles – seguiu seus instintos para se aferrar a políticas antiquadas. Talvez o melhor exemplo tenha sido sua teimosa insistência para que a empresa produzisse somente um modelo de carro. Ford, vítima da sua própria iconografia, ficou cego ao fato do mercado para automóveis e as preferências do público estarem mudando depressa. Ele abriu a porta para que a General Motors lhe roubasse a liderança do mercado embaixo do seu nariz.

EDSEL

Como filho do seu legendário pai, o desafio de Edsel Ford para conseguir distinção foi enorme desde o início. Para os filhos de figuras imponentes, o melhor conselho é: saia de sob a sombra, isto é, tome um caminho independente e ache sua própria maneira de deixar uma marca. Mas a presença de Henry era mais que uma sombra. Desde cedo o pai de Edsel o escolheu para seu sucessor na liderança da Ford Motor Company. Henry proibiu o filho de se alistar para combater na Primeira Guerra Mundial, alegando que ele era necessário na empresa. Desde muito cedo havia a certeza

A CASA CONSTRUÍDA PELA ARROGÂNCIA

de que Edsel iria entrar para a empresa, o que ele fez quando terminou o segundo grau. Henry não quis que seu filho fosse para uma faculdade. Ele afirmava que seu sucesso provava que a experiência de trabalho era mais importante que a educação. Contudo, a experiência mais importante de que Edsel necessitava era do verdadeiro poder. Durante toda a sua carreira, Edsel era o executivo filho do patrão.

A recusa de Henry para mudar estratégias e o fato de ele se mostrar surdo aos conselhos das pessoas à sua volta foram o pano de fundo para a tragédia familiar que logo iria se desenrolar. No início da década de 1920, sob a pressão do rápido crescimento da marca Chevrolet da GM, comandada por Bill Knudsen, um antigo executivo da Ford a quem Henry havia demitido por achar que ele era "bom demais" para sua empresa, Edsel encomendou o redesenho do Modelo T. Seu pai reagiu fortemente contra o plano e ordenou que ele "o esquecesse". Temendo a ira do pai, Edsel voltou atrás, cancelando qualquer outra iniciativa de modernização. Não há dúvida de que Henry amava seu filho, mas ele nunca perdia uma oportunidade para humilhá-lo, em particular ou em público. Por mais que tentasse atuar no papel de presidente, Edsel tinha de escolher entre combater o pai abertamente ou buscar a paz se desligando. Sendo mais sensível que o pai, ele optou pelo caminho de menos resistência.

Edsel ajustou suas prioridades, retirou-se da empresa e concentrou-se na sua vida privada. Ele havia decidido que não conseguia afastar a influência maligna do pai e, sempre que estave no trabalho, continuou a ser uma vítima do comportamento errático de Henry. Os colegas apreciavam as qualidades de Edsel. Apesar de ele ser o eterno príncipe herdeiro, eles admiravam sua integridade na defesa de melhores relações com os trabalhadores. Mas as rotas de Edsel para escapar do pai incluíam uma queda pelo álcool, que começou a cobrar um preço sobre sua saúde. Em 1943, pouco antes de completar 50 anos, Edsel morreu de câncer. Henry havia perdido seu único filho, deixando um vazio amargo em seu coração e sua vida.

HENRY ......

Mas a dinastia Ford ainda não estava acabada e Henry agiu para reafirmar seu poder, demitindo muitos dos partidários e associados de Edsel. Talvez ele precisasse afastar a sensação de perda do filho. Ao mesmo tempo, sua inflexibilidade e suas idéias ultrapassadas sobre negócios estavam prejudicando a empresa como nunca. Havia uma clara necessidade de nova liderança, mas a resposta de Henry foi um passo atrás, promovendo Harry Bennett, um dos seus velhos amigos, para ser seu braço direito. Pode ser que o que atraiu o idoso patriarca para Bennett tenha sido a imagem de força que ele sentia haver perdido. Bennett tinha uma imagem impiedosa, semelhante à de um gângster. Ele seria o homem durão da empresa: Rasputin para o velho Czar.

Enquanto isso a dinastia Ford continuava, com a entrada da terceira geração na empresa. Primeiro veio Benson, o filho mais velho de Edsel, seguido em 1941 por Henry II, irmão mais novo de Benson. Henry era muito mais talentoso que o irmão mais velho. O velho Henry reconheceu a capacidade do neto e reagiu a ela de forma negativa, mais uma vez pelo temor neurótico de uma ameaça à sua supremacia na família. Inicialmente o velho tentou congelar o progresso do neto, ignorando-o quando vinha para o trabalho, e chegando a impedi-lo de se mudar para a antiga sala do pai.

Por seu lado, Henry II era movido pela necessidade de efetuar correções na fracassada carreira do pai na Ford, que para ele poderiam ter levado à sua morte prematura. Henry II e sua mãe culpavam o avô pela tragédia. Mas Pearl Harbor e a entrada dos Estados Unidos na guerra intervieram para impedir a emergência deste drama, uma vez que ambos os irmãos foram convocados para o serviço militar. Enquanto isso, a guerra na Ford mal tinha começado.

O ANO DAS FACAS LONGAS

A batalha pela sucessão nasceu em 1945, na forma de um confronto direto entre Bennett, o protegido do velho Henry, e Henry II. No ano anterior, havia sido divulgada uma alteração no testamento do fundador que estabelecia um fundo para controlar as ações de Henry após sua morte por toda uma década. E o secretário do fundo era Bennett. Henry II, vendo sua carreira na Ford chegar ao fim rapidamente, enfrentou Bennett. As linhas de batalha estavam claramente traçadas. De um lado estava Bennett, o líder de fora da família e valentão da empresa, apoiado pela presença impassível do patriarca Henry. No outro lado estava o jovem Henry II com o apoio de grande parte da família. Em uma reunião no dia seguinte, Bennett surpreendeu a todos queimando o documento de fideicomisso. As probabilidades não estavam mais contra a próxima geração.

Até aquele momento as gerações mais jovens haviam evitado um confronto com o fundador, mas agora eles sentiam que tinha chegado o momento das mudanças. Foi Eleanor, a viúva de Edsel, que controlava mais de 40% das ações, que entregou o ultimato a Henry. Deixando de lado a deferência para com o sogro, ela lhe fez um ultimato – que ele entregasse o poder, ou ela venderia suas ações. Também ajudou o fato de Clara, esposa do fundador, ter-lhe dito que ele estava destruindo qualquer esperança de unidade familiar opondo-se ao neto. Henry, efetivamente acuado, relutantemente concordou com a nomeação do neto para a presidência da família. Porém, Henry II somente aceitaria com a condição de poder "fazer qualquer mudança que eu quiser". Seu avô ficou furioso, mas não teve opção. Numa reunião do conselho no dia seguinte foi lida uma carta de demissão que Henry II tinha mandado preparar para seu avô. Henry, um homem frágil e arrasado, não saiu em silêncio. Até chorou em público. Sua vida profissional estava acabada, e dois anos depois, sem motivo para viver, ele faleceu. Morreu em casa em 7 de abril de 1947, aos 84 anos.

COMENTÁRIO

Henry foi elogiado pelos líderes mundiais por suas realizações históricas como industrial. E com boas razões, pois ele havia revolucionado a produção e fundado uma grande empresa. Hoje a Ford continua a ser uma forte presença no mercado e ainda retém um elemento "familiar" na forma de uma participação minoritária residual da família. Continua a haver o envolvimento de membros da família com o conselho, com a presidência ocupada por Bill Ford Jr. quando este livro estava sendo escrito. Mas quanto mais poderosa ela poderia ter sido se Henry tivesse reconhecido a mais simples realidade como líder – que o futuro não pode ser como o passado. Empresas precisam ir em frente e a sucessão é parte dessa progressão. Talvez seja difícil para um pioneiro ver quando uma visão, outrora grande e única, precisa ser revista ou, ainda pior, que ele, como líder poderoso, precisa aceitar o desafio de novas perspectivas.

Liderança e personalidade estão intimamente ligadas. Elas geram grandeza. Mas também incorporam falhas que precisam ser enfrentadas. É interessante nesta história o fato de ter sido uma mulher, a viúva de Edsel, que rompeu o impasse sobre a sucessão. Se isso tivesse acontecido antes – enquanto Edsel ainda estava vivo – sua mãe poderia ter moderado o comportamento do pai, ou ajudado Edsel a escapar. O fato do fundador não deter em suas mãos todos os meios de controle pode ter salvado a dinastia Ford de ser completamente esmagada pelas forças do mercado, pois foi somente a conscientização da geração mais jovem da necessidade de mudanças que salvou a empresa.

O GRUPO DART – EXCESSO DE FORÇA DE VONTADE[8]

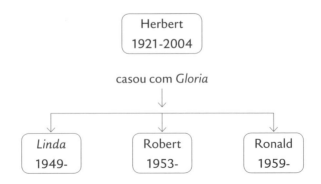

Figura 5.2 – A família Haft

ORIGENS

O caso do Grupo Dart ecoa a relutância para abrir mão do poder que observamos em outros casos neste livro, como os das famílias McCain e Ford. No caso Dart vemos que os conflitos são múltiplos e ocorrem em público. O pai dominante finalmente se vê isolado da família depois de demitir um filho, falhado com o outro e se divorciado da mulher. O *New York Times* comparou acertadamente a batalha nesta família como uma versão na vida real da série fictícia de TV *Dallas*.

Herbert Haft era um homem de negócios visionário que estudou farmácia e abriu sua primeira drogaria de descontos em 1955, em Washington, D. C. A partir dela ele levou a cadeia Dart Drug até 75 pontos de vendas antes de vendê-la em 1984 para reinvestir em outras ambições empresariais, que eram amplas. Estabeleceu formatos de descontos no varejo em outras áreas, inclusive de bebidas alcoólicas, autopeças e, talvez mais significativo, em livros, usando os frutos do seu sucesso na Dart como trampolim para lançar essas outras operações. Herbert também era bom em finanças e, através de seus investimentos e acordos, conseguiu identificar a oportunidade para ataques de *greenmail* (compra de um grande lote de ações de uma empresa para depois revendê-lo a um preço mais alto) sobre duas grandes varejistas, a Safeway e a Stop & Shop. Nessas manobras ele granjeou a reputação de atacante de corporações e conseguiu ganhar US$ 250 milhões para o Grupo Dart. Robert, seu filho mais velho, desempenhou um papel importante como parceiro de negócios e foi útil em muitos acordos.

Infelizmente, este era outro caso de pais e filhos com personalidade forte achando impossível dividir o mesmo espaço. As credenciais de Robert eram boas. No início da carreira, quando estudava na Harvard Business School, Robert tinha redigido um plano de negócios para a cadeia de descontos Crown Books, que ele e o pai haviam fundado. Em dupla, eles tinham conseguido alguns sucessos notáveis em negócios, antes que as tensões familiares começassem a separá-los. Mas Herbert estava começando a sentir-se ameaçado pela capacidade de liderança e pela independência do filho.

A IRA DE HERBERT

O ponto de ignição veio em abril de 1993 quando Robert, cometendo o pecado de revelar publicamente seus pensamentos, declarou em artigo no *Wall Street Journal* que uma mudança de guarda na empresa era iminente e que, no futuro, ela seria conduzida de outra maneira. Para Herbert, aquilo foi como ler o próprio obituário. Sua raiva foi compreensível. O ato de Robert equivalia a uma provocação e um questionamento. E também expunha a deficiência do planejamento em torno do controle acionário e da sucessão na empresa.

Herbert não quis saber de uma reconciliação. No dia seguinte Robert recebeu um fax do advogado do pai, demitindo-o porque "ele estava tentando assumir o controle da empresa". As coisas pioraram quando Herbert também afastou Gloria, sua mulher de 45 anos, do conselho de administração. Ela reagiu prontamente com um pedido de divórcio por infidelidade e abuso físico e uma ação contra a empresa por demissão injusta.

A resposta de Herbert a essas calamidades foi voltar-se para Ronald, seu segundo filho, recrutando-o como aliado na sua luta contra Gloria e Robert. Ronald, que era muito diferente do pai e dele se havia afastado por algum tempo, tinha pouca experiência em liderança de negócios. Isto fazia dele uma escolha estranha para substituir Robert como presidente e CEO. Herbert também alterou a estrutura acionária, emitindo em favor de Ronald opções de ações que elevaram substancialmente sua participação na empresa. Essa manobra diluiu as parcelas em poder dos outros membros da família, inclusive Gloria, que viu cair por terra o valor potencial do seu acordo de divórcio.

Como era de se esperar, isso provocou uma sucessão de batalhas jurídicas, envolvendo os outros membros da família. Linda, a irmã mais velha, que não tinha nenhum papel formal na empresa, entrou na briga, inicialmente ao lado do pai e do irmão Ronald. Mas em menos de um ano Herbert havia falhado com Ronald por causa de um desacordo a respeito da venda de uma propriedade. Pode ser que isso fosse previsível, porque em termos de caráter os dois eram "tão diferentes quanto é possível ser", de acordo com

Ronald. Àquela altura, a luta entre os Haft estava começando a cobrar seu preço sobre as empresas. A Crown Books, sem direção estratégica, entrou em declínio e foi forçada a pedir concordata. Depois que Herbert vendeu sua participação nela houve uma breve reação da cadeia, mas ela foi forçada a entrar com um pedido de falência em 2001, quando finalmente foi fechada.

DECLÍNIO E QUEDA

O rápido declínio da unidade familiar e do propósito dos negócios levou os membros da família a achar que seria melhor vender suas ações e sair. Para os Haft, o conflito precedeu a dissolução dos negócios. Robert, Linda e Gloria venderam suas participações em 1997 por US$ 41 milhões, e Herbert fez o mesmo depois de 12 meses por US$ 20 milhões. Ronald também saiu, recebendo menos mas retendo o controle dos interesses da família em imóveis. Qual poderia ter sido o resultado neste caso, se os Haft tivessem permanecido unidos? Lutador até o fim, o último empreendimento de Herbert foi na onda de crescimento das empresas pontocom, fundando uma farmácia on-line onde acabou concorrendo com seu filho Robert, que já tinha iniciado um negócio semelhante. Esses empreendimentos ofereceram ao pai e ao filho uma última chance de atuar como rivais no mercado. Mas ambos foram fechados na rápida deflação da bolha da Internet na virada do século XX.[9] No final Herbert, como um imperador incapaz de baixar suas armas, morreu em 2004.

COMENTÁRIO

O caso Haft ilustra, mais uma vez, a loucura da megalomania – o pai fundador incapaz de aceitar qualquer visão que não seja a sua. Pode-se dizer que somente o pai mais egoísta do mundo poderia buscar destruir a carreira do seu próprio filho, mas isso seria apenas uma posição condenatória superficial, porque vemos aqui um fenômeno que constitui um risco maior quando a diferença de idade entre pai e filho não é grande. O pai, compreensivelmente, pode não estar preparado para entregar o poder quando o filho sente-se preparado para assumi-lo. O problema não está nos sentimentos dos membros da família, mas na resposta por parte deles a esses sentimentos.

Existe aqui um tema mais profundo, especificamente masculino, que é a fragilidade do senso de identidade de muitos homens, muitas vezes por trás de um exterior muito forte.[10] É claramente irracional o fato de um homem poderoso, rico e bem-sucedido duvidar da própria força; para a maioria das pessoas, isto parece incrível. Contudo, muitas vezes os homens sentem que sua riqueza e seu valor estão sempre em risco. Seus sucessos passados não contam – somente o desafio atual, ou o próximo. Este tipo de insegurança arraigada é um monstro insaciável – até os filhos podem se tornar ameaçadores. O que pode ser feito? Pouco menos que uma intervenção de psicoterapia. Fora isso, a realidade é o capataz durão que expõe a falha de caráter que põe a casa abaixo sobre a cabeça da pessoa.

A lição mais prática deste caso é que poder e ativos precisam ser objetos de uma conversa inteligente, sensível e aberta, dentro de um quadro estruturado que permita a tomada de decisões integradoras. O caso Haft mostra como a incapacidade para fazer isso é extremamente contrária aos próprios interesses. É surpreendente a rapidez com a qual o sucesso nos negócios pode se evaporar se vontade, atenção e foco são desviados pelas invocações de emoções familiares primitivas.

CHÂTEAU D'YQUEM – OS PERIGOS DA CONDESCENDÊNCIA[11]

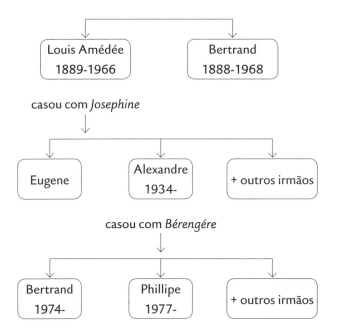

Figura 5.3 – A família Lur-Saluces

A LINHAGEM

Voltando do Novo para o Velho Mundo, encontramos muitas empresas familiares de idade venerável. Esta história fala de uma família que produzia um vinho doce desde 1593, conhecido como Sauternes, de Bordeaux, França. A marca foi vendida sob o mundialmente famoso nome Château d'Yquem. O vinho é extraído de uvas colhidas tardiamente, que atingiram o estágio de "podridão nobre".

Infelizmente, a podridão nobre se estendeu até a família, que depois de três séculos soçobrou – outra vítima da divisão causada pela postura obstinada do líder da família. Nesse caso, a causa da separação foi a inimizade dos proprietários membros da família, que sentiam que o líder da empresa deles havia ignorado os outros acionistas, forçando sua lealdade e dedicação até o ponto em que tudo que eles queriam fazer era vender suas participações. Você pode pensar que possuir um dos vinhos mais procurados do mundo seria motivo de orgulho para qualquer família, a qual gostaria de mantê-lo, ainda mais depois de séculos de tradição.

A entrada da família Lur-Saluces na empresa se deu em 1785, quando Louis Amédée de Lur-Saluces se casou com Josephine de Sauvage d'Yquem, descendente direta dos fundadores originais da vinícola. Era hábito nas famílias aristocráticas que, em cada geração, um membro da família fosse identificado como curador do legado da família, ficando com a responsabilidade de manter a antiga tradição de produção de vinhos, pela qual aquela região da França é mundialmente famosa.

Na família Lur-Saluces, aquele era um arranjo exclusivo. Outros membros da família, apesar de terem participações no negócio, viam a vinícola da família como algo que realmente não lhes dizia respeito e pouco tinha a ver com suas vidas.

Na segunda metade do século XX, o clã que era dono do Château d'Yquem estava dividido em dois grupos. O mais numeroso em membros da família, mas minoritário em termos de ações, era o ramo Hanguerlot e alguns dos seus membros viviam de maneira muito modesta. O controle da empresa estava dividido entre dois outros ramos da família Lur-Saluces. Eugene, o filho mais velho, que não tinha filhos, havia herdado a maior participação isolada na empresa, com 47% das ações. Alexandre, seu irmão mais novo, foi o herdeiro escolhido por seu tio Bernard e tornou-se o líder da empresa da família, mas com uma participação de apenas 9%. Juntamente com as pompas e honrarias provenientes do fato de chefiar um dos grandes château de Bordeaux, Alexandre também herdou o título de conde. Os desequilíbrios entre os três grupos familiares significavam que a liderança secular dos Lur-Saluces estava em risco, caso nada fosse feito para deter a podridão.

PODRIDÃO NOBRE

Neste caso, o estímulo foi dado pelos atos do conde. Desde o início, sua postura na eminente posição do seu título era imperial.

Sua devoção à sua missão deixava-lhe pouco espaço para cuidar do relacionamento com outros membros da família, nem mesmo para lhes enviar uma garrafa ocasional do famoso produto da família. Isso era sentido como desdém pelos parentes, que ferviam de ciúmes e ressentimento. Como costuma acontecer com relacionamentos que azedaram, pequenos assuntos adquirem grandes proporções. Veja, por exemplo, a raiva dos acionistas que não trabalhavam na empresa – aumentada pelos reduzidos dividendos que estavam recebendo – quando ouviram que uma grande quantia havia sido reservada para a construção de novos banheiros de luxo no château.

As coisas esquentaram ainda mais em 1992, quando o conde tomou providências para fortalecer sua posição, o que lhe permitiria passar a empresa para Bertrand, seu filho mais velho. Isso foi contraproducente. Outros acionistas, inclusive sua filha e seu outro filho, nenhum dos quais trabalhava na empresa, decidiram que queriam vender suas ações. O conde, subestimando a força dos sentimentos na família como um todo, havia cometido um sério erro de cálculo. É difícil saber se ele preferiu não levar em conta os desejos dos outros membros da sua família, inclusive seus próprios filhos, ou se estava apenas distraído demais com outras prioridades, mas o efeito foi o mesmo. Ele também se viu enfrentando seu irmão Eugene, que estava pronto para vender parte das suas ações. O movimento pela venda foi tão básico que significou o começo do fim da direção do famoso château pela família Lur-Saluces. Mas o conde continuou se agarrando ao poder.

FORA CONDE

Foi nesse ponto que Bernard Arnault, presidente do conselho da LVMH, o império dos bens de luxo, e um dos homens de negócios mais rico do mundo, entrou em cena. O château parecia ser uma aquisição interessante e uma combinação de charme e poder financeiro seriam suficientes para persuadir uma grande parte dos acionistas negligenciados a vender suas participações. Aquela era uma oportunidade irresistível para ganhar dinheiro vendendo as ações que eles haviam herdado, mas nunca lhes haviam dado um retorno significativo. Era hora do pagamento. Em novembro de 1996, Arnault selou um pacto com um número de acionistas do Château d'Yquem que lhe permitiu adquirir 55% das ações. Com participação majoritária, a LVMH estava em posição para tirar do conde o controle gerencial.

Fiel ao personagem, o conde expressou uma indignação aristocrática. Alegou que Arnault iria arruinar a reputação da empresa e iniciou uma defesa em dois campos: uma delas foi uma infrutífera ação judicial que durou três meses; a outra foi uma ofensiva de relações públicas. Sua tentativa de aparecer como um Davi obrigado a lutar contra um Golias corporativo lhe valeu algum apoio de observadores que gostavam de retratar o líder da LVMH como um ogro capitalista. Mas em vez da sua funda derrubar o gigante, foi o conde que ficou seriamente ferido e deixado isolado no campo de batalha. Os outros membros da família Lur-Saluces se voltaram definitivamente contra ele. Algumas pessoas interpretaram a guerra dele com Arnault como não passando de uma trama calculada por um homem que tentava salvar as aparências e certificar-se de que, quando saísse, o faria nos termos financeiros mais favoráveis possíveis.

Em 1999, o conde finalmente cedeu, quando ele e seu filho Bertrand concordaram em vender sua participação de 9%, ao que diziam conseguindo um preço mais alto que os outros membros da família. Mas Alexandre não estava fora do jogo. Ele conseguiu um acordo que significava que apesar do seu irmão ainda deter uma posição minoritária considerável na empresa, somente ele, o conde, manteria seu lugar como membro do conselho de administração.

O acordo de paz que assinou com a LVMH, sua inimiga jurada, resultou em um acerto de diferenças que era necessário para levar em frente a empresa. Em 2004, perto do seu 70º aniversário, o conde finalmente se aposentou, gentilmente forçado pelo conselho que havia reduzido a idade para aposentadoria obrigatória de 75 para 70 anos. Assim foram rompidos os últimos laços com a família Lur-Saluces. Como seu sucessor, foi nomeado um gerente não membro da família, altamente reputado. Ao partir, o conde, numa expressão carregada de azedume, observou que seus parentes nutriam um "ciúme doentio" – uma nota não muito doce para terminar mais de quatro séculos de uma orgulhosa tradição.

COMENTÁRIO

Esta é uma história de arrogância mais típica do que aquelas que vimos nos dois primeiros casos. O personagem principal colocou-se, como Coriolano na peça homônima de Shakespeare, na posição de uma pessoa que não precisava dar satisfações a ninguém. Ele era de fato um membro da nobreza, empenhado numa das mais antigas e nobres artes dos negócios: a vinicultura. Podemos simpatizar com alguém que sente que comanda um negócio antigo, mas há o perigo dessa postura alienar pessoas com preocupações mais ligadas ao dia-a-dia, como parentes em busca de um retorno maior sobre seu patrimônio. As regras, direitos e obrigações do cargo não podem obstruir o lado humano do empreendimento.

Os perigos da monarquia estão na maneira pela qual o monarca usa a coroa. Nada manda que humildade e consciência a respeito da família sejam impossíveis, mas a instituição é um convite a uma visão de vida de um patrício, caso o monarca tenha essa inclinação. Os proprietários de empresas familiares mais efetivos estão cientes de como seria fácil inspirar medo e adoração a partir de uma posição de grande superioridade. Eles sabem que ela implica no risco de bajuladores ocultarem a verdade do seu soberano.

No caso da família Lur-Saluces, a postura do conde teve um efeito ainda mais fatal – ocultou dele os pensamentos e sentimentos das pessoas à sua volta, inclusive sua própria família. O que poderia ter acontecido de outra forma? Bem, pode ser que alguém com coragem para enfrentá-lo poderia tê-lo alertado a respeito das conseqüências de se ignorar e repelir os desejos alheios, mas mesmo isto é pouco provável. Algumas personalidades em posição de liderança agem para satisfazer seus desejos e acham que têm o direito de fazer história como querem que ela seja, ao invés de aceitá-la como ela é. Talvez a única resposta esteja em contar com mecanismos que impeçam os líderes de ter poderes irrestritos.

A FAMÍLIA REDSTONE – A MÃO DE FERRO DO LÍDER[12]

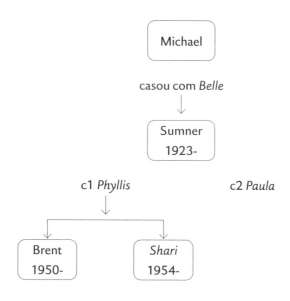

Figura 5.4 – A família Redstone

O IMPÉRIO DE SUMNER

Esta história trata de uma das grandes dinastias mundiais de mídia com todas as suas pressões e expectativas, oportunidades, recompensas em potencial e grandes armadilhas e, no topo, um imponente e arrogante líder. A saga também demonstra como a reação de um herdeiro ao fato de receber o manto da liderança varia de acordo com suas qualidades pessoais. Alguns o recebem sem dificuldades. Outros lutam para encontrar identidade e autonomia próprias. Coloque tudo isso no contexto de um conglomerado de mídia controlado por uma família, controlada por um

A CASA CONSTRUÍDA PELA ARROGÂNCIA

octogenário, e você terá o material de que são feitos os grandes sucessos de Hollywood.

O império da família Redstone se desenvolveu a partir do negócio de salas de cinema do fundador Michael Redstone. A National Amusements (NAI), empresa holding da família, possui uma cadeia de 1.500 cinemas no mundo inteiro. Posteriormente a empresa ampliou enormemente seu escopo sob a liderança de Sumner Redstone.

Sumner, dotado dos talentos de um grande empreendedor, criou seu império através de investimentos sensatos e algumas ações oportunas. Em 1987, ele deu seu grande passo, assumindo o controle da Viacom, uma empresa de mídia, um prêmio no qual estava de olho havia muito tempo. Em 2000, ele concluiu outro mega-acordo para adquirir a CBS, antiga proprietária da Viacom, por US$ 39,8 bilhões. Em conseqüência desses acordos, os ativos controlados pela holding NAI passaram a incorporar o canal de televisão e a rede CBS, bem como a Viacom, a empresa de conteúdo de mídia que inclui divisões proeminentes como MTV, Paramount Pictures e DreamWorks Film Studios.

FAMÍLIA E ROMPIMENTO

O controle da NAI estava concentrado nas mãos da família Redstone: Sumner e seus dois filhos, Brent, com 55 anos, e Shari, com 51, que tinham cada um uma participação de um sexto das ações. Shari, cheia de energia como o pai, dirige a holding NAI e é também vice-presidente dos conselhos da CBS e da Viacom, presididos pelo pai. Por seu lado Brent, o irmão mais velho, nunca encontrou um nicho equivalente. Pouco adaptado à vida dos negócios na empresa da família, ele vagueou entre posições executivas no império familiar sem nunca se destacar – um caso clássico de inadequação entre pessoa e cargo. Certamente era difícil para ele aceitar que não era talhado para uma carreira na empresa da família, mas Brent teve de fazê-lo, engolir seu orgulho e continuar com sua vida. Mas como vimos em outros casos, a bagagem emocional que nunca foi totalmente descarregada volta para persegui-lo.

143

EMPRESAS FAMILIARES

Sempre há um catalisador. Neste caso foi o divórcio dos pais. A frustração de Brent com a família atingiu o máximo quando seu pai pediu que os filhos o apoiassem durante os procedimentos jurídicos do divórcio, abrindo mão de seus direitos de voto durante o processo para que ele pudesse deter o controle da empresa. Como as batalhas comerciais que Sumner travou, aquela foi uma separação feia e confusa. O casal Redstone tinha permanecido unido por 52 anos e a separação trouxe um dilúvio de emoções, um catalisador para que Brent se afastasse do pai. Ao invés de permanecer ao lado de Sumner, como o patriarca havia esperado, Brent tomou o lado da mãe e recusou-se a cooperar com o esquema proposto. Shari ficou ao lado do pai.

Logo depois ela foi nomeada CEO da empresa holding, fato que lhe deu supremacia em relação ao irmão mais velho. O divórcio de Sumner levou não só ao fim um casamento, mas também criou uma rachadura na família, colocando pai contra filho e irmão contra irmã.

IMPASSE

Em conseqüência da sua decisão de ir contra o pai, Brent tornou-se um prisioneiro na empresa da própria família, preso em sua participação minoritária de um sexto das ações, sem nenhum meio para realizar a riqueza representada por sua parcela. As ações eram mantidas em um fundo e não geravam renda. Embora sua venda fosse uma opção, o acordo entre os acionistas estipulava que as ações mudassem de mãos pelo valor contábil, o que tornava sua venda um mau negócio. Brent abriria mão de uma parte substancial da sua fortuna.

Diante daquele dilema, Brent adotou o antigo curso de membros alienados de suas famílias e foi aos tribunais lutar por seus direitos. Talvez ela tenha pensado que poderia forçar um acordo a respeito do preço que lhe permitiria uma saída honrosa.

Mas não foi o que aconteceu. Diante do pai todo-poderoso, ele não estava em posição para negociar. Sumner ainda mostrava poucos sinais de que abriria mão do poder, presidindo em 2007, com a idade de 83 anos, os conselhos de administração das três principais corporações: NAI, CBS e Viacom. Sua mão tenaz sobre a empresa foi captada por sua declaração: "A Viacom sou eu... este casamento é eterno, para sempre". Para Sumner, como para muitos outros proprietários/líderes, as empresas que ele controlava estavam profundamente entrelaçadas com suas identidades pessoais. Ele era um mestre na arte de se livrar de inimigos e desafiantes que questionavam seu poder absoluto no campo de batalha dos negócios. Mas como muitas histórias neste livro, esta ainda não terminou.

COMENTÁRIO

Estamos mais uma vez nos domínios em que os líderes agem como se fossem imortais, agarrando-se ao poder além daquele que seria considerado um período natural. Neste caso, o líder domina a empresa como um imperador de outra era, onde desafiantes, do mesmo sangue ou não, eram sumariamente tirados do cenário para nunca mais voltar. Sumner derrubou alguns figurões nas batalhas que travou, demitindo CEOs que atravessaram seu caminho e ameaçando seu império com o punho.

A armadilha em que seu filho caiu talvez fosse inevitável. Havia pouca chance de ele receber qualquer favor. Somente a lealdade filial, como Shari estava preparada para oferecer, era tolerada pelo pai, e nem mesmo a harmonia familiar o impediria de manter o poder absoluto. O caso ilustra a importância de uma boa adequação entre as orientações dos membros da família e seus papéis na empresa. Brent poderia ter recebido antes apoio para desenvolver uma carreira de sua escolha. O desejo do patriarca de ter os filhos por perto enquanto ele ocupa o trono não funciona para muitas famílias, em especial quando a geração mais velha não está disposta a abrir mão do poder.

Aqui a dinâmica da família é triangular, o que lhe dá propriedades especiais. Num relacionamento entre três partes existe sempre a possibilidade de uma aliança de dois contra um. Numa família em que o pai e um dos filhos se aliam contra o outro filho

– em especial quando o excluído é o primogênito e homem – está pronto o cenário para um sério conflito. De um lado está o pai, reforçado por sua crença no seu direito e com os claros poderes da paternidade e da participação majoritária. Do outro lado está um primogênito afastado, motivado por um forte senso do seu direito. Neste caso o pai tinha todas as cartas e o resultado foi a destruição dos relacionamentos familiares, mas não da empresa.

Há muitas maneiras simples pelas quais isto poderia ter acabado de forma diferente. Sumner certamente poderia ter dedicado mais tempo a descobrir as necessidades dos filhos e a apoiá-los. E no nível prático, é inútil ter um acordo de acionistas que torna impossível a saída de um deles.

SOLID WASTE E A FAMÍLIA WAXMAN – COBIÇA, FRAUDE E DESTRUIÇÃO[13]

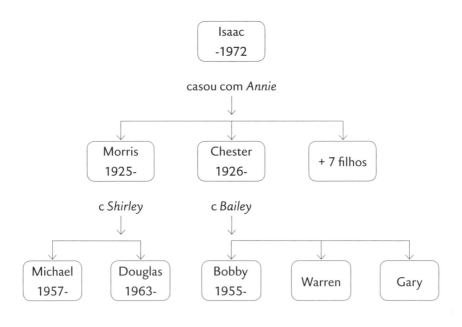

Figura 5.5 – A família Waxman

ORIGENS

Esta é uma história que coloca dois irmãos contra suas famílias numa guerra que, como muitas outras, culmina nos tribunais. Porém, sob o conflito existe mais que dinheiro e inimizade pessoal: existe um choque de valores e filosofias.

A história começa no início do século XX, quando Isaac Waxman chegou ao Canadá, vindo da sua Polônia natal para começar vida nova; pouco depois chegou sua mulher Annie. Para ganhar a vida, ele aproveitou o monte de lixo produzido pela sociedade de consumo vendendo trapos, garrafas e ferro-velho. Com o tempo, o negócio se tornou mais focalizado e seus filhos Morris e Chester, nascidos nos anos 1920, juntaram-se ao pai na empresa da família, a qual havia sido incorporada e registrada com o nome de I. Waxman e Filhos.

Morris e Chester trabalhavam lado a lado na empresa, mas tinham personalidades diferentes. Morris, o mais velho, era um jovem quieto e reservado, muito interessado na tecnologia de reciclagem e, inventor, dirigia as operações. Chester, o mais novo, tinha uma personalidade muito mais dominante e expansiva, era um vendedor e comerciante falante, com grandes ambições. Ele cuidava do desenvolvimento de negócios. Entre si, os irmãos tinham o controle da empresa, com Isaac, como presidente, detendo somente uma pequena participação acionária. Morris muitas vezes lutava para se expressar e lidar com comunicações escritas e em negociações estava satisfeito em confiar cegamente no irmão. Isto significava que com freqüência ele assinava sem ler os papéis que Chester lhe apresentava.

PRIMEIRA DIVISÃO

A primeira indicação de que nem tudo estava bem entre os irmãos foi um incidente a respeito da divisão da pequena participação acionária do pai na empresa, depois da sua morte em 1972. Morris havia devolvido alguns anos antes uma parte das suas ações, num arranjo especial que permitiu que Isaac continuasse oficialmente como presidente da empresa. Quando ele morreu e seus bens foram divididos em partes iguais entre os irmãos, o resultado foi que Chester passou a ter mais ações que Morris, conquistando com isso o controle da empresa. Morris não ficou satisfeito com a situação e pressionou o irmão para que este alterasse a estrutura acionária. Chester concordou, e em 1979, mais uma vez eles ficaram em igualdade, como queria o pai.

Nesse mesmo período, a terceira geração estava começando a entrar para a empresa, mas com os dois irmãos aplicando filosofias muito diferentes em termos de política de contratação. Bobby, Warren e Gary, os três filhos de Chester, vieram cedo para a empresa, depois de abandonarem os estudos na universidade. No lado de Morris, foi dado um valor maior à educação e ao preparo dos filhos pelo aprendizado. Seus dois filhos, Michael e Douglas, foram para a universidade e, quando saíram, nenhum deles demonstrou interesse em entrar para a empresa.

A LUTA PELO CONTROLE ACIONÁRIO

A questão do controle acionário no futuro preocupava Chester cada vez mais. Ele sabia que a divisão de 50/50 com Morris significava que seus três filhos acabariam com menor participação na empresa do que seus dois primos. Assim ele propôs um plano para dividir as ações da empresa em cinco partes, com cada membro da terceira geração recebendo uma parcela de 20%. Como era de se esperar, Morris rejeitou a proposta. Porém, Chester sabia que seu ramo da família poderia facilmente extrair valor da empresa com salários e bônus.

Embora Morris tenha se oposto ao esquema de bônus proposto, Chester conseguiu que ele assinasse uma minuta do conselho autorizando a nova forma de remuneração na empresa.[14] O total do primeiro bônus foi de C$ 250.000, com todo o dinheiro indo para os filhos de Chester. Bônus mais gordos, de mais de C$ 1 milhão, viriam em 1981 e 1982 para os três filhos, fatos de que Morris posteriormente alegou não ter conhecimento. Em 1982, Michael, filho de Morris, veio para a empresa, assumindo a tarefa de construir a Solid Waste Reclamation Inc., empresa da qual era sócio com seu irmão Douglas, a qual havia nascido a partir da Waxman & Sons.

Apesar do sucesso nos negócios, Chester ainda estava insatisfeito com o *status quo* e decidiu que tentaria obter o controle da empresa comprando as ações do seu irmão. Ele apresentou documentos para que Morris assinasse, os quais como sempre este assinou sem prestar atenção no conteúdo. Num desses documentos, ele vendia sua metade na empresa para o outro ramo da família. A desatenção de Morris se devia em parte a seus problemas de saúde, pois ele havia passado por uma cirurgia cardíaca. Foi só durante sua recuperação, em 1984, que, alegou ele, Morris descobriu o que havia acontecido. Convencido de que tinha sido trapaceado pelo irmão, ele enfrentou Chester, mas este não quis ouvi-lo. Mas Morris não desistiu e continuou tentando persuadir o irmão a ouvir sua queixa, mas este se recusava.

DECLARADA A GUERRA

Cinco anos mais tarde, depois de persistentes tentativas para satisfazer seus pedidos de justiça contra o irmão, Morris decidiu que estava na hora de confiar no filho. Chamou Michael à sua sala e contou-lhe a história. A reação deste foi imediata e explosiva. Invadiu a sala do tio e ameaçou a ele e sua família com violência caso a situação não fosse resolvida.[15] A reação emocional de Michael não provocou nenhum arrependimento em Chester; meramente acendeu o fogo do conflito.

Durante todas as tentativas inúteis de Morris para recuperar seus direitos de propriedade, Chester assumiu o controle das finanças da empresa, com seus filhos recebendo em conjunto C\$ 27 milhões em bônus nos dez anos até 1993. Os ativos da empresa foram vendidos, culminando com a venda da empresa principal em 1993, por C\$ 30 milhões. Durante essa venda, Chester e seus filhos conseguiram garantir suas rendas obtendo contratos de emprego de longo prazo com o novo proprietário. Morris e sua família foram reduzidos ao papel de testemunhas impotentes do espetáculo.

EMPRESAS FAMILIARES

No mundo exterior, Chester impressionava as pessoas com sua personalidade encantadora. Ele era um pilar da comunidade local, conhecido por sua filantropia. Morris, por seu lado, sempre mantivera um perfil baixo e permanecera isolado. Mas com Michael ao seu lado, ele partiu em defesa dos seus direitos pelo único meio possível. Era o último recurso, mas ele recorreu à justiça em 1988. A reação do lado de Chester foi rápida, demitindo Morris e também cortando seus benefícios, inclusive o seguro saúde de que ele precisava para pagar suas despesas médicas.

O caso demorou cinco anos para ser resolvido, mas no final Morris e seus filhos conseguiram a justiça que buscavam, recuperando os 50% da empresa. Um tribunal de recursos confirmou a decisão pela qual Chester teria de pagar C\$ 50 milhões a Morris. Muitas das explicações dadas por Chester durante o prolongado julgamento, as quais foram resumidas em um veredicto de 439 páginas, foram consideradas falsificações. Mas a família Waxman e a empresa pagaram caro pela guerra familiar. Se você visitar hoje a sede central da Solid Waste, verá uma foto de Isaac orgulhosamente em pé com os filhos ao lado de um dos caminhões da companhia Waxman. Na versão de Morris dessa foto, a imagem de Chester foi apagada.

COMENTÁRIO

O que pode ser feito com os irmãos Waxman? Os estilos e valores distintos de Chester e Morris poderiam ter contribuído para uma grande parceria. Em vez disso, eles entraram numa batalha que seria ridícula se não fosse trágica. Morris, o irmão desatento, era vulnerável às ambições inconfessadas de Chester. Entre esses dois pólos, parecia não haver nem um pouco de visão e de liderança, além da riqueza material em jogo. De onde veio a desmedida ambição de Chester? É difícil fazer psicanálise à distância, mas Chester reúne elementos dos tipos aqui discutidos no início do capítulo – um produto de disposições arraigadas de personalidade e também da pressão das circunstâncias.

Pois como vimos em muitos outros casos neste livro, a presença de riqueza e de oportunidade parece afetar algumas pessoas mais do que outras.

Em um nível mais simples e material, este caso se encaixa claramente no paradigma darwiniano introduzido no início deste livro – onde os interesses genéticos são totalmente divididos entre os irmãos, multiplicados pelo fato de ambos terem filhos. Os interesses comuns das pessoas por seus próprios filhos são duas vezes maiores que os interesses pelos sobrinhos. Assim, as forças para separá-los eram mais fortes que aquelas para uni-los. Mas não teria de ser assim. Havia riqueza suficiente para todos, se Chester tivesse assumido um papel de administrador ao invés de competidor.

Nossos defeitos não estão em nossas estrelas, mas em nós mesmos.

6.
Cabeças na areia –
a armadilha do isolamento

"As famílias têm muitas maneiras de ser perigosas."

Ernest Hemingway

INTRODUÇÃO

Nem todas as guerras familiares se dissolvem numa poça de sangue. Algumas simplesmente acabam. Elas começam com boa saúde; começam a praticar pequenos abusos de estilo de vida que as tornam indolentes, míopes e, pior, complacentes a respeito da segurança da sua existência. Elas se tornam como pessoas doentes que nunca visitam o médico porque, na bolha do seu mundo ilusório, não há nada com que se preocupar.

Na empresa familiar, este é o outro lado da moeda que torna as famílias fortes, próximas e auto-suficientes. Como observamos, as ligações de parentesco constituem a base sobre a qual são tecidos os poderes mágicos das culturas das empresas familiares mais fortes. Mas esses laços podem matar uma família por sufocação. Em muitos dos casos que vimos, um subproduto dos conflitos internos pode ser um crescente esquecimento em relação à realidade externa. E uma vez que você comece a escorregar, a descida pode ser íngreme e impossível de deter.

Como observamos no primeiro capítulo, o desejo de cuidar dos seus é louvável e constitui uma força. O nepotismo faz parte da natureza humana. Está desde sempre nos seus genes cuidar dos seus parentes próximos.[1] Estamos programados para ser cautelosos com estranhos e submetê-los a um severo teste de confiança antes de permitir que se aproximem. Em algumas culturas – especialmente em grande parte da Ásia e da América Latina – as famílias são grandes e inclusivas. Nessas circunstâncias as pessoas podem se isolar mantendo, ao mesmo tempo, uma ampla rede de parentesco. Há riscos, mas este é um padrão comum na família estendida.

No Ocidente, assim como em muitas outras partes do mundo, o tamanho das famílias está encolhendo. Isto torna o isolamento uma estratégia cada vez mais difícil. Torna-se complicado justificar a nomeação de um filho favorecido contra os talentos externos e as conotações negativas de nepotismo tornam-se mais fortes. Para muitas pessoas fora das empresas familiares, isto é visto como uma forma de trapaça social. Mas existe um caso a favor dessa prática. O fato de se ter uma linha contínua de parentesco na direção de uma empresa pode ser um vetor ao longo do qual conhecimentos e valores são transmitidos de uma geração para outra.[2] Esta é uma enorme fonte de poder para a empresa familiar.[3] Também há a idéia de que um parente irá se identificar mais com sua tarefa, ser mais leal, comprometer mais seu coração e sua alma e não irá nutrir ilusões de que ele é especialmente adequado para ser favorecido. Este último ponto é importante – os líderes de empresas familiares com freqüência combinam graus incomuns de humildade e pragmatismo, em especial quando sabem que apelar para pessoas de fora dotadas das qualidades de que eles carecem para atender às necessidades da empresa.

De fato, pode-se dizer que esta espécie de realismo e abertura é uma pré-condição para o sucesso do nepotismo. E é aqui que muitas famílias falham através do isolamento. Elas buscam ajuda externa demasiado tarde, ou recorrem às pessoas erradas, ou as duas coisas – como veremos nas histórias a seguir.

Nessas histórias veremos que o isolamento não foi causa direta do fracasso das empresas, mas de modo variado esta derrota pode ter vindo da menor quantidade de opções, percepções distorcidas, maus julgamentos e vulnerabilidades às ameaças ao acaso de ambientes de negócios turbulentos. Em todos os casos poderemos ver empresas que estavam na crista de uma onda de sucesso, cegas a riscos e perigos iminentes. Assim, em certo estágio a Guinness foi a maior cervejaria do mundo. A Steinberg foi a maior varejista de alimentos de Quebec, Canadá, a Sakowitz foi a mais prestigiosa cadeia de lojas de departamentos de Houston. O *Louisville Times* foi outrora um dos mais respeitados jornais regionais dos Estados Unidos. A Seagram foi líder do mercado de bebidas destiladas. A partir dessas posições de proeminência, todas elas escaparam ao controle da família proprietária ou se perderam. Os esforços dessas famílias para manter o controle sobre sua estratégia e seus investimentos sem uma assistência externa qualificada nunca foram totalmente eficazes. Os eventos se descontrolaram e as suas crises escalaram. O modelo de liderança delas era fortemente baseado em membros da família para tomar a maior parte das decisões vitais. Em alguns casos, isto era fruto de uma escolha consciente e deliberada; em outros, o isolamento ocorria à revelia. Por baixo dessa falta de previsão havia deficiências em planejamento e as verificações e limitações geradas pela boa administração e gerência de riscos.

A HISTÓRIA DA GUINNESS – DESLIZANDO PARA O ESCÂNDALO[4]

ORIGENS

A família Guinness era uma das históricas dinastias de cervejeiros da Europa, surgida em Dublin no final do século XVIII e se tornando uma potência industrial no século XX. A empresa cresceu depressa, satisfazendo a sede da classe trabalhadora na Irlanda e depois, tirando inteligentemente proveito de sua força no mercado natal e expandindo-se no exterior para vender seu produto em todo o mundo, criou uma marca venerada até hoje. Na verdade, ela quase inventou a moderna construção de marcas com suas criativas e premiadas campanhas publicitárias dos anos 1920 em diante.

EMPRESAS FAMILIARES

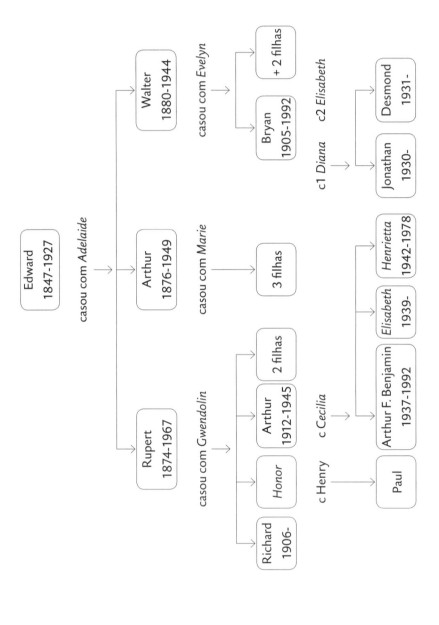

Figura 6.1 – A família Guinness

SUCESSO INICIAL

Os membros da família, ativos nos primeiros dias, mostraram forte energia empreendedora, fundando, além da cervejaria, uma financeira, a Guinness Mahon, que atingiu proeminente posição. A família tornou-se uma usina de sucessos. A linhagem estava cheia de confiança e talentos que distinguiam seus membros em outras áreas além do comércio e finanças, inclusive política, esportes e as Forças Armadas. À medida que o império da cerveja se expandia, a empresa passou a desempenhar uma parte menor na vida de uma família cuja riqueza havia crescido de forma considerável.

Além disso, os Guinness tinham se tornado membros das aristocracias irlandesa e britânica e estavam gozando seu elevado *status* social. Sir Edward Cecil, o primeiro Lord Iveagh, foi aconselhado pelo seu amigo, o Príncipe de Gales e futuro Edward VII, a "comprar uma propriedade em Norfolk". Ele acabou adquirindo, em 1894, Elveden Hall, uma suntuosa propriedade rural com mais de 900 hectares que nos anos seguintes iria receber a maioria dos membros da Família Real e dignitários da Inglaterra e de outros países. Simbolicamente, a posse da propriedade colocava os Guinness lado a lado com os Rothschild e os Astor como uma das famílias da elite daquele tempo. O lado bancário dos Guinness, embora não tivesse uma fortuna comparável, também gozava a boa vida social nos campos ingleses.

Enquanto isso, a empresa ainda tinha de ser dirigida e gerenciada. A família continuava envolvida, mas com as gerações sucessivas ocorreu um enfraquecimento do envolvimento, da motivação e da lealdade. A família trouxe talentos de fora para ajudar a gerenciar o crescimento da empresa, mas foi só em 1945 que eles contrataram seu primeiro gerente com experiência anterior não ligada a cervejarias: Sir Hugh Beaver. Até então, os únicos altos dirigentes eram os qualificados cientistas que trabalhavam na cervejaria. Isso ajudou a embutir uma cultura claramente voltada para o produto.

Durante os estágios iniciais do crescimento da empresa, a família mantinha um rígido controle sobre a participação acionária e foi somente na quinta geração que as ações começaram a se tornar amplamente dispersas entre os membros da família. Embora o capital tenha sido oficialmente aberto em 1886 por Edward Cecil, o primeiro Lord Iveagh, ele ainda controlava metade das ações. Quando transferiu seus bens, ele dividiu as ações igualmente entre os filhos. Apesar das ações ficarem mais dispersas, a família manteve o poder e o controle. Isto não era devido à avidez pelo comando, mas a um senso de dever patrício. Do ponto de vista deles, a empresa havia lhes trazido uma grande fortuna e eles sentiam como sua a responsabilidade de continuar a administração.

O ERRO DOS PATRÍCIOS

A falha neste raciocínio era que ele parecia ser um dogma mantido independentemente do fato dos membros da família terem educação formal ou treinamento que os capacitasse a exercer tal responsabilidade. Eles eram Guinness de nascimento e isso bastava aos olhos da família. Além disso, o assunto era limitado por normas tradicionais. Mesmo com a árvore genealógica crescendo a cada geração, a progenitura masculina (a sucessão do filho homem mais velho) ainda era a norma na escolha dos herdeiros. Isso não era contestado, pois era uma tradição antiga e a família acreditava que aquela fosse provavelmente a melhor maneira para impedir possíveis dissensões entre parentes. O fato do sistema não oferecer nenhuma garantia de que a pessoa mais qualificada ficaria com o cargo era um preço válido.

Esta mistura de isolamento e complacência se estendia à representação no conselho de administração. Os membros da família não eram indicados para o conselho com base na sua competência. Por exemplo, Bryan Guinness, posteriormente Lord Moyne, que entrou para o conselho de administração em 1935, tinha estudado direito, mas cedo havia deixado de praticar a profissão para se tornar agricultor. Infelizmente, os conselhos de muitas empresas familiares ainda hoje refletem este tipo de colocação de parentes sem levar em conta a competência. Em geral, o custo do isolamento não se manifesta imediatamente, mas é um risco para a adaptabilidade futura, como ilustra o caso Guinness.

Também o confortável sentimento de confiança e consistência que permeava a liderança dos Guinness era um desincentivo para deixar tudo como estava. A geração mais velha estava adquirindo o hábito de ficar tempo demais na ativa – em vários casos, agarrando-se ao poder até muito além do seu período capaz. Rupert Guinness não deixou a posição de presidente do conselho até 1962, quando ele tinha 88 anos. A dificuldade foi aumentada pelas baixas nas fileiras de homens da família durante a Segunda Guerra Mundial, na qual Rupert perdeu seu irmão mais novo e seu filho Arthur. Porém, convencido de que a presidência era uma prerrogativa dos seus descendentes, ele lá permaneceu até que seu neto Benjamin, nomeado para o conselho em 1958, aos 21 anos, o sucedesse como presidente apenas quatro anos depois, aos 25 anos. Benjamin Guinness não tinha nenhum treinamento formal para a posição; além disso, era uma pessoa tímida, com poucas das qualidades associadas a uma liderança forte.

Seu mandato como presidente foi um período em que a família, apesar de estar fortemente representada no conselho, começou a perder o controle da empresa, à medida que seus membros foram se afastando cada vez mais das atividades do grupo. Isso foi causado diretamente pela combinação da reserva de Benjamin e do distanciamento dos outros parentes membros do conselho e não executivos dos negócios. Isso criou um vazio de liderança, uma vez que ninguém estava estabelecendo uma visão e uma direção estratégica para a empresa. O conselho continuou dominado pela família, enquanto as decisões do dia-a-dia eram cada vez mais tomadas por gerentes não membros da família, sem o benefício de um sistema adequado de atribuição de responsabilidades e de controle pelo conselho.

Na década de 1970, foi reconhecida a necessidade de maior participação da família. O candidato óbvio era Jonathan Guinness, filho mais velho de Lord Moyne (Bryan Guinness). Jonathan era um homem abertamente de direita em termos políticos e a família hesitou diante da perspectiva da sua liderança. Ele poderia ter sido capaz de oferecer uma liderança forte, mas teria as qualidades para unir a família e o conselho? Nunca saberemos. Porém, ele publicou um livro, *Requiem for a Family Business*, que narra a saga de sua família.[5]

PERDA DE LIDERANÇA

Àquela altura o envolvimento da família com a Guinness Brewing estava chegando ao seu capítulo final. A presença de executivos não pertencentes à família vinha aumentando com o crescimento da empresa. Grande parte deste se devia a fusões e aquisições, engrossando as fileiras de executivos de fora da família. Mas sem liderança a empresa estava perdendo seu foco e, ao mesmo tempo, a distância entre a família e suas operações estava aumentando. Sem uma direção, decisões importantes estavam sendo tomadas *ad hoc* por pessoas carentes de autoridade e, mais importante, responsabilidade direta. O lado financeiro da empresa começou a sofrer e, depois de uma onda de diversificações na década de 1970, os lucros das empresas recém-adquiridas caíram na década de 1980, causando uma crise financeira. Os membros do conselho que eram da família, então controlando somente cerca de 20% das ações, pareciam impotentes para deter a queda.

Neste vácuo entrou o homem que iria levar para um fim inglório o império da empresa da família Guinness e sua reputação. Seu nome era Ernest Saunders. Seu reinado se iniciou com sucesso, com uma reformulação do desempenho da empresa refocalizando-a em torno da sua marca núcleo, a famosa cerveja preta. Esta limpeza recolocou a empresa numa trajetória de crescimento, e ela começou a contemplar aquisições para se fortalecer. O primeiro movimento importante foi em 1985, com a compra da Bells Whisky. Quando a Distiller Company, tradicional mas frágil líder da indústria de uísque da Escócia, ficou em jogo devido a uma oferta hostil de tomada de controle, a Guinness emergiu como um cavaleiro branco, assumindo o controle da maior rival. Mas aquela acabou sendo o momento mais sombrio da Guinness, pois Saunders acabou envolvido em um escândalo de manipulação de preços. A aquisição foi um sucesso em termos de desenvolvimento da empresa e da marca, mas culminou com os desonrosos julgamento, condenação e prisão de Ernest Saunders. A família, então relegada a participações minoritárias em um grupo muito maior, só podia esperar com embaraço – espectadores passivos das escandalosas irregularidades perpetradas em nome da sua empresa debaixo dos seus narizes.

COMENTÁRIO

Esta história ilustra um fenômeno bem conhecido, chamado "o fracasso do sucesso".[6] Isto significa que as empresas na crista da onda do sucesso no mercado são aquelas que correm mais riscos diante do inesperado. Elas também são as menos inclinadas a reformulações e a antecipar mudanças e desafios futuros. As pessoas dizem, compreensivelmente, "se não está quebrado, não conserte". O risco é especialmente elevado se o sucesso predomina nos primeiros anos de crescimento da empresa. Para a Guinness, aquele notável sucesso inicial foi como o que acontece com uma criança mimada. Com o tempo ela se torna um adolescente preguiçoso, que até a maturidade acredita que é especial, invulnerável e que o mundo irá lhe proporcionar a vida que ele merece.

É certo que, com o mundo sedento por seus produtos, a família Guinness foi levada a crer que o sucesso sempre estaria no seu caminho. A primogenitura masculina como prática pode ter parecido uma forma fácil para resolver o importante assunto de quem deveria liderar em cada nova geração, mas é notoriamente arriscada. A família Guinness parecia duplamente cega aos fatos de que dirigir uma empresa complexa não é coisa para amadores operando baseados em intuição e boa vontade e, segundo, que a loteria genética não oferece garantias de que a regra da primogenitura masculina providencia pessoas com as qualidades necessárias.

O caso Guinness é uma simples história do distanciamento dos patrícios abrindo as portas àquilo que os economistas chamam "problemas de agência" – a separação entre proprietários e gerentes, deixando estes numa posição em que tentação, mau julgamento e mesmo crimes podem passar impunes.[7] As respostas estão em três domínios familiares: auto-avaliação da família, liderança forte e boa governança. Cada uma delas poderia ter detido o declínio, provocado a conscientização das ameaças e levado às providências oportunas para evitá-lo.

A HISTÓRIA DE SAKOWITZ – O LÍDER INCONTROLADO[8]

ORIGENS

A ascensão e queda da cadeia de lojas de departamentos Sakowitz, empresa familiar do Texas, oferece uma ilustração cabal de como o ciclo de criação e destruição pode evoluir, refletindo a dinâmica da família. As origens da empresa eram modestas, com Tobias Sakowitz, o mais velho de dois irmãos, abrindo a primeira loja em Galveston, Texas, em 1902. Imediatamente Tobias convidou Simon, seu irmão mais novo, para juntar-se a ele. Os irmãos eram filhos de uma família de imigrantes judeus que tinham vindo para a América no final do século XIX em busca de uma vida melhor. Tobias tinha sido o último a chegar, porque precisou economizar para pagar a passagem da Rússia para se juntar à família. Ao chegar ele conseguiu seu primeiro emprego como limpador de janelas, passando depois a balconista numa loja de roupas. Tobias pagava à mãe, Leah, por casa e comida, dinheiro este que ela conseguiu economizar ao longo dos anos. Foi com essas economias que ela conseguiu US$ 750 para financiar a entrada do filho nos negócios.

Em 1909, os irmãos tinham feito um bom progresso e conseguiram se expandir comprando sua segunda loja em Houston, à qual deram o nome de Sakowitz Bros. Como ocorre em muitas empresas familiares, o maior ativo era a energia incansável e o esforço dos irmãos, que lideravam por exemplo para construir o sucesso. Na época em que a segunda geração estava pronta para entrar para a empresa, esta havia entrado numa nova fase, mudando de endereço em 1929, pouco antes do colapso do mercado de ações, passando a ocupar 7 mil metros quadrados de novas instalações, dez vezes mais que o espaço anterior.

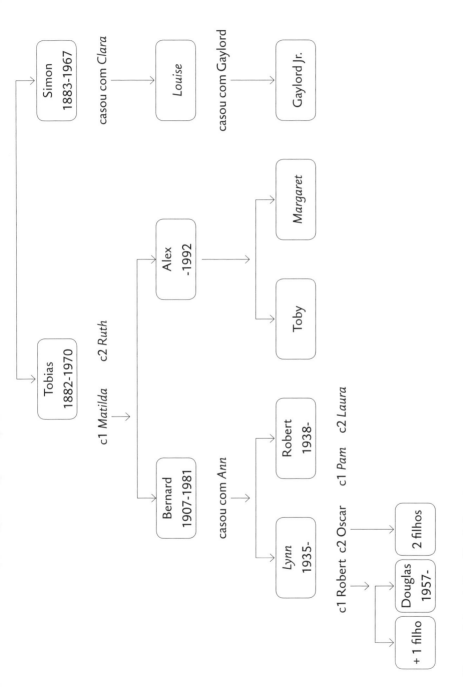

Figura 6.2 – A família Sakowitz

Bernard, filho de Tobias, via a si mesmo como o herdeiro natural da liderança da empresa. Seu irmão seguia uma carreira fora da empresa da família e o ramo do seu tio não tinha filhos homens. Ele queria o cargo, mas teve dificuldades para aceitar a determinação do seu pai, de que teria de começar por baixo. Bernard havia entrado para a empresa com um bom diploma de administração e também concluíra um programa de treinamento executivo na Macy's, uma grande varejista de Nova York. Na universidade ele havia revelado seu gosto por liderança e poder através do envolvimento em política estudantil e conseguiu ser eleito para uma posição executiva no órgão dos estudantes. Ele gostava do *status* e da atenção pessoal trazidos pela posição. Assim ele permaneceu no limiar, esperando que o poder da empresa da família lhe caísse nas mãos. E não tinha pensado na possibilidade de ter de dividir as rédeas da gerência. Seu rival indesejado era Gaylord Johnson, marido de sua prima Louise, nomeado para trabalhar na empresa ao lado de Bernard, também com o título de vice-presidente.

DUAS CABEÇAS SÃO PIORES QUE UMA

Esta política abertamente nepotista não criou um problema para os funcionários, que reconheciam e aceitavam que essa era a maneira de operar da empresa. Mas eles viam com inquietação o fato de que essas duas cabeças certamente eram piores que uma, pois logo ficou evidente para todos que Bernard e seu cunhado Gaylord não formavam uma equipe coesa e não se entendiam entre si. A natureza despretensiosa e amigável de Gaylord contrastava de forma aguda com a arrogância que emanava de Bernard. Esse choque de personalidades não prejudicou a empresa numa época em que os negócios e a economia estavam crescendo.

Uma decisão que deve ser creditada a Tobias e Bernard foi de expandir nos subúrbios, com a abertura da primeira grande loja de departamentos suburbana em Houston, em 1959. Enquanto isso, uma divisão clássica estava emergindo entre aqueles que trabalhavam na empresa e aqueles que não o faziam. A empresa continuava a operar uma política de não repartição distribuição de dividendos porque Bernard, que agora estava firmemente no comando com seu filho Robert, era favorável ao reinvestimento dos lucros no negócio. Por outro lado, o ramo da família liderado por Simon, irmão mais novo de Tobias, começou a questionar a política de liquidez, exigindo um retorno financeiro sobre as ações. Este é um problema comum em empresas familiares, onde os "de dentro" optam por gerenciar a empresa sem dívidas. Mas essa opção muitas vezes cria um grande problema para os acionistas "de fora", como ficou evidente neste caso.

Para eliminar o impasse entre os dois ramos da família sobre essa questão, o ramo de Simon concordou em vender suas ações por US$ 4 milhões, deixando a propriedade e o controle nas mãos do clã de Bernard. A compra foi financiada por um empréstimo pelo prazo de 20 anos, com o pagamento final em 1984. Logo depois do acordo, Simon, que ainda trabalhava na empresa, foi destituído por seu sobrinho. Isso foi considerado pela família como um ato humilhante e ingrato da parte de Bernard. Pareceu pura maldade e criou uma sensação de perda e amargura que aprofundou a separação entre os dois ramos fundadores.

A ERA DE ROBERT

Também havia a sensação de que a primeira geração sempre havia se sacrificado pelo bem da empresa. Bernard e seu filho Robert estavam agindo mais de acordo com suas próprias visões e ambições: seguindo uma estratégia muito mais agressiva e arriscada e forçando uma mudança nos valores que direcionavam a empresa. Isso inevitavelmente significou uma diferenciação menos clara entre seus negócios pessoais e os da empresa.

Enquanto isso Alex, o irmão mais novo de Bernard que seguira uma carreira de sucesso nos meios acadêmicos, estava preocupado com a possibilidade do seu investimento minoritário nunca ter retorno, uma vez que ele nunca havia recebido dividendos. Também ele estava pensando em vender sua parte. Porém, as finanças da empresa estavam então seriamente comprometidas em conseqüência da compra das ações do ramo de Simon. O aperto financeiro só foi resolvido através da intervenção de Oscar Wyatt, o rico genro de Bernard, que financiou a compra das ações de Alex.

Oscar, um tipo muito pitoresco, havia entrado para a família em 1963, ao se casar com Lynn, a irmã de Robert, dois anos mais velha que ele e com dois filhos de um casamento anterior. Oscar, um empreendedor multimilionário, tinha fundado uma empresa de energia extremamente bem-sucedida chamada Coastal Gas e tinha se casado e divorciado três vezes.

O começo do fim da Sakowitz teve início em 1975, quando Bernard, então com quase 70 anos, passou o bastão da liderança para seu único filho, Robert, então com 37 anos. A transição se deu numa época em que a empresa estava sob uma pressão crescente, agravada pelo aperto no fluxo de caixa causado pela compra das ações. Concorrentes de fora de Houston haviam despertado para o potencial de mercado da florescente cidade, com empresas como Saks Fifth Avenue e Neiman Marcus abrindo novas e modernas lojas de departamentos no território da Sakowitz. Aquele segmento do varejo estava começando a se consolidar e, em todo o país, cada vez mais lojas independentes estavam sendo vendidas para cadeias maiores. A Sakowitz parecia cada vez mais fora de ritmo com os tempos. Para Robert, tomar o lugar do pai como presidente era a realização de uma ambição da vida inteira. Mas ele mal suspeitava de como estava prestes a ser testado.

NO VERMELHO

Enquanto a empresa permaneceu saudável, qualquer falta de coesão familiar não passava de ruído de fundo. Quando aquelas discussões chegaram às manchetes dos jornais locais, elas eram mais irritantes do que prejudiciais e certamente nada que tirasse do rumo o negócio da família Sakowitz. Mas o princípio do vaso começava a fazer efeito – a idéia mencionada no Capítulo 2, de que a aplicação de um fluido sob pressão em um vaso cerâmico irá achar suas falhas e transformá-las em fissuras fatais. Foi o que aconteceu no fim da década de 1970 e início da década de 1980: o risco de enriquecer e voltar à pobreza em três gerações crescia rapidamente.

Robert Sakowitz, na euforia da sua ascensão, não era o tipo de pessoa que agia de forma conservadora ou segura. Ele queria deixar sua marca e assim decidiu ousadamente colocar a empresa em um curso de expansão. Os riscos eram altos, mas Robert, com a confiança do garoto para quem a riqueza sempre tinha vindo com facilidade, mesmo assim foi em frente. A pressão subia à medida que os empréstimos aumentavam, levando o endividamento da empresa a limites intoleráveis. A expansão assumiu a forma de uma ambiciosa entrada no mercado de Dallas, a outra cidade em grande crescimento no Texas. Assim a primeira loja Sakowitz em Dallas foi aberta com grande alarde em 1981 e, inicialmente, os negócios foram bem. Mas a economia estava entrando em recessão e a expansão começou a parecer um passo longo demais.

Não se tratava apenas de um fracasso no mercado. A crise também foi causada pelo desejo de Robert de lucrar com investimentos em imóveis, os quais incluíam uma aposta no terreno em que estava localizada a nova loja. Não há nada de errado com planos de negócios que tiram proveito de investimentos, mas neste caso havia muita inquietação a respeito do plano atender aos interesses mais amplos dos acionistas da empresa. Robert também estava incorrendo em despesas muito pesadas. Ele voava pelo mundo em nome da empresa, ocasionalmente na rota transatlântica do Concorde.

Mas os gastos de Robert não diminuíram quando o mercado se virou contra ele. O boom do petróleo, que animara a economia do Texas durante a década de 1970, terminou no início dos anos 1980 e, em 1984, a Sakowitz estava começando a ter grandes prejuízos. Naquele ano foi registrado um prejuízo de US$ 3 milhões, sobre vendas de US$ 120 milhões. Sinais de alarme já estavam tocando nos fornecedores, que estavam começando a exigir pagamento adiantado. A arrogância estratégica e financeira de Robert estava sendo exposta.

DEPOIS DE BERNARD

Os problemas também ferviam na família e começaram a chegar à superfície depois da morte de Bernard em 1981. Enquanto o pai

EMPRESAS FAMILIARES

estava vivo, Robert e sua irmã Lynn coexistiam em relativa harmonia, excetuando-se uma pequena rivalidade entre eles em termos de ostentação, como se fossem velhos da alta sociedade texana. Lynn era charmosa e animada. Com sua personalidade brilhante e sua grande riqueza – ela e Oscar juntos eram muito ricos – ela atraia muita atenção da mídia e das colunas de fofocas.

Depois da morte de Bernard, o clima familiar mudou dramaticamente. O catalisador foi a leitura do testamento, a qual revelou que ele havia deixado todas as suas ações para Robert e todo o dinheiro para Lynn. Oscar Wyatt, marido de Lynn, que havia ajudado Bernard e Robert a comprar as ações do ramo de Alex, ficou indignado. Ele acreditava que Bernard tinha sido influenciado para mudar seu testamento, renegando um alegado compromisso não escrito de dividir seus ativos igualmente entre o filho e a filha. Sem o patriarca e seu poder para manter a paz, as armas foram sacadas. O epicentro do conflito foi entre os cunhados Oscar e Robert.

Em seu livro a respeito da família, Jane Wolfe é firme em caracterizar o estilo de liderança de Robert na empresa como "fraco e ineficaz".[9] Não podemos julgar a justiça dessa alegação, nem dos relatos dela sobre a intromissão de Robert nas decisões rotineiras da empresa e sua incapacidade para delegar responsabilidades. Ele não seria o primeiro líder a dedicar atenção em excesso à empresa, nem o primeiro a fazê-lo em detrimento dos relacionamentos e das questões de pessoal. Mas se, como foi relatado, você adquire uma reputação de arbitrário e de tratamento muitas vezes desmotivador, então a formação de um grupo uma equipe torna-se extremamente difícil. Mesmo com a empresa à beira do colapso, Robert continuou a investir grandes somas numa série de investimentos não relacionados com o negócio principal. Isso incluiu um negócio com petróleo em 1983, do qual ele se beneficiou consideravelmente,[10] possibilitando a compra de uma nova mansão em 1984.

CONFRONTO

Em 1985 houve um confronto, quando a empresa e seus principais credores, liderados pelo Chase Manhattan Bank, que detinha uma promissória de US$ 27 milhões da Sakowitz, declarou a empresa inadimplente e exigiu pagamento imediato da dívida. Essa ação forçou a empresa a pedir falência em 1º de agosto, para se proteger dos credores. Robert foi rápido em alegar que outras pessoas eram responsáveis por aquele acontecimento inesperado, aparentemente negando sua participação no desastre.

Mas logo Robert estaria combatendo em duas frentes, tentando tirar a empresa da crise financeira e enfrentando a ira de Oscar Wyatt, seu cunhado. Oscar estava enfurecido pela postura de Robert, sentindo-se duplamente discriminado. Ele achava que sua mulher havia sido privada da herança à qual tinha direito e agora estava sem patrimônio. Oscar também precisava pagar a promissória que havia endossado para que Robert comprasse as ações de Alex Sakowitz. Para Oscar, aquilo foi a última gota. Em dezembro de 1986, ele decidiu lançar um ataque a Robert nos tribunais, acionando-o por "usar os ativos da empresa em proveito pessoal". Robert questionou vigorosamente a base daquela ação jurídica, mas ela constituiu um sério golpe para ele, que estava de joelhos – cuidando de uma empresa falida e cada vez mais isolado do resto da família.

SOFRIMENTO

Pela lei de falências dos Estados Unidos, a empresa gozava de um período limitado de proteção sob o estatuto conhecido como Capítulo 11, uma janela de tempo para reorganização e salvamento. Inicialmente havia uma ponta de esperança, mas havia poucos sinais de que a empresa conseguiria passar com sucesso por uma reorganização. Para salvar uma situação ruim com um pano econômico de fundo sombrio, Robert iniciou negociações para trazer um novo investidor, inclusive uma provisão para que ele retivesse uma parcela da empresa em detrimento dos outros acionistas da família Sakowitz (isto é, seus parentes). A proposta estipulava que eles teriam suas ações eliminadas na recapitalização proposta, deixando Robert como o único acionista da família. Naturalmente, essa proposição unilateral irritou os parentes.

Oscar e sua facção queriam um resultado igual e oposto, com Robert deixando de fazer parte da empresa como executivo ou investidor. Para tentar detê-lo eles entraram com outra ação, desta vez iniciada por Douglas Wyatt, sobrinho de Oscar e um dos membros da próxima geração, que estava tentando impedir uma fusão alegando que Robert estava colocando seus interesses pessoais à frente dos outros acionistas da família. Douglas Wyatt era o segundo filho do primeiro casamento de Lynn. Ele era totalmente o oposto de Robert em termos de caráter – um indivíduo sensível e algo ingênuo.

Enquanto isso a estratégia de Robert para impedir que a empresa afundasse começou a mostrar sinais promissores, quando o novo investidor injetou na Sakowitz capital suficiente para que a empresa continuasse com sua estratégia de reformulação. Infelizmente para Robert, sua escolha de um novo investidor foi tão malfadada quanto suas outras decisões. O cavaleiro de armadura branca, um grupo imobiliário australiano, pediu falência subitamente, uma virada que cortou de uma só vez a última corda salva-vidas da empresa. Em 1990, sem este suporte a empresa enfrentou uma carência aguda de caixa. Os credores não garantidos não estavam dispostos a esperar e solicitaram que a empresa fosse leiloada. Não apareceu nenhum comprador, e assim a empresa foi liquidada; suas portas se fecharam em agosto daquele ano, pondo um fim a três gerações da tradição varejista da família no Texas.

Quando se fechou a cortina sobre a empresa, aumentaram as brigas jurídicas da família. Robert mais uma vez elevou as apostas contra-atacando sua irmã e a família dela nos tribunais.

Como seria de esperar, a luta atraiu a atenção da imprensa local. O *Houston Chronicle* registrou o primeiro dia de audiência sob a manchete principal: "Arranhe meu rosto e arranharei o seu". Durante as audiências, os dois lados da família não se falavam. A ação iniciada por Douglas Wyatt não teve sucesso, mas ele recorreu. Àquela altura os advogados fizeram o que a família não tinha sido capaz de fazer: abriram um diálogo que acabou levando a um acordo extrajudicial. Mas o dano estava feito. Uma família e sua empresa estão em farrapos sem vencedores, com a provável exceção dos advogados.

COMENTÁRIO

Recorremos ao "princípio do vaso" para explicar como a fraqueza pode ser explorada de forma destrutiva pela pressão. Mais uma vez, este é um tema vital – neste caso, um padrão cíclico em que os líderes criam as pressões com as quais se esforçam para lidar. Uma lição é que alguém deveria examinar melhor o vaso antes que a pressão suba demais. Isto é exatamente o que significa isolamento – a incapacidade para olhar para as realidades da empresa e ver como elas estão mudando.

Há dois elementos psicológicos vitais no caso Sakowitz. Um é que o líder é isolado de outras fontes potenciais de conselhos e apoio, que poderiam complementar e proteger suas decisões. O outro é que o caráter e os impulsos do líder não se dão bem com este desafio à liderança e as escolhas dele. Este é o assunto das tragédias pelas idades afora – onde o rei (Lear e Coriolano em Shakespeare) está surdo aos conselhos que poderiam salvá-lo e se isola das pessoas que iriam moderar suas falhas de caráter. A queda das lojas Sakowitz se deve, em grande parte, ao isolamento dos seus líderes. Eles demonstraram uma autoconfiança exagerada. Este é um atributo de muitos líderes altamente bem-sucedidos, que são salvos do desastre por elementos compensatórios que impedem que essas falhas sejam fatais. No caso Sakowitz, falhas de caráter se tornaram problemas fatais devido à ausência de influências ou mecanismos corretivos. Sem eles, os valores fortes e positivos da primeira geração não conseguiram se arraigar ao ponto de se tornarem uma luz guia para o desenvolvimento familiar – uma característica-chave das empresas familiares de sucesso.

EMPRESAS FAMILIARES

A HISTÓRIA DOS STEINBERG – CAINDO JUNTOS[11]

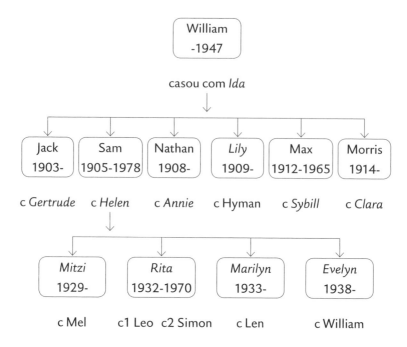

Figura 6.3 – A família Steinberg

A DESCENDÊNCIA DE IDA

Para nossa terceira história no tema do isolamento permanecemos no varejo, onde muitas grandes empresas familiares se originaram e cresceram, algumas para um sucesso mundial, como a gigante americana Wal-Mart, e a Ikea, a loja sueca de móveis. Vamos agora falar de uma empresa que esteve à beira do sucesso, mas então se perdeu totalmente. A saga da família Steinberg de Montreal oferece uma clara ilustração de como a montanha-russa da fortuna pode ser brutal quando uma família não tem acesso a agências externas que poderiam ajudá-la a resolver dissensões internas sobre estratégia e identidade. Essa família, como muitas outras, construiu seu negócio com base em valores simples como trabalho duro, determinação e sacrifício. A partir de sua origem modesta como família de imigrantes vinda da Rússia antes da Primeira Guerra Mundial, os Steinberg se estabeleceram como varejistas para ganhar a vida.

Nos estágios iniciais, Ida, a matriarca, era o esteio e a força motriz, lançando as fundações para o futuro sucesso da família. Além de dirigir a empresa, Ida criou seus seis filhos sozinha, pois seu marido Vilmos havia deixado a família quando estes eram pequenos. Em termos de caráter, Ida era uma força da natureza e enfrentou bravamente o desafio de criar a família sozinha. Sua forte ética de trabalho e sua crença em sacrifício e apoio mútuo eram princípios profundamente arraigados, temas que iriam se expandir na família por muitos anos.

Sam, o segundo filho, era feito no mesmo molde da mãe e compartilhava sua paixão, sua energia e seu comprometimento. Sam eclipsava todos os irmãos em termos de competência e maturidade e eles, por sua vez, depositavam nele sua confiança. Apesar de ser o segundo filho, Sam foi um substituto do pai para seus irmãos. Por toda a vida Sam gostou de estar sob as luzes da ribalta.

A ASCENSÃO DE SAM

A carreira de Sam na empresa começou quando ele era adolescente e ajudava na loja. Eram tempos difíceis, coincidindo com a Grande Depressão, e o trabalho tinha precedência sobre os estudos para que se conseguisse pagar as contas. Aos 14 anos, Sam era um rapaz precoce e foi importante na obtenção do aluguel da loja ao lado como primeiro passo para expandir o negócio. Ele progrediu rapidamente, movido por força de vontade e talento empreendedor. Não é de se surpreender que ele tenha conseguido assumir o posto de líder da organização familiar sem nenhum questionamento.

No início da Segunda Guerra Mundial, a empresa era controlada por Sam e sua mulher Helen. Ela era sua prima no lado materno da família. Eles tinham se casado em 1928. Ela era um grande apoio para Sam, mas mantinha um perfil baixo em relação à empresa, concentrando-se quase exclusivamente em criar os filhos. Porém Sam, como era característico dele, viu uma oportunidade de negócios em sua nova família e formou uma sociedade com seu sogro, que dirigia uma frutaria local. Aquilo consolidou sua posição como líder indiscutível da família e empreendedor. Quando o sogro morreu em 1930, o controle acionário da empresa passou às suas mãos, com o restante das ações dividido entre seus irmãos.

A empresa estava prosperando e tinha todas as qualidades de uma cadeia emergente e bem-sucedida de supermercados. Embora Ida tenha morrido durante a guerra, seus esforços criaram uma plataforma de valores sobre a qual Sam podia continuar a construir a história de sucesso da família no varejo. A Steinberg era, desde o início, um empreendimento familiar por natureza, com Sam no comando, gerando segurança e riqueza para sua família, seus irmãos e sobrinhos.

Sam liderava a empresa com grande animação, pois seu único outro interesse na vida era sua família. Como ocorre em muitas empresas familiares de sucesso, os lucros da organização eram reinvestidos para ajudá-la a se expandir em vez de serem gastos com estilos de vida luxuosos. O estilo de Sam como líder era informal. As tomadas de decisões eram espontâneas. Sam se baseava em seus instintos de empreendedor para ditar a direção a ser seguida pela empresa. A família admirava seu líder carismático e confiava nele, colocando em suas mãos poderes de decisão ilimitados para decidir questões de política da empresa, bem como de suas finanças pessoais. As ações ordinárias da família eram mantidas em fundos e somente Sam exercia o direito de voto, dirigindo a empresa com mão de ferro. Seu poder era absoluto e não era questionado. Aquele era um navio ajustado por um só capitão e, enquanto a jornada foi tranquila, as coisas permaneceram em boa ordem.

DORES CRESCENTES

Porém, ambições de crescimento significavam que aquela autonomia irrestrita não poderia continuar. Para se expandir, a empresa necessitava de capital adicional. A primeira parcela de capital externo da Steinberg havia sido levantada em 1955 através da emissão de ações preferenciais. Ela foi seguida, em 1958, por uma abertura parcial do capital com ações sem direito a voto na Bolsa de Valores de Montreal. A abertura do capital também significava que os membros da família poderiam vender suas ações quando necessitassem de dinheiro para comprar novas casas e financiar seus estilos de vida cada vez mais dispendiosos.

Uma expansão rápida sempre põe a prova a capacidade de uma empresa e o primeiro sinal de vazamento foi um giro de pessoal anormalmente alto, especialmente alarmante quando ocorria nas fileiras da gerência. Sam pode ter sido um empreendedor carismático e brilhante, mas não era um bom motivador de pessoas. Seu estilo de liderança independente fazia-o tratar as pessoas com rudeza, desmoralizando seus funcionários e solapando a autoridade dos seus principais gerentes. Assim, onde deveria haver trabalho em equipe havia uma hemorragia de talentos, um risco insuportável numa empresa que necessita de um corpo executivo forte e coeso.

Os efeitos começaram a se mostrar no desempenho da empresa. Também ocorreram vários fracassos estratégicos, como a infeliz aquisição das lojas Grand Union, concebida para permitir expansão geográfica em Ontário, e um novo empreendimento numa cadeia de lojas de descontos chamada Miracle Mart, que custou ao grupo mais de C\$ 100 milhões. Sam acreditava que aquelas diversificações proveriam proteção para a fortuna da família, a qual dependia fortemente do negócio central de supermercados. Mas cada novo empreendimento fora do negócio central esticava os já magros recursos da empresa e aumentava o nível de risco. E nada disso era ajudado pelo fato dos talentos gerenciais de Sam estarem muito abaixo dos seus instintos de empreendedor. Cego pelas demandas do momento, ele carecia de critério ou humildade para recrutar e reter os talentos externos de que a empresa tanto precisava.

UMA NOVA GERAÇÃO

Em alguns casos, alguém de personalidade forte como Sam pode ser o foco de conflitos entre irmãos. Os Steinberg tiveram sorte a este respeito. Apesar de serem maltratados pelo irmão, eles o aceitavam como a força dominante da sua geração e permaneceram leais e quase sempre dóceis. Sua mulher Helen também era cordata e lhe dava apoio, mas com a nova geração era diferente. Sam e Helen tinham passado por tempos difíceis na infância como imigrantes, mas a experiência dos filhos deles não era a mesma. Todos os desejos deles eram satisfeitos e no que dizia respeito ao seu desenvolvimento, a postura dos pais era do tipo "indulgente".

Sam e Helen não encorajaram suas quatro filhas a receber uma boa educação e, mesmo na ausência de um herdeiro homem, Sam não tinha expectativa nenhuma de que suas filhas fossem trabalhar na empresa da família. Apesar de tudo Mitzi, a mais velha delas, compartilhava da energia e ambição do pai e, uma vez criados seus filhos, ela decidiu voltar aos estudos e formou-se em direito. E foi assim que Sam lhe pediu ajuda em 1973. Precisando pôr ordem na Miracle Mart, uma das suas empresas com problemas, em vez de buscar a assistência de gerentes externos qualificados, Sam preferiu manter o assunto em família e a abordou, ciente de que ela carecia de experiência comercial. Mitzi concordou, apesar de só recentemente ter sido aprovada no exame da ordem.

O mesmo instinto insular também levou Sam a considerar seus genros preferíveis a estranhos, e dois deles vieram para a empresa: Mel Dobrin e Leo Goldfarb, casados respectivamente com Mitzi e Rita. Os dois também eram amigos e ficaram satisfeitos em serem admitidos nas fileiras de executivos dos supermercados Steinberg. Sam considerava Leo parecido consigo e lhe dava preferência como sucessor, mas esse plano foi engavetado quando o casamento dele com Rita começou a ficar mal. Leo demitiu-se da empresa, deixando livre para Mel o caminho como novo CEO. Isso satisfez Mitzi, de personalidade tão forte quanto a do pai, e que estava promovendo o nome de Mel.

Mel Dobrin era um homem quieto e pensativo, sem fortes características de liderança – nem visionário, nem pensador estratégico.[12] Sua docilidade encorajou Sam a permanecer no comando efetivo da empresa, onde continuou a tomar todas as decisões vitais. Mel, incapaz de questionar Sam para que este lhe passasse o poder, ou por não querer fazê-lo, permitiu que um vácuo de liderança se desenvolvesse ao seu redor. A empresa estava começando a andar à deriva e perder terreno. A incapacidade de Sam para reter à sua volta uma equipe leal de líderes de fora da família estava começando a cobrar seu preço. Os altos gerentes interpretaram a política não escrita de nepotismo como um sinal de que os mais altos cargos nunca seriam deles e os mais capazes começaram a deixar a empresa.

DANÇA DAS CADEIRAS NO CONSELHO DE ADMINISTRAÇÃO

Embora ainda estivesse profundamente envolvido com a empresa e ativo, Sam morreu de um ataque cardíaco em 1978. Mel Dobrin sensatamente deixou a presidência e passou a ocupar o posto de presidente do conselho, nomeando Jack Levine, um antigo e leal funcionário, para a presidência da empresa. Mas as coisas foram complicadas pela presença de Mitzi, que permaneceu no conselho operando com suas opiniões e sua forte personalidade. Isso era preocupante para a nova equipe gerencial. Com Mel Dobrin incapaz de projetar uma liderança forte e igualar a energia demonstrada por Sam, começaram a proliferar as lutas internas no conselho. Em 1982, Levine anunciou sua aposentadoria, exatamente quando era maior a necessidade de uma liderança forte para reformular a empresa, que enfrentava dificuldades.

Um segundo presidente não pertencente à família foi indicado por Mel Dobrin e Mitzi para comandar a empresa. Desacreditado devido ao fracasso de uma campanha da Steinberger, ele durou apenas 17 meses do seu contrato de cinco anos.[13] A empresa então decidiu pedir ajuda a Irving Ludmer, um antigo alto executivo que deixara a Steinberger para abrir seu próprio negócio. Como novo presidente, ele mostrou ser mais decisivo que seu antecessor e começou a preparar uma reformulação da empresa. Antevendo a possibilidade de tensões na família, Ludmer somente havia aceitado a posição com a condição de contar com total apoio do conselho de administração para comandar a empresa e com a garantia explícita de que os membros da família não iriam contestar sua autoridade. Porém, nos bastidores, a família entrou mais uma vez em conflito e também ele ficou em desacordo com os proprietários a respeito de questões vitais.

O sucesso renovado da empresa sob Ludmer ocultava disputas mais profundas, mais uma vez com Mitzi no centro. Ela era a mais poderosa da sua geração e agora o ponto focal do conflito era seu relacionamento com Ludmer, que se deteriorava rapidamente, culminando com uma discussão em que ele ameaçou demitir-se, a menos que Mitzi deixasse a gerência. Ele venceu a discussão e ela deixou seu papel executivo na empresa, mas manteve seu lugar no conselho. Com isso a Steinberg não tinha nenhum membro da família em cargo gerencial, embora Mitzi continuasse a influenciar.

LIBERAÇÃO

A manchete "família unida do mês" havia sido usada na década de 1950 por uma revista canadense para retratar os Steinberg, sem qualquer traço de ironia. Mas na ausência da força unificadora do patriarca ou de um líder respeitado, a família começou a se desfazer. Uma das questões era a vida financeira e o destino das três filhas de Sam, ligadas pelos fundos estabelecidos pelo pai. Esses fundos detinham suas ações ordinárias e constituíam o veículo por meio do qual elas podiam receber seus dividendos.

Enquanto estava vivo, Sam exercia o direito de voto para todas as ações, mas depois da sua morte, Helen, sua viúva, assumiu o controle do fundo. Nos primeiros estágios havia curadores de fora da família, nomeados por Sam, mas com o passar do tempo, eles saíram ou foram demitidos. O último curador a sair, Michael Aronovitch, observou as irmãs assumindo gradualmente a responsabilidade pela supervisão dos seus fundos. Sem nenhuma influência externa para atuar como mediadora nos fundos, as irmãs passaram a se envolver em disputas uma com as outras. A educação negligente que elas haviam recebido pelos pais estava muito distante do conceito de propriedade responsável. A estrutura unificada criada por Sam, pela qual elas eram conjuntamente responsáveis por todos os seus negócios, tinha se tornado uma causa de atrito. Tratava-se de um sistema idealista. Todo pai gostaria de legislar pela cooperação e amizade dos filhos, mas o sistema ignora a política genética: o fato das necessidades e interesses de parentes poderem ser divergentes e até mesmo incompatíveis.

O evento que finalmente rompeu o *status quo* foi causado por Mitzi em 1985, quando ela iniciou negociações com investidores para vender a empresa. Ao que parece, depois de ter deixado sua posição na empresa e de perder a luta pelo poder para Ludmer, ela queria exercer poder por outros meios, vendendo a empresa ou conquistando o controle do fundo da família. Ela confidenciou à sua irmã Marilyn que estava em negociações com compradores em potencial da empresa, mas manteve Evelyn, sua irmã mais nova, na ignorância, porque sentia que "não podia confiar que ela guardasse um segredo".[14] Como acontece em todas as novelas, a verdade sempre surge; e quando Evelyn descobriu a manobra, ficou muito irritada. O elo de confiança que até então tinha com a irmã mais velha tornou-se perigosamente frágil. Tensões se derramaram sobre novas áreas de discordância, em especial a respeito de quem deveria dirigir os investimentos familiares consolidados. Agora Marilyn era a candidata com maiores chances de ganhar a disputa.

Até então Marilyn tinha a incumbência de gerenciar a administração dos investimentos da família. Sob ataque, ela resistiu à crescente pressão para que desistisse desse papel. O conflito se agravou, trazendo sua mãe Helen para a luta. Depois de tentar fazer as pazes, Helen ficou ao lado de Mitzi. Marilyn ficou magoada, mas resistiu. As duas irmãs mais novas haviam descoberto uma causa comum; como adversárias de Mitzi forçaram um debate a respeito do assunto em 1987, quando conseguiram assumir o controle da empresa holding da família. Notícias sobre a guerra familiar tinham começado a vazar e surgiram perguntas a respeito de quem estava no controle e se as lutas iriam abrir uma oportunidade para a intervenção de candidatos a compradores.

EMPRESAS FAMILIARES

Em agosto de 1987 foi recebida uma oferta para tomada de controle por parte da cadeia rival Loblaw's, controlada pela respeitada família Weston.

A cola que havia mantido a família Steinberg unida por três gerações, da abertura da primeira loja em Montreal até o florescimento da empresas de supermercados construída por Sam, vinha perdendo sua adesividade havia algum tempo e agora a estrutura estava desabando. Sam tinha criado uma cultura de nepotismo aberto, pela qual a empresa existia para o benefício da família que nela trabalhava. Mas os proprietários tinham deixado a empresa.

Enquanto isso, a guerra pelo controle da empresa estava chegando ao seu final. Era uma batalha menos a respeito de dinheiro do que de poder e de quem poderia decidir o futuro. Numa situação em que as três irmãs eram iguais, Marilyn e Evelyn, que até então tinham sido deixadas de fora, poderiam vencer Mitzi, sua irmã cheia de determinação. Não havia, na estrutura de governança, nenhum mecanismo para resolver aquele desacordo.

Sem condições de falar com as irmãs, em dezembro de 1987, Mitzi entrou com uma ação judicial contra Marilyn e Evelyn quando estas estavam em férias na Flórida, acusando as duas de conflito de interesses. Mitzi alegou que elas estavam usando duplicidade de padrões ao impedir o fundo de vender ações da Steinberg, como ela havia proposto. Ao mesmo tempo, Mitzi alegava que as duas tinham vendido diretamente ações de que dispunham.

Com todas as irmãs falando à imprensa, a luta estava chamando a atenção do público, com um cartunista de jornal retratando-as no início de 1988 brigando furiosamente como lutadoras na lama. A ação judicial, da qual Mitzi acabou desistindo, levantou a cortina para a cena final do drama da família Steinberg: a venda da empresa em 1989. Foi somente nesse ato final que as irmãs conseguiram unidade. A família Steinberg teve um final feliz, com todos escapando com suas fortunas enquanto a empresa prosseguia sob outros proprietários. Mas esta não é uma história bonita – deixou um resíduo de emoções feridas, relacionamentos rompidos e a perda de um grande nome de empresa familiar.

COMENTÁRIO

Esta é uma saga clássica em muitos aspectos, onde um patriarca forte e inspirado parte sem deixar uma estratégia clara de sucessão, o que leva a um legado de brigas familiares não resolvidas. No caso Steinberg desenvolveu-se um padrão de difusão e escalada – o conflito se disseminando de um tópico para outro, disparado pelas explosivas tensões de personalidade entre duas facções opostas que cercavam as irmãs, e uma mãe que foi incapaz de fazer a mediação entre elas e acabou optando por um dos lados. Mitzi, a irmã mais velha, podia ter possuído a energia e a determinação do pai, mas parece que carecia de força de caráter para fazer com que suas energias se voltassem efetivamente para a família ou a empresa. Uma fraqueza fatal nesta situação foi a falta de mecanismos robustos de governança ou de canais de mediação que poderiam ter ajudado a dissipar algumas das tensões e diferenças que surgiram na família.

A política de contratação na Steinberg, que colocava as necessidades da família em primeiro lugar, resultou em um influxo de parentes dentro da empresa, tanto de parentes pelo sangue quanto por afinidade. Pouca atenção era dada ao casamento das capacidades das pessoas com os requisitos para os cargos; apenas se esperava que os membros da família trabalhassem duro e se encaixassem no papel para o qual haviam sido designados. Nada era feito para incorporar talentos de fora da família. Esta história demonstra que não é só o sucesso de uma empresa que pode ser afetado por nepotismo fora do lugar; a harmonia familiar também paga seu preço.

O *LOUISVILLE TIMES* E A FAMÍLIA BINGHAM – PERDENDO A HERANÇA[15]

ORIGENS

A história dos Bingham – a dinastia do jornal de Louisville – lança uma luz sobre a dinâmica familiar e como as circunstâncias dos anos de formação de crianças podem ter grande impacto sobre

EMPRESAS FAMILIARES

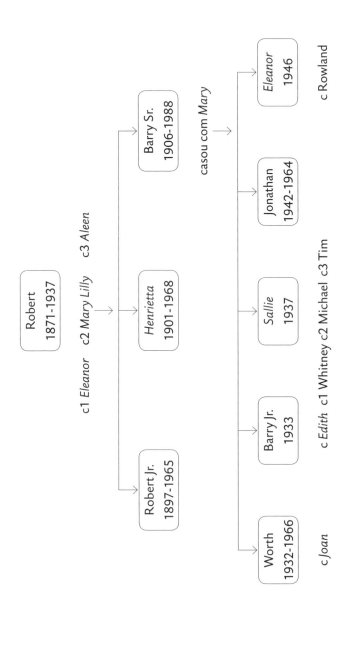

Figura 6.4 – A família Bingham

o desenvolvimento da empresa familiar. Nesta família de várias gerações, os sucessores do fundador tiveram uma criação confortável. Os pais se esforçaram para promover união e harmonia envolvendo todos os filhos na empresa, mas a entrada da quarta geração criou tensões altamente inquietantes.

Robert Worth Bingham foi o fundador da dinastia do *Louisville Times*. Ele comprou a empresa com os lucros de uma herança de US\$ 5 milhões de Mary Flager, sua segunda mulher e viúva de um dos pioneiros das ferrovias da América. A morte de Mary por doença não causou muita sensação na época. Robert, que era conhecido como "o Juiz", também foi embaixador no Reino Unido. Ele acreditava que um jornal devia estar nas mãos de um proprietário e optou por passá-lo ao mais jovem dos seus três filhos, (George) Barry Bingham Sr. Na verdade ele tirou os dois filhos mais velhos da empresa, provendo para eles uma renda anual de US\$ 15.000 por todas as suas vidas.

Inteligente, rico e poderoso, Barry Sr. e sua mulher Mary Bingham levavam uma vida social brilhante, ao mesmo tempo em que também se divertiam com a responsabilidade de criar sua jovem família. A vida atribulada de Barry no jornal da família significava que ele dispunha de tempo limitado para passar com os filhos. Mary, apesar da presença exigente dos filhos, estava determinada a passar com o marido cada momento que pudesse. Tendo entrado para o negócio da família, ela emergiu com uma autoconfiança crescente para se tornar uma grande influência no escritório, ajudando a moldar a direção dos jornais. Barry sempre recorria à mulher quando se tratava de decisões importantes e ela o ajudava a tomar as decisões mais difíceis.

OS ANOS FORMATIVOS

Barry deixou para Mary a dura tarefa de criar os filhos. Estes consideravam a mãe firme e atenta à disciplina. Lutando pela conquista da afeição dos pais, os cinco se dividiram em facções: os garotos mais velhos, Worth e Barry Jr., formaram uma aliança, ao passo que os dois mais novos, Eleanor e Jonathan, formaram outra. Sallie, a filha do meio, foi deixada por sua própria conta. Porém ela era a mais esperta de todos e conquistava a aprovação dos pais com sua inteligência aguda. Mary punia impiedosamente os garotos quando eles a desobedeciam ou se comportavam mal. Como o fundador, Barry e Mary decidiram que seus filhos homens estudariam em Harvard e os enviaram para internatos especiais para prepará-los para a carreira universitária.

Enquanto Worth gostava da independência e das possibilidades atléticas oferecidas pelo internato; Barry Jr., que tinha dificuldades para ler, foi inscrito em um programa corretivo. Ele era um garoto sensível e sentia falta da confortável segurança do seu lar, logo a vontade de estar com o pai tornou-se aguda. Enquanto isso, Sallie estava na segurança da família, mas ela era profundamente solitária, permanecendo em seu quarto lendo e escrevendo. Apesar de sentir a falta dos irmãos, a ausência deles era uma bênção, em especial a de Worth, que nunca perdia uma oportunidade de importuná-la.

Sallie tinha poucos amigos e era uma garota delicada. Sua escola não exigia que ela estudasse matemática ou qualquer outra matéria de que não gostava e, como seu pai, ela cresceu com poucas habilidades práticas – incapaz de compreender o mecanismo financeiro da vida cotidiana. Mas com sua inclinação literária, Sallie era a principal fonte de prazer e orgulho do pai. Sallie considerava a si e ao pai os intelectuais da família. Eles eram almas gêmeas.

Como todo adolescente, Worth queria desesperadamente a aprovação dos pais, mas estava frustrado. Uma mistura de vontade de desafiar e falta de capacidade levou-o a uma indolência rebelde, a recusar-se a estudar e ser reprovado em várias matérias. Ele tornou-se lacônico, difícil e anti-social. Seus pais não tinham tempo nem inclinação para tentar reverter essa situação apoiando-o. Barry e Mary não eram tipos afetivos e suas comunicações com o filho eram limitadas.

Barry Jr., o segundo mais velho, estava se saindo um pouco melhor. Além dos problemas com leitura, ele era extremamente consciente da sua obesidade. Mas depois que foi matriculado no internato, as coisas mudaram de forma dramática para ele. Barry Jr. passou a ser muito disciplinado, superou seus problemas de peso e passou a crescer em autoconfiança. Enquanto isso os filhos mais novos, Sallie, Jonathan e Eleanor continuavam em casa, crescendo numa família ocupada, e Jonathan, o filho mais novo, se sentia negligenciado devido às longas ausências do pai. Eleanor, a caçula, era uma estudante medíocre mas era mais independente, em conseqüência de ter crescido sob a supervisão de uma sucessão de babás. Nenhum dos filhos tinha muito contato com os pais. O tempo e a atenção deles eram gastos em outros lugares.

Quando Worth entrou em Harvard, Barry Sr. tomou o cuidado de aconselhar seu filho contra os males da bebida e das más companhias. Como gerações de rapazes antes dele, Worth ouviu de forma atenta e respeitosa e a seguir tratou de fazer exatamente aquilo que o pai havia proibido. Carente de dotes acadêmicos para compensar sua vida desregrada, Worth mal conseguiu passar pela faculdade. Mas cresceu sua confiança de que poderia trabalhar duro onde quer que precisasse. E provou isso nos verões que trabalhou no *Louisville Times*.

RECÉM-CHEGADOS NA FAMÍLIA

Sallie também seguiu a tradição familiar, indo para o Radcliff College em Cambridge, Massachusetts. Ao contrário do irmão, ela era uma estudante brilhante. Seu desejo interior era imitar a vida dos pais, desenvolvendo uma boa carreira e tendo um casamento bem-sucedido. No último ano da faculdade, ela conheceu Whitney Ellsworth, editor do *Harvard Advocate*, de quem ficou noiva. Parecia que Sallie tinha conseguido realizar o que desejava e estava destinada a uma carreira deslumbrante como escritora e a um casamento feliz como o dos pais.

Enquanto isso, Worth tinha começado a sair com uma mulher no curso de verão de Harvard. Seu nome era Joan Stevens e, consciente da reputação de Worth como um jovem que nunca levava as mulheres a sério, ela lançou sua rede com cuidado. Joan era uma jovem de boa família, desenvolta e carinhosa que tinha o mesmo senso de humor de Worth e tinha o dom de despertar seu lado mais suave. Logo ambos estavam inseparáveis e, depois de um breve noivado, eles se casaram. Depois do casamento, Worth começou a trabalhar na empresa da família como editor gerente assistente do *Louisvile Times*. Clara, a primeira filha do casal, nasceu em 1963.

Barry Jr., que seguiu a tradição da família graduando-se em Harvard, conseguiu um emprego como pesquisador de televisão na NBC em Washington. Ao contrário de Worth, ele tinha pouca sorte com as mulheres, mas gostava do seu trabalho. Ele conheceu uma jovem loura divorciada de nome Edith (Edie) Wharton, que vivia com seus dois filhos do primeiro casamento. Edie era linda, compreensiva, inteligente e bondosa. Quando Barry Jr. foi convocado pelo pai em Louisville para entrar para a empresa da família, ele relutantemente pediu demissão da NBC e propôs casamento a Edie.

Barry Sr. estava gradualmente trazendo a geração seguinte para as empresas da família e dando a todos uma oportunidade para mostrar seus talentos. Mark Ethridge, que havia muito tempo era o editor do *Louisville Times* e tinha sido decisivo para levar o jornal a ter proeminência nacional, ajudou a abrir o caminho aposentando-se em 1963. Barry Sr. também planejava passar o controle acionário para os filhos, que iriam dirigir a empresa.

TRAGÉDIAS FAMILIARES

Jonathan, o filho mais jovem, estava relutando em seguir a tradição familiar e ir para Harvard, mas no fim cedeu às pressões e expectativas; porém, depois do primeiro ano deixou a escola para estudar na Universidade de Louisville, mais perto da sua casa. Ele conseguiu convencer os pais de que poderia se sair bem se estudasse ciência; ele o fez e finalmente acabou cumprindo seu destino e os desejos dos pais estudando na Harvard Medical School. Infelizmente, foi o mais longe que conseguiu chegar.

Um dia, quando mexia com um dispositivo elétrico, ele levou um choque e morreu instantaneamente. A morte prematura de

Jonathan abalou muito a família, em especial Mary, que ficou inconsolável. Mas isso não foi tudo. Naquele verão, Worth saiu com a família em seu conversível para passar férias em Nantucket. Na estrada o carro saiu de controle e Worth foi atingido no pescoço pela sua prancha de surfe e morreu.

A perda do filho mais velho e herdeiro do negócio da família foi um golpe, não apenas para uma família emocionalmente fragilizada, mas também para a empresa. Com dois dos filhos mortos, Barry Sr. fez um esforço para focalizar seus pensamentos em como perpetuar o negócio jornalístico da família, tentando se apoiar na idéia de que ainda tinha um herdeiro em Barry Jr.

O NOVO HERDEIRO E AS RESPONSABILIDADES

Barry Jr., o segundo filho, ainda era jovem e inexperiente no ramo de jornais, mas agora estava diante da possibilidade de assumir as responsabilidades de editor. Muitos dos altos executivos em outros jornais achavam que Barry Jr. era um peixe fora d'água e não estava preparado para executar o trabalho. Barry Jr., apesar de reconhecer que não estava pronto para assumir o cargo imediatamente, sabia que recusá-lo iria levar seu pai a vender os jornais, o que era impensável. Menos de uma semana depois do funeral de Worth, Barry Jr. tornou-se assistente do editor. Seu pai manteve os cargos de editor e *publisher* sabendo que, o mais cedo possível, essas responsabilidades seriam transferidas para seu único filho vivo. Barry Jr., por seu lado, era ambicioso e estava ansioso para acelerar.

Mas a maldição sobre os filhos de Barry Sr. ainda não havia acabado. Foi diagnosticado que Barry Jr. sofria do mal de Hodgkin, o câncer que havia matado seu avô. Sua condição era séria e exigia muita radioterapia, além de uma cirurgia. Seus pais se convenceram de que seu único filho sobrevivente e herdeiro estava morrendo. Os abutres começaram a rondar. A notícia da doença de Barry Jr. havia atraído candidatos a compradores e, pela primeira vez, Barry Sr. falou a respeito de uma possível venda da empresa.

Mas Barry Jr. era determinado. Ele havia mostrado isso superando suas dificuldades para ler, bem como seu problema de excesso de peso. Agora ele recorreu às mesmas energias para a tarefa de derrotar sua doença. Ele o fez através de um regime rigoroso e obsessivo de exercícios e dieta. Ele se ateve de forma inabalável ao seu plano e milagrosamente se recuperava. Podemos apenas especular se aquele tratamento auto-administrado funcionou, se foi o poder da mente sobre o corpo ou apenas uma dádiva dos deuses, mas seja lá o que tenha sido, deu certo. Barry Jr. retornou à sua mesa com ainda mais energia e esforço, embora ao custo de uma úlcera estomacal. Durante o desenrolar desses eventos os lucros do jornal estavam caindo e, em meados dos anos 1970, a empresa mal chegava ao ponto de equilíbrio.

MULHERES NA EMPRESA

O casamento de Sallie com Whitney Ellsworth acabou em divórcio logo depois do nascimento do filho deles. Pouco mais tarde ela conheceu um jovem advogado russo de nome Michael Iovenko e, em menos de um ano, eles estavam casados. Barry Jr. imediatamente convidou o cunhado Michael para participar do conselho de administração da empresa, convite que ele aceitou, começando a criar laços íntimos com a família. Mas longe de deixar Sallie feliz, esses acontecimentos tiveram um efeito oposto.[16] Sallie, que sempre se mantivera distante da família, não gostou daquela incorporação e afastou suas atenções de Michael. Ela passou a se entediar com ele e decidiu terminar o casamento em 1975, retornando de Nova York para Louisville dois anos depois. Ao mesmo tempo ela também passou a fazer parte do conselho, mas raramente comparecia às reuniões. Barry Sr. sentia-se culpado a respeito de seu relacionamento com Sallie e com o que havia acontecido com ela. O elo entre eles ainda era forte. Ele podia ver o quanto ela estava desesperada e ansiava por curar suas feridas.

Barry Sr. sempre esperou que suas filhas algum dia se envolvessem mais com a empresa. Ele achava que seus três filhos se tornariam mais próximos se atuassem como co-proprietários ativos da empresa da família. Com seu otimismo usual, ele nunca havia sonhado que as metas da empresa e as da família poderiam entrar em curso de colisão. Como muitos pais que desejam a paz entre os filhos, ele subestimou a persistência dos antagonismos de infância existentes entre seus herdeiros, em particular entre Barry Jr. e Sallie. Para completar seu desejo de unir a família, ele também nomeou para o conselho Mary, sua mulher, Joan, a viúva de Worth, Edith, mulher de Barry Jr., e sua filha caçula Eleanor.

Eleanor, sem uma profissão, dependia dos pais para ter dinheiro. A criança auto-suficiente tinha se transformado numa mulher indisciplinada, sem ocupação intelectual, que vivia para o momento e não pensava numa carreira pessoal. Contudo, ela sentiu-se atraída pela idéia de trabalhar nas empresas da família. Assim Barry Sr. – de acordo com seu sonho de inclusão da família – acedeu. No outono de 1978, Eleanor chegou ao escritório do jornal ostentando um grande cargo – diretora de serviços especiais. Os colegas contam que Eleanor não agia como uma funcionária comum e ignorava a etiqueta do escritório. Ela tirava longas férias quando queria e desfilava pelos corredores vestindo jeans e suéteres.[17]

Falando francamente, as posições de Sallie e Eleanor na empresa eram pouco mais que sinecuras, mas elas eram membros do conselho. Isso lhes dava presunções grandiosas a respeito do seu papel e sua contribuição. Alguns membros do conselho, entre eles Barry Jr., achavam que os comentários delas nas reuniões muitas vezes eram ingênuos e embaraçosamente carentes de perspicácia em negócios. Sallie com freqüência pontificava sobre a responsabilidade de ser proprietária e a tradição jornalística e zombava da obsessão de Barry Jr. por computadorização e televisão a cabo. Por seu lado, Barry Jr. não suportava quando sua autoridade era questionada. A verdade era que ninguém da família Bingham tinha muito conhecimento de negócios, em especial em termos das finanças da empresa.

EMPRESAS FAMILIARES

UMA CRISE DE CONFIANÇA

Durante décadas Sallie e Eleanor haviam ficado distantes dos empreendimentos da família, ao contrário de Barry Jr., que tinha sido beneficiado por conversas regulares com seu pai a respeito do seu sonho comum para a empresa da família. Sallie e Eleanor também consideravam seus dividendos como remunerações que esperavam receber independentemente do desempenho da empresa. Logo elas passaram a se sentir mal recebidas no conselho, onde tinham responsabilidades, mas pouca influência. As irmãs começaram a criticar Barry Jr. diante de funcionários pela sua "propensão contra as mulheres". A emergente divisão na família começou a se tornar de conhecimento público quando uma revista local publicou um artigo sobre as irmãs intitulado "As ovelhas negras dos Bingham".

Em 1980, para manter o controle das empresas, a família iniciou um acordo de recompra de ações. O pacto estipulava que se um acionista das empresas Bingham quisesse vender ações a alguém de fora da família, esta deveria receber um prazo de 60 dias para igualar a oferta. Embora Barry Jr. estivesse ansioso por executar o acordo, suas irmãs puseram dificuldades. Elas mostraram pouca consideração pela liderança dele, declarando que não estavam preparadas para assinar e demonstrando também que retinham um vestígio de influência e poder. Estava se desenvolvendo uma crise de confiança.

Por seu lado, Barry Jr. não havia entendido que não podia ditar as políticas da empresa e que grande parte do seu poder derivava da confiança nele depositada pelo resto da família. Sua inquietação aumentou quando Sallie conseguiu um papel operacional na empresa, como editora de livros do *Courier-Journal*. Aquele era efetivamente um bom papel para ela. Ela se saiu bem na função e começou a se sentir mais em casa. A posição inicialmente era temporária, mas para grande consternação de Barry Jr., em pouco tempo ela foi tornada permanente sem sua permissão. Sallie continuava a ser liberal em suas críticas à competência do irmão e agora ela tinha uma plataforma dentro da empresa para criticá-lo.

Barry Jr., frustrado com a interferência da irmã, sentiu que necessitava de apoio externo para guiá-lo naqueles tempos difíceis; assim, contratou consultores especializados em empresas familiares e reformulou a administração, contratando um conselho de administração profissional. Isto lhe deu a fundamentação lógica, com o apoio do seu quadro de especialistas, para afastar as irmãs da empresa.

Mas a intenção de Barry Jr., de forçar as irmãs a deixar o conselho de administração, não foi bem recebida por outros membros, que acharam que ele queria acabar com o grupo de proprietários apenas porque não podia tolerar suas irmãs. Para liquidar o assunto, Barry Jr. apresentou três opções aos pais: vender as três empresas, afastar as irmãs da empresa ou encontrar um novo *publisher*. Mas ele não queria a venda e pressionou os pais para que tirassem suas irmãs da empresa. O efeito dessa manobra sobre Barry Jr. foi de esvaziar seu otimismo. Com relutância ele concluiu que a única maneira de conseguir a paz seria afastar do conselho todos os membros da família, inclusive ele próprio. Somente um membro da família resistiu: Sallie. Para ela, o lugar no conselho era um direito da família.

Sallie estava com quase 50 anos e seu relacionamento com os pais era tenso; ela havia cortado qualquer contato social com eles. E decidiu que tinha apenas uma opção: vender suas ações da empresa. Ela deu um ultimato à família, o de pagar US$ 42 milhões pelas suas ações ou ela as venderia fora pela melhor oferta. Ao mesmo tempo, Eleanor ameaçou que, se não lhe dessem um papel mais ativo na empresa, ela também venderia suas ações. Barry Sr. e Mary estavam sendo pressionados de todos os lados pelos filhos, que se recusavam a aceitar qualquer acordo sugerido por eles. Diante desse impasse Barry Sr. decidiu vender a empresa, deixando atrás de si um grupo de filhos desapontados. Com essa decisão a era da dinastia Bingham na mídia chegou ao fim. A falta de coesão familiar, de valores comuns e de clareza de papéis finalmente havia fragmentado a empresa.

COMENTÁRIO

Esta história de cabeças enterradas na areia é conhecida. Os membros da família se fixam em suas antipatias e exigências internas, com exclusão de todas as outras pessoas. Neste caso, a trágica perda de dois filhos talentosos tirou dos Bingham as oportunidades de sucessão e indiretamente azedou os relacionamentos. As tragédias familiares têm muitas vezes o efeito de gerar uma coesão temporária e artificial, como quando as pessoas se abraçam nos momentos de maior necessidade. Mas a dor da perda é uma experiência solitária e muitas vezes acaba por alienar as pessoas umas das outras e até mesmo de si mesmas.

O clima familiar dos Bingham não estava preparado para aqueles choques. As falhas de caráter dos indivíduos não foram corrigidas pelos pais. O clima familiar que havia predominado por tantos anos tornou enganosas a disciplina, a visão e a finalidade que movem uma empresa de sucesso.

Esta é uma história triste de pessoas com necessidades insatisfeitas, perdas pessoais, desconexão psicológica e sonhos frustrados. Se pelo menos alguns membros da família tivessem percebido que estavam entrando em padrões profundamente inadequados, então o apoio e a orientação externos que talvez os salvassem poderiam ter sido encontrados. Isso ainda não significaria que eles eram adequados para dirigir uma empresa e talvez os Bingham pudessem ter minimizado sua infelicidade desistindo mais cedo dos seus sonhos insatisfeitos. Grande parte da responsabilidade neste caso cabe à segunda geração – Barry Sr. e sua mulher. As ilusões paternas excessivamente otimistas os mantiveram em um caminho que não continha promessas nem soluções.

A SEAGRAM E OS BRONFMAN – O LÍDER FUGITIVO[18]

ORIGENS

O caso da família Bronfman salienta a dificuldade para se estabelecer modelos práticos de liderança na geração seguinte. A li-

CABEÇAS NA AREIA – A ARMADILHA DO ISOLAMENTO

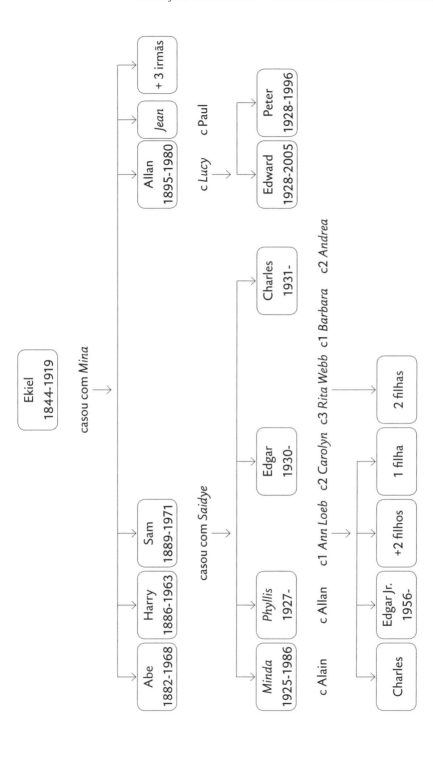

Figura 6.5 – A família Bronfman

EMPRESAS FAMILIARES

derança da empresa foi sucessivamente passada ao membro da família de sexo masculino com a personalidade mais forte, uma fórmula que produz ação, mas não necessariamente resultados efetivos. Esta é a história de uma família poderosa que derrubava toda oposição que surgia diante dela. Como veremos, o exercício cego da força é tão tolo quanto qualquer outra espécie de erro; as apostas foram aumentando progressivamente, até o ponto em que os jogadores tiveram de deixar a mesa derrotados.

Sam Bronfman era uma lenda em seu tempo, o homem que estabeleceu aquela que viria a ser a Seagram Corporation, um dos maiores impérios de negócios da América do Norte. Ela também se tornou uma das maiores montanhas-russas financeiras dos últimos tempos. Sam Bronfman tornou-se, para a indústria de bebidas destiladas, aquilo que Henry Ford foi para a automotiva, J. Pierpont Morgan para serviços bancários e John D. Rockefeller para o petróleo; cada um deles foi um pioneiro que deu forma à sua indústria e criou um modelo a ser seguido pelos outros. Por caráter, Sam era tudo aquilo que se espera em um empreendedor: obsessivo, egocêntrico e obstinado. Era um homem de contrastes, às vezes de fala macia, mas com uma língua que também podia lançar veneno. Quando seu irmão Allan retornou da Segunda Guerra Mundial, Sam foi muito claro em sua ciumenta vituperação: "Meu Deus, se mandassem mais alguns como ele, Hitler teria uma chance". A família Bronfman emigrou da Moldávia para o Canadá em busca de uma vida melhor. Seus membros rapidamente provaram sua capacidade para ganhar a vida. A atividade que escolheram foi a administração de hotéis, a qual se adequava às condições deles, exigindo pouco investimento de capital. O principal gerador de dinheiro era a satisfação da sede dos clientes nos bares dos hotéis. E assim começou a associação da família com a indústria de bebidas alcoólicas.

Sam era o terceiro de quatro irmãos e de longe o mais ambicioso. Abe, o irmão mais velho, era viciado em jogo. Harry, o segundo, era uma pessoa calma e emergiu como o líder da empresa da família. Mais tarde Harry foi preso e acusado de suborno de testemunhas. Foi um escândalo que arranhou a reputação da família. Embora fosse absolvido depois de dois julgamentos, seu relacionamento com Sam sofreu na esteira do incidente e surgiu uma divisão entre os irmãos. Allan, o mais jovem, foi o único membro da família a adquirir qualificações profissionais, formando-se em Direito. Ele chegou a desempenhar um papel na empresa, mas também foi posto de lado por Sam. Edward e Peter, filhos de Allan, construíram por conta própria uma empresa de muito sucesso.

Em 1922, Paul Matoff, um dos cunhados dos Bronfman, casado com Jean, a segunda irmã, foi baleado em um tiroteio. Na época Matoff dirigia parte das operações de bebidas da família. O incidente foi um choque para Harry, que entrou em depressão. Sam viu sua chance e apressou-se para deixar de ser o número dois da empresa para tornar-se seu líder. Daquele ponto em diante, ele nunca olhou para trás. Assim estava estabelecido o padrão que iria se repetir através de gerações dos Bronfman, de um membro poderoso da família superar as influências moderadas de todos os outros.

SAM ASSUME

As fundações do império de bebidas que Sam construiu foram lançadas durante os anos da Lei Seca na década de 1920, quando a venda de bebidas alcoólicas foi proibida nos Estados Unidos. Na época muitos países estavam lutando com o problema de como lidar com o impacto do álcool sobre seus cidadãos, e a Lei Seca foi uma tentativa inútil para eliminar a mais antiga e popular bebida de adultos do mundo. A proibição da venda de bebidas alcoólicas nos Estados Unidos em 1919, pela Lei Volstead, proporcionou aos Bronfman uma oportunidade de ouro para desenvolver sua empresa.

A família tratou de expandir suas operações com bebidas no Canadá, estabelecendo-se como partes importantes de um sistema que mantinha os mercados abastecidos, apesar da proibição. Apesar de terem começado tarde no negócio, em pouco tempo eles alcançaram o líder do mercado Harry Hatch, da Hiram Walker.

EMPRESAS FAMILIARES

Um dos atalhos tomados pelos Bronfman foi a parceria que formaram com a British Distillers Company, a qual trouxe para o mercado grandes marcas de uísque escocês como Johnnie Walker, fortalecendo a posição dos Bronfman. Depois do fechamento desse acordo Sam Bronfman, então o líder reconhecido da empresa, comprou a Seagram Distillers, empresa canadense de bebidas destiladas que estava em dificuldades. Adotando este novo nome para sua corporação, Sam agora dispunha dos meios para perseguir sua visão, que era de oferecer aos consumidores produtos de alta qualidade que granjeassem para sua empresa uma reputação de confiabilidade.

No final da Lei Seca, a Seagram's estava pronta para se tornar a maior empresa de destilados da América do Norte. Sam estava reformulando a indústria de destilados e dando aos seus consumidores uma aura de respeitabilidade da qual até então ela carecia. As marcas por ele criadas se tornaram líderes de mercado e impulsionaram a empresa para o topo nos Estados Unidos. As recompensas financeiras foram consideráveis.

A vida de Sam era centrada na empresa, apesar de ele dedicar muito esforço às suas responsabilidades pastorais como líder do Congresso Judeu Canadense. Sam e sua mulher Saidye tinham quatro filhos. Sua atitude em relação às duas filhas mais velhas, Minda e Phyllis, era a tradicional de exclusão dos negócios. Infelizmente Minda morreu de câncer com pouco mais de 40 anos, mas sua irmã Phyllis floresceu como uma boa defensora do trabalho dos arquitetos e como filantropa. Durante sua vida, ela recebeu nada menos que 26 títulos honorários.

Os dois filhos mais novos eram Edgar, nascido em 1929, seguido por Charles dois anos depois, possuíam personalidades contrastantes. Edgar era uma espécie de rebelde, não concluiu a faculdade e foi trabalhar diretamente na empresa da família. Charles era mais tímido e ficava feliz em ficar perto de casa em Montreal. Os dois irmãos se estabeleceram cedo em seus papéis e suas metas distintas e nunca sentiram necessidade de competir entre si. Charles estava feliz sendo o segundo violino. Isso mais tarde iria lhe custar caro, quando ele concordou com más decisões. Talvez o pacto de paz entre eles se devesse ao fato de eles terem visto diretamente o quanto um conflito entre irmãos pode ser destrutivo e doloroso, por terem testemunhado como seu pai havia posto de lado seus próprios irmãos para conquistar a supremacia.

A ASCENSÃO DE EDGAR

Tão logo foi convidado para entrar para a empresa da família, Edgar começou sua ascensão ao topo, embora só fosse pedir essa posição depois da morte do pai em 1971. Em termos de negócios, o golpe de mestre final de Sam em 1963, motivado em parte pelo desejo de alcançar respeitabilidade, foi um grande investimento numa velha empresa petrolífera, a Texas Pacific. Logo a indústria do petróleo viria a ser uma das maiores fontes de renda para a Seagram. Sam mantinha a empresa sob mão de ferro e, até sua morte, a empresa era dirigida por outras pessoas com seu "conselho e consentimento". Durante todo esse tempo, Edgar se esforçava para aceitar a situação e havia uma batalha constante de vontades entre pai e filho. Apesar do sucesso financeiro da empresa, as repetidas brigas entre Sam e Edgar estavam solapando o moral. Na clássica loucura imperial de muitas empresas familiares, o chefe ficou tempo demais na ativa.

Liberado pela morte do pai, Edgar conseguiu começar a perseguir sua estratégia para reformular a empresa. Em 1981, depois de uma década como único líder da empresa, ele fez sua maior contribuição para ela. Foi a aceitação de uma oferta, por outra empresa de petróleo, da parcela da Seagram's na Texas Pacific. O preço de US$ 2,1 bilhões foi muitas vezes superior ao valor que seu pai havia pagado pelas ações. Agora, equipados com um enorme fundo de combate, Edgar e o conselho de administração começaram a buscar onde investir o dinheiro. Seu grupo executivo queria comprar outra empresa de bens de consumo, mas os conselheiros de Edgar lhe indicaram outro investimento financeiro. Essa foi uma boa decisão, pois a Seagram adquiriu prontamente uma participação de 20% na Conoco Oil e outra semelhante na DuPont. Esses investimentos certamente foram bons para a empresa por uma perspectiva puramente financeira, mas também mudaram seu caráter. A Seagram havia se tornado uma mistura de empresa de investimentos com empresa internacional de bens de consumo. Podemos somente especular se a empresa teria ou não sucumbido ao destino que a aguardava se tivesse mantido uma identidade mais focada.

Agora Edgar presidia um império comercial que granjeou para a família o elogio de "os Rothschild do Novo Mundo". Naquele estágio a vida de Edgar fora da Seagram adquiriu nova dimensão quando, superando o pai, ele tornou-se líder do Congresso Judeu Mundial em 1981. Como suas novas responsabilidades políticas estavam começando a desviar sua atenção do gerenciamento da empresa, ele sensatamente voltou sua atenção para a questão da sucessão na liderança. Porém, agindo de forma menos racional, em 1986, sem consultar Charles, seu irmão mais novo, Edgar anunciou que estava nomeando Edgar Jr., seu segundo filho, seu sucessor.

A LOUCURA DE JÚNIOR

A decisão de nomear uma pessoa sem nenhuma experiência óbvia a não ser uma carreira na indústria de entretenimento, a qual parecia estar em queda rápida, para um posto de tal responsabilidade, diz mais a respeito do pai do que do filho. A entrega ao filho de 31 anos do bastão de comando poderia ser vista como a resposta de Edgar Sr. ao seu falecido pai, que ele achava que não o tinha amado e havia se agarrado ao poder por tempo demais. Aquele foi um ato de fé no filho, um garoto que para ele não tinha defeitos. Essa decisão iria mostrar-se um ato de sério erro de julgamento e um golpe quase fatal para a empresa e seus acionistas. Nem Charles, que não aprovou a nomeação, nem o conselho de administração, estavam preparados para se opor a Edgar Sr.; assim, o jovem filho assumiu o comando.

Edgar Jr. era, em muitos aspectos, igual ao pai – arrogante, com excesso de autoconfiança – e logo ele mostraria ser um péssimo guia para a empresa da família, a se julgar por como ele dirigia sua estratégia.[19] Qualquer movimento errado poderia potencialmente custar bilhões, e os acionistas de fora da família, que detinham a maioria das ações, seriam os mais afetados.

Edgar Jr., como novo cabeça da empresa, tinha carta branca para estabelecer a visão para o futuro e dispor dos ativos da empresa como quisesse, mas estava despreparado para suas novas responsabilidades na Seagram. Quando estudante ele tinha sido indisciplinado e carecia de educação intelectual formal. Seu primeiro ato foi convencer o conselho de administração de que os retornos eram mais altos e o crescimento maior nas indústrias de mídia e entretenimento. Era verdade que o mercado de bebidas alcoólicas oferecia um crescimento comparativamente baixo – era um mercado maduro – mas ele era muito menos arriscado que a alternativa proposta por Edgar Jr. Apesar disso, a Seagram embarcou numa série de investimentos na indústria de entretenimento, culminando com a venda da participação na DuPont e a aquisição da MCA/Universal Studios. Mais uma vez Charles, querendo evitar conflitos, concordou com o negócio, mas ele sentia que a empresa carecia de liderança para fazer com que o novo investimento desse certo.

Edgar Jr. foi deixado livre pelo conselho para perseguir sua estratégia, e sua providência seguinte, que se mostraria desastrosa, foi a venda da Seagram a Vivendi, um conglomerado francês. O acordo foi fechado no auge da onda das empresas pontocom em 2000, com o anúncio de que a fusão iria criar o segundo maior grupo de mídia e entretenimento do mundo. Sob a liderança impulsiva do CEO Jean-Marie Messier, a Vivendi havia embarcado numa onda extravagante de aquisições, usando como moeda suas ações excessivamente valorizadas. Contra os conselhos dos bancos de investimentos e deixando de lado a cautela, os Bronfman, numa decisão de alto risco, optaram pelo pagamento da sua participação na Seagram em ações da Vivendi. Mas a Vivendi havia acumulado um alto endividamento e os preços das suas ações desabaram imediatamente após o acordo da Seagram.

Com a queda do valor das ações da empresa, os Bronfman tiveram um enorme declínio em suas fortunas. A família assumiu bravamente a maneira pela qual sua dinastia havia implodido, com Phyllis, a mais velha dos filhos de Sam Bronfman, descrevendo o fato como "uma tragédia grega".

COMENTÁRIO

Esta saga contém vários elementos familiares. É o coquetel emocionante que provém de forças familiares poderosas e da ausência de restrições e guias apropriadas para a tomada de decisões. É interessante notar que, neste caso, uma das deficiências é o conflito. Os Bronfman precisavam de um forte debate envolvendo os membros e não membros da família. A indiferença da família em relação aos líderes nomeados foi contraproducente; qualquer um deles poderia ter tentado uma intervenção decisiva. A conduta dócil do conselho de administração talvez tenha sido pior. Isso deixou a empresa familiar à mercê de caprichos pessoais.

No caso dos Bronfman, o isolamento significou arrogância – a loucura de pessoas que têm uma crença exagerada em seu destino. A paixão cega por Hollywood foi uma extensão dessa ilusão. O caso também ilustra como ofertas públicas de compra oferecem uma proteção limitada para uma empresa onde há uma família forte e uma administração fraca. O caso também ilustra como os elos entre pai e filho podem ser fortes.[20] Aqui, um conselho ineficaz permitiu que a estratégia da empresa se transformasse em jogo de roleta com os mercados.

7.
Rompimento –
a casa dividida

*"Lembre-se, o sangue não é só mais denso que a água,
também é muito mais difícil de limpar do tapete."*

Phyllis Diller

INTRODUÇÃO

O conflito faz parte da vida. Na colocação do cenário para este livro no Capítulo 2 delineamos as numerosas causas de conflitos. Com freqüência as causas são racionais e objetivas – como quando pessoas disputam recursos e territórios. Em outros casos, as origens vão mais fundo nas emoções e identidades de pessoas que se sentem ameaçadas, diminuídas ou frustradas.

As famílias são amplificadoras de todas as emoções, tanto positivas quanto negativas. Os conflitos também se originam de divisões antigas, como vimos, entre pais e filhos e entre irmãos. Veremos esses elementos recorrendo neste livro, uma vez que eles são elementares e universais. Mas agora iremos ver como os elementos estruturais entram em ação e fazem com que conflitos se tornem divisões, isto é, lutas não apenas entre indivíduos, mas entre grupos ou facções.

Vamos colocar de outra maneira. Um conflito que parece ser a respeito de personalidades se transforma em algo muito mais grave porque os indivíduos, de alguma maneira, representam grupos diferentes.[1] Em empresas familiares há muitas maneiras pelas quais essas divisões podem ocorrer – em grande parte devido à sua situação única, combinando os mundos, muito diferentes e às vezes opostos, de uma família e uma empresa.

Neste capítulo veremos as três principais variedades de divisão. Elas não são independentes umas das outras. É possível ter os três tipos de divisão ao mesmo tempo!

PESSOAS DE DENTRO VERSUS PESSOAS DE FORA

Esta é uma das formas de cisma que mais predominam numa empresa familiar – entre aqueles que estão no privilegiado círculo interior da direção da empresa familiar e aqueles que são observadores externos. Esta situação surge de forma muito natural na empresa familiar, quando as opções de carreira e de vida das pessoas dividem a família entre as pessoas que vêem seu futuro na empresa e aquelas que ganham a vida fora dela. Este último grupo pode reter uma participação na empresa – muitas vezes substancial – mas permanecer na periferia do campo de ação. Este fato em si não constitui uma causa de conflito. Em geral os problemas surgem a respeito de questões de desigualdade – quando as pessoas de fora sentem que estão sendo tratadas de forma injusta, que seus interesses não foram levados em conta e eles foram simplesmente dados como certos. Mas também pode acontecer das pessoas de dentro se sentirem tratadas de forma injusta – quando as de fora recebem altos dividendos enquanto as de dentro se sacrificam para criar a riqueza consumida pelo resto da família.[2] Veremos aqui principalmente a primeira variedade.

MEMBROS DA FAMÍLIA DESCONECTADOS

A conexão com a empresa familiar nem sempre é uma divisão simples entre dois campos. Pode haver camadas de associação, de um círculo interior banhado pela luz da empresa até uma camada exterior mergulhada em total ignorância. Mais uma vez, isto não constitui problema até que alguém queira algo que não pode ter.

Do ponto de vista do círculo interior, as pessoas vêem a si mesmas como sendo responsáveis – usando as alavancas do poder em benefício da empresa e dos seus acionistas. Os problemas surgem quando este grupo não presta conta de seus atos de forma adequada para os membros da família que são proprietários não ativos ou guarda segredo a respeito de suas atividades, tratando os membros não ativos como meros espectadores. O grupo exterior pode reagir de várias maneiras. Eles podem se agitar e se tornar dissidentes quando houver uma oportunidade, ou podem simplesmente se desligar, não da empresa, mas da família, perdendo qualquer elo emocional. Assim, aqueles que dirigem uma empresa familiar podem acabar por dividir e alienar uma parte da família que, em outras condições, poderia ter mantido algum grau de ligação.

LUTANDO PELOS ESPÓLIOS

Talvez a causa de divisão mais óbvia seja o dinheiro. Porém, devemos fazer uma pausa para refletir que dinheiro e emoção com freqüência estão profundamente ligados, como Freud foi o primeiro a reconhecer. Há bastante espaço para a avidez nas empresas familiares, onde riqueza pode ser criada e dissipada rapidamente. Mas o dinheiro – ou os recursos de modo geral – com freqüência simboliza o valor de uma pessoa, o grupo ao qual ela pertence ou se ela tem poder e *status* na hierarquia.[3] Quando uma disputa é expressa em termos financeiros, em pouco tempo ela se torna aquilo que os economistas chamam de jogo de soma zero, no qual o que uma pessoa ganha é a perda da outra.

Os psicólogos sociais têm dedicado muita atenção ao conceito de justiça. Esta é a linguagem na qual são travadas muitas batalhas financeiras e guerras territoriais. Mas este não é um assunto simples. Ele não trata apenas da legitimidade da divisão dos espólios – de "justiça distributiva" – mas também da legitimidade da maneira pela qual eles foram divididos – "justiça processual". Como vimos no Capítulo 2, as pessoas podem ficar mais irritadas a respeito daquilo que consideram um processo injusto do que com a desigualdade da divisão em si.

Quando a família entra em rivalidade a respeito de questões relativas à divisão das recompensas, ela está a caminho de se tornar fracionada. Talvez isto explique por que, de acordo com uma pesquisa nos Estados Unidos, os proprietários de pouco mais de dois terços de empresas que entraram na segunda geração concordam em dividi-las, permitindo que seus proprietários sigam caminhos separados.[4]

Porém, as empresas familiares bem-sucedidas e seus patriarcas com freqüência se opõem à idéia de dividir os ativos, vendo isto como um passo para trás que pode destruir a unidade da família e sua plataforma para gerar riqueza. Eles também podem ter um forte sentimento de paixão por aquilo que criaram e não querem ver o legado da família enfraquecido, destruído ou dividido. Porém, em geral não é possível manter membros da família ligados à empresa contra sua vontade. Nos casos a seguir, veremos alguns jogos de apostas altas, envolvendo recursos significativos. Iremos salientar não apenas as causas do cisma, mas também o processo pelo qual eles atingem o ponto em que a venda ou a divisão se tornou a única saída, com a renúncia ao legado e com os membros da família seguindo caminhos separados.

PRITZKER – A LUTA PELO ESPÓLIO[5]

LINHAS DE FRATURA

A saga da família Pritzker é um caso em que surgem linhas de fratura à medida que a empresa deixa de ser uma sociedade entre irmãos de terceira geração e passa a ser uma empresa de primos de quarta geração. Ela começa com uma visão de unidade familiar, na qual acreditava profundamente Jay Pritzker, o patriarca da família, mas que começa a se desfazer depois da sua morte. O caso constitui uma prova de que o sucesso nos negócios, por maior que seja, não é garantia de unidade para uma empresa familiar. Os valores da família Pritzker dão ênfase a trabalho duro e a preparar seus membros para assumir papéis de liderança na empresa. Mas este era um foco de atenção desequilibrado. Pouco se pensava em

ROMPIMENTO – A CASA DIVIDIDA

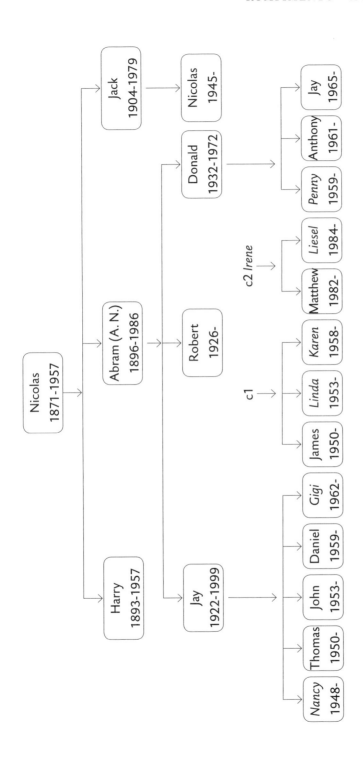

Figura 7.1 – A família Pritzker

ajudar os membros da família a se manter ligados a ela e a ter orgulho dela, independentemente de suas capacidades individuais ou opções de carreira. Esta cultura gerou as origens do cisma que surgiu entre aqueles que trabalhavam na empresa e aqueles que não estavam com ela envolvidos. Mais tarde uma segunda linha de fratura se desenvolveu em um dos ramos da família em que ocorreu um divórcio, deixando um legado de desigualdades e disputas sobre direitos de propriedade entre os filhos do segundo casamento. Isso se transformou em um verdadeiro abismo de divisões complexas.

NICOLAS O GRANDE

Em 1881, Nicolas Pritzker tinha pouco mais de dez anos quando ele e seus pais fugiram do gueto judeu próximo de Kiev e foram para Chicago. Nicolas, muito trabalhador, sustentava sua família ocupando cada hora do dia com trabalho, como jornaleiro, assistente de alfaiate e engraxate. Logo ele aprendeu inglês e, como um garoto inteligente, conseguiu um emprego como tradutor no *Chicago Tribune*. Em pouco tempo estava casado e procurou uma carreira estável para sustentar sua família. Começou fazendo um curso de farmácia para se tornar farmacêutico e assim se matricular em um curso noturno de Direito.

Em 1902, este trabalhador notável havia fundado sua própria firma de advocacia. Ele teve três filhos, Harry, Abram Nicholas e Jack – todos os quais seguiram seus passos, formando-se em Direito e entrando para a firma da família, Pritzker & Pritzker. Foi Abram Nicholas, o segundo filho, conhecido como A. N., depois de se graduar em Harvard, que liderou o movimento para levar a família da prática do Direito para os investimentos. Foi o trabalho de A. N. e de seu irmão mais novo Jack que estabeleceram as bases do império Pritzker, inicialmente pela aquisição de imóveis. Quando A. N. morreu em 1986, com a idade de 90 anos, ele era um bilionário e a família era citada regularmente na lista anual da revista Forbes das 500 pessoas mais ricas dos Estados Unidos.

A. N. teve três filhos – Jay, Robert e Donald – que foram apresentados à empresa da família quando eram garotos. Jack estudou Direito na Northwestern University e entrou para a Pritzker & Pritzker. Fez sua primeira aquisição, a Colson Company, em 1953, e colocou seu irmão Robert, engenheiro, para dirigi-la. Robert havia adquirido a reputação de ser bom em reformular empresas com problemas. Isto se tornou um modelo de negócio. Jay comprava as empresas e Robert as restituía à saúde fiscal. Donald, o irmão mais novo, também trabalhava na empresa mas morreu aos 39 anos de um ataque do coração. Juntos, Jay e Robert transformaram a empresa do avô em um conglomerado multifacetado com ativos nas indústrias hospitaleira, fumo, informações de crédito, arrendamento de contêineres, entre outras. De todas essas empresas, a Hyatt Hotels era a mais conhecida e a jóia da coroa da família.

JAY, O NEGOCIANTE

Jay era um dos melhores negociantes do seu tempo. Era um bom ouvinte, curioso sobre todas as coisas e totalmente imerso em negócios. As pessoas se lembram dele como sendo muito confiável, encantador, inteligente e sempre educado. Jay estava continuamente em busca de maneiras de lucrar e, em sua carreira de 50 anos, comprou e vendeu mais de 200 empresas. Ele as adquiria quando achava que elas estavam subvalorizadas pelo mercado, ou se os seus perfis fiscais fossem tais que, quando combinados com outras empresas do seu império, iriam ajudar a reduzir os impostos a serem pagos ao governo federal e aumentar os retornos.

O negócio de hotéis foi uma compra dessas: Jay adquiriu um pequeno hotel denominado Hyatt Place perto do aeroporto de Los Angeles em 1957 por US$ 2,2 milhões e, a partir desse início relativamente modesto, foi aumentando a prestigiosa cadeia peça por peça. A estratégia focalizava hotéis de luxo para negócios, situados em aeroportos e em áreas centrais de grandes cidades; os hotéis de lazer foram acrescentados mais tarde. Hoje a corporação consiste de mais de 200 hotéis em mais de 40 países. Outras empresas que foram adicionadas às propriedades da família durante a gestão de Jay incluíram a Triton Holdings de contêineres, a Conwood de fumo para mascar e os escritórios de informações de crédito TransUnion. O grupo Marmon, em grande parte gerenciado por Robert, consistia de mais de cem empresas cobrindo diversas indústrias, com receitas superiores a US$ 6 bilhões.

Jay teve cinco filhos: Nancy, Thomas (Tom), John, Daniel (Danny) e Gigi. Em 1972, Nancy, a filha mais velha de Jay, cometeu suicídio. Jay sentiu-se muito culpado pela morte da filha, perguntando-se se tinha sido demasiado duro e exigente com ela. Depois, Jay transferiu sua atenção e afeição para Tom, o filho seguinte. Tom era sério e tímido, não era um homem de ação como o pai e era mais contemplativo. Com um forte interesse pelo budismo e por arte asiática, ele publicou estudos sobre pinturas rupestres tibetanas. Tom entrou para a empresa da família depois de se formar em administração e direito. Ele foi supervisionado e treinado pelo próprio Jay, que se tornou muito orgulhoso das realizações do filho.

Embora Jay tivesse trazido Danny e John, seus dois outros filhos, para a empresa, nenhum deles chegou a se adaptar bem. Danny, que achava que tinha vocação para música depois de formado, queria ir para outro lugar, mas seu pai insistiu que entrasse para a empresa. Danny obedeceu por algum tempo, mas acabou se demitindo para iniciar sua própria gravadora, a qual a família ajudou a sustentar.

Enquanto isso, as aventuras de John como empreendedor não tiveram muito sucesso, por exemplo, uma delas foi uma empresa falida de varejo de artigos esportivos. Embora Jay amasse sua família, por natureza era duro e sincero a respeito desses fracassos. Ele podia parecer rude e desdenhoso em relação às pessoas que não satisfizessem seus padrões de sucesso empresarial: serem as melhores, especialmente em negócios, qualidade que ele valorizava acima de todos os outros domínios de esforço.

Além de seu filho Tom, Jay ficou impressionado por Nick, filho do seu tio Jack, um primo 20 anos mais novo que ele. Nick contribuía fortemente para os negócios da família expandindo de forma agressiva seus cassinos em todo o mundo e fechando acordos para a abertura de novos hotéis Hyatt. Jay também trouxe para a empresa sua sobrinha Penny – filha de Donald – que liderou o crescimento do império imobiliário da família e a Classic Residence by Hyatt, uma empresa de construção e administração de residências de luxo para idosos. Assim, com o tempo ficou claro que a nova geração que comandava a empresa era um triunvirato composto por Tom, Nick e Penny. Os membros da família que não tinham papéis executivos na empresa eram mantidos à distância e esperava-se que não interferissem.

A natureza combativa de Jay continuou a dominar a empresa, principalmente numa série de batalhas que ele travou com o Internal Revenue Service (Receita Federal) a respeito do uso de fundos *offshore* e de complicados arranjos para limitar o pagamento de imposto. Em um dos casos, a Receita insistia que a família devia ao governo mais de US\$ 53,2 milhões em impostos sobre o espólio de A. N. Pritzker. Em 1994, finalmente a família chegou a um acordo com o governo e o próprio Jay pagou a quantia de US\$ 9,5 milhões para encerrar o dossiê sobre a questão.

OS MANDAMENTOS DE JAY

Em junho de 1995, Jay convocou uma reunião da família, à qual compareceram seus quatro filhos sobreviventes, seu irmão Robert, seu primo Nicholas e seis sobrinhos e sobrinhas. Os únicos parentes de sangue que não compareceram foram Liesel e Matthew, filhos do segundo casamento de Robert, que na época tinham respectivamente 11 e 13 anos de idade. Jay entregou a cada um dos presentes uma carta assinada por ele e por Robert, com instruções a respeito da disposição da riqueza da família e dos seus fundos. A carta explicava que a maior parte da riqueza estava em corporações controladas pelos fundos, os quais não eram considerados fontes de riqueza individual. A estrutura havia sido concebida para acumular capital para investir nos negócios da família e para manter a tradição familiar de fazer doações filantrópicas. A carta sacramentava o princípio pelo qual as pessoas não devem gastar mais do que ganharam ou contribuíram para a família e a sociedade. Jay e Robert também deixaram claro que os fundos de investimentos da família não deveriam ser desfeitos, ao menos em futuro previsível. O que eles deixaram de prever foi como a unidade familiar viria a se tornar frágil e o cisma emergente que iria abalar sua visão rósea do futuro.

A filosofia de Jay se baseava nas origens da família – qualquer benefício a indivíduos deve ser produto direto do seu esforço e seu sucesso, não apenas porque eram da família. A carta também anunciava que o sucessor escolhido por Jay para comandar os negócios da família seria Tom, com Penny e Nicholas também ungidos como vice-presidentes do conselho devido às suas capacidades empreendedoras e gerenciais. A carta dos irmãos deixava claro que eles esperavam que os filhos, sobrinhos e sobrinhas, se obrigassem moralmente a seguir seus desejos.

A carta, em termos de privilégios financeiros para os beneficiários, delineava uma série de pagamentos totais e pensões para cada membro da família de acordo com uma série de marcos, como a graduação na faculdade, atingir os 30 anos de idade e assim por diante. Quando eles completassem 45 anos, os pagamentos teriam ultrapassado US$ 25 milhões por membro da família depois dos impostos. Os irmãos expressaram sua esperança de que a tradição da família, de dar muito valor à filantropia, seria perpetuada, e que os Pritzker continuariam a ser benfeitores de causas importantes em Chicago e outros lugares. Expressando esperança para o futuro, a carta, assinada por Jay e Robert, mas redigida por Jay, concluía de forma otimista: "Espero que nosso *modus operandi* vá prosseguir harmoniosamente na próxima geração".

DISSENSÃO ABERTA

A emergência de tensões na família começou antes da morte do patriarca Jay Pritzker, apesar de ele alertar continuamente seus sucessores para que respeitassem o "sistema" da família, pelo qual os negócios deveriam ser dirigidos como uma entidade única para o benefício de todos. Mas é preciso mais do que um decreto do patriarca para instilar valores e princípios na próxima geração. Jay deu passos insuficientes para promover a aceitação de uma visão comum. Sacramentar seus desejos em um documento de peso, numa época em que conta-se mais com amor e respeito, pode parecer uma estratégia segura, mas o tempo corrói rapidamente os sentimentos e a majestade da ocasião.

Somente uma cultura comum pode sustentar valores, e Jay e seu irmão haviam focalizado quase que exclusivamente a criação de um ambiente que valorizasse o trabalho duro e o sucesso nos negócios acima de tudo. Assim, não demorou muito após a morte de Jay, em 1999, para que a paz fosse rompida sob dois conjuntos de pressões. A primeira causa foi constituída pelas tensões entre os membros da família que não trabalhavam na empresa e o triunvirato dela encarregado. A segunda foi uma linha de fratura emergente entre os dois membros mais jovens da nova geração, Michael e Liesel, e seu pai Robert.

Na ocasião em que a carta foi entregue, um sinal do conflito era visível na dissensão aberta expressa por Danny e John a respeito da ascensão à liderança de Tom, seu irmão mais velho. Eles foram até Jay e lhe disseram que desejavam retirar seu dinheiro. Jay recusou, mas ofereceu um sinal de paz aumentando as pensões deles. Mas isso não os acalmou. Eles se ressentiam por aquilo que viam como arrogância da parte de Tom, por exemplo, quando ele se recusou a permitir que eles usassem o jatinho executivo da família.[6]

Dois outros fatores contribuíram para a divisão. Jay havia introduzido um sistema de incentivos chamados de "estímulos" no jargão da família, os quais eram uma forma de incentivo financeiro para premiar os membros da família que trabalhavam na empresa pelos negócios que haviam fechado. Por meio desses arranjos o trio que lá trabalhava obteve mais de US$ 500 milhões de remuneração adicional. Embora esses incentivos pudessem ser justificados porque os outros acionistas da família tinham obtido grandes ganhos com aqueles investimentos, uma transação em particular, envolvendo um cassino em Elgin, Illinois, provocou a ira dos membros da família de fora da empresa.

A estrutura do acordo sobre o cassino era seriamente divisiva. Tom, Nicholas e Penny dividiram entre si uma parcela de 65%, enquanto os outros membros da família receberam apenas 1,5% cada um. Na mesma ocasião ocorreu uma transação igualmente desequilibrada, mas ela só foi revelada em 2001. Foi divulgado que ativos no valor de US$ 525 milhões haviam sido transferidos em 1979 para um fundo – o Marshall Trust – para benefício exclusivo de Tom e sua família, inclusive sua sogra Abigail Marshall. Para os membros "de fora", pareceu que mais de US$ 1 bilhão de ativos pertencentes à família estavam agora nas mãos do trio interno, que havia obtido uma vantagem injusta. Para tentar acalmar os membros mais jovens da família que não tinham sido tranqüilizados pela carta do pai deles, Jay reagiu mais uma vez recorrendo ao talão de cheques, dando a Danny, John e Gigi US$ 30 milhões cada.

UM ABISMO CADA VEZ MAIOR

Em janeiro de 1999, Jay Pritzker morreu e teve seu descanso, mas não havia paz para seus sucessores. Os herdeiros da quarta geração estavam profundamente envolvidos em suas lutas por riqueza e poder. Em meados de 2000, Danny e John tinham unido suas forças com Tony e J. B., irmãos de Penny. Eles confrontaram Tom, Penny e Nick, exigindo que eles solucionassem suas preocupações a respeito de como o triunvirato estava administrando a riqueza da família. Sua reclamação era que o trio estava pagando a si mesmo em excesso e de forma desigual e não estava agindo de forma transparente. Tom negou as alegações e, embora tivesse poder ilimitado e pudesse ter imposto sua autoridade, ele temia os efeitos de uma publicidade adversa sobre a família, principalmente sobre sua mãe idosa.

Os primos não tinham essa restrição. Eles estavam preparados para entrar com ações judiciais contra os líderes da família por "quebra de deveres fiduciários, realizar transações em benefício próprio, conflito de interesses e outras impropriedades". Estava armado o palco para uma batalha total entre os dois grupos.

E como se uma briga não bastasse, a família também precisava lidar com as conseqüências do infeliz segundo casamento de Robert, com Irene, que terminou em divórcio em 1994. A separação levou o casal a uma briga pela custódia dos filhos, Matthew e Liesel. Irene venceu a batalha e obteve a custódia exclusiva dos filhos.

Como seria de se esperar, a divisão familiar e a ligação da mãe com os filhos azedaram as relações com o pai deles. Pouco depois, surgiu uma disputa sobre a maneira pela qual alegavam que Robert, que tinha poderes discricionários sobre os negócios dos filhos, havia administrado os fundos de investimentos de Liesel e Matthew. Isto culminou no final de 2002 com Liesel processando o pai de 76 anos, alegando que ele havia transformado ativos mantidos nesses fundos em fundos que beneficiavam outros membros da família. Liesel, que tinha uma carreira florescente como atriz em Hollywood, não se acanhou em atrair uma forte publicidade para seu caso, e conseguiu atirar ainda mais a família e suas brigas para o centro das atenções da mídia. Ela exigiu a restituição de US $ 1 bilhão de prejuízos reais e mais US$ 5 bilhões em danos punitivos. Matthew, seu irmão mais velho, entrou na briga com uma ação judicial cinco meses mais tarde. Robert contestou a alegação, insistindo que tinha agido de maneira inteiramente correta. Três anos depois, sem dúvida devido às pressões para evitar a publicidade que aquela batalha jurídica estava atraindo, foram feitas negociações para se chegar a um acordo com Liesel e Matthew.

ACORDO

Para os Pritzker, de dentro ou de fora da empresa, eles pertenciam à mesma família e o sangue se mostrou mais forte. As reclamações eram sérias demais para serem ignoradas. Era preciso chegar a um compromisso. E foi assim que o trio dominante – Tom, Penny e Nick – se deu conta de que somente o desmantelamento do grupo poderia evitar que luta acabasse numa batalha jurídica. Não era uma solução elegante, mas era simples e direta.[7] Todo o valor do grupo deveria ser dividido entre todos, de fora e de dentro. Acreditava-se que a parcela de cada membro da família seria superior a US$ 1 bilhão.

Tom foi encarregado do processo e recebeu um prazo de dez anos, até 2011, quando toda a carteira de ativos deveria estar vendida. Como parte do acordo o trio manteve seus "incentivos" e, a título de retorno, Tom concordou em redistribuir o valor das empresas do Marshall Trust aos outros membros da família. Outros elementos vitais do acordo incluíam a montagem de uma estrutura administrativa formal para manter informados todos os proprietários. Para dar respaldo ao acordo foi nomeado um árbitro com plenos poderes para ajudar na sua implantação.

A ação judicial de Liesel e Matthew também foi acertada em 2005, quando eles desistiram da sua pretensão sobre os ativos da família em troca de US$ 450 milhões para cada um. Isso criou condições para permitir que os outros 11 membros da quarta geração prosseguissem com o acordo e dividissem entre si o império Pritzker. No final de 2004, cada um dos primos já tinha recebido US$ 50 milhões em distribuições, com mais US$ 75 milhões para ser distribuídos a cada um deles até o final de 2005. Os parentes que não trabalhavam na empresa, que eram ricos em ativos, mas pobres em dinheiro, foram afogados em dinheiro quando o legado de Jay começou a ser desmantelado.

A visão de Jay Pritzker, de que a família estaria melhor se o negócio da família não fosse visto como riqueza individual, mas sim familiar, foi varrida por aquela enchente de riquezas. A visão que ele tinha do mundo não poderia resistir ao poder da vasta riqueza que estava armazenada na empresa. Esses eventos demonstram a inutilidade de se tentar reger depois da morte, em especial quando se compete com a pressão para evitar conflitos, satisfazer indivíduos determinados e lidar com a sedução da riqueza.

COMENTÁRIO

Este caso parece colocar o dinheiro na origem do conflito. Foi o que aconteceu, em certo sentido. Os economistas estão certos quando afirmam que enormes incentivos distorcem o comportamento. Mas eles só podem fazê-lo quando existe um estado de disponibilidade na mente das pessoas afetadas. Aqui havia mais do que dinheiro; havia um sentimento de direito a alguma coisa e uma percepção, certa ou errada, por parte de algumas pessoas, de terem sido injustamente privadas daquilo que é delas por direito.

O desejo de Jay que a família se mantivesse unida foi contradito, mesmo quando ele estava vivo, pela aguda distinção por ele criada entre os privilégios para quem estava "dentro" e para quem estava "fora". A questão dos "incentivos" e a alocação de ativos para a família de Tom constituíam um problema tanto de justiça processual quanto distributiva – não apenas uma questão de desigualdade, mas também de cassação de direitos. Na geração anterior, Jay havia sem querer criado duas classes de cidadãos, a partir do momento em que queria que Danny estudasse Direito e deixasse de lado sua carreira musical. Essa divisão foi exacerbada na quarta geração, com as pessoas de dentro cuidando do império da família enquanto as outras só podiam observar como espectadores.

Surgiram ciúmes entre os dois campos e não havia nenhum mecanismo para que os de fora expressassem suas frustrações, sem falar de qualquer contribuição para manter a harmonia familiar e um senso de propósito comum. O trio assumiu uma postura defensiva que o fez parecer arrogante e preocupado exclusivamente com seus próprios interesses. Apesar de eles poderem justificar seus atos em termos de boa administração do negócio, o modelo de liderança familiar no império Pritzker não era adequado à administração do modelo de negócio surgido após a morte de Jay, um consórcio entre primos.

Não havia na quarta geração ninguém para pegar o bastão de Jay, com exceção de Tom, cujo foco parecia estar limitado à empresa. Surgiu um vácuo em termos de liderança da família. Jay tinha imaginado que sua carta de desejos, que ele leu para a família em 1995, iria prover as respostas e estabelecer o modelo para os anos que viriam. Esta é uma ilusão de muitos patriarcas idosos – que podem congelar o quadro quando deixam este mundo. Neste caso, Jay tinha tido um grande sucesso durante sua vida, mas falhou, juntamente com o irmão, em resolver de forma adequada o desafio de preparar o terreno para uma efetiva transição entre gerações na família.

Escolher os melhores líderes em negócios não basta para garantir que seus desejos serão satisfeitos. A família tem uma necessidade igual e vital por liderança.[8] Liderar o negócio e liderar a família são papéis distintos e separados, com freqüência melhor desempenhados por pessoas diferentes. Qualquer esperança de transmitir uma dinastia e atingir uma verdadeira longevidade estava limitada desde o início pela falta de atenção a processos fundamentais de governança. Depois da morte de Jay, emergiu na Pritzker um vácuo onde havia uma ausência de estrutura e de processos para a tomada de decisões metódicas que toda a família poderia aceitar. Emergiu assim o cisma que quase arruinou, e certamente desviou, um dos notáveis impérios de negócios da América.

O *LOS ANGELES TIMES* GROUP E OS CHANDLER – A FAMÍLIA CENTRÍFUGA[9]

ORIGENS

Esta é uma história clássica de espírito empreendedor familiar serial que criou uma montanha de ouro, mas que no fim a família perdeu o controle do negócio. Otis Chandler foi o último de uma linhagem de quatro gerações de editores da família no *LA Times*, e foi sua saída que marcou o início do fim para a empresa familiar. Uma das razões de Otis para se aposentar prematuramente foi que ele sentia, nos outros membros da família, uma falta de apreciação pelos seus esforços. Na ausência de qualquer laço íntimo com a empresa da família, a cola que os mantinha unidos em outros tempos se dissolveu e com ela a capacidade e a motivação para que continuassem como seus zeladores.

Os membros da família se tornaram estranhos em sua própria empresa. Como no caso da família Guinness no Capítulo 6, o comportamento de alguns dos seus membros passou, com o tempo, a ser o de proprietários distantes que viam a empresa

ROMPIMENTO – A CASA DIVIDIDA

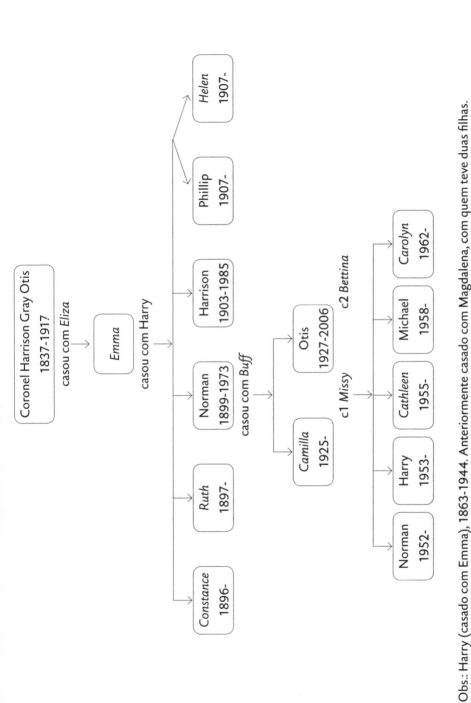

Obs.: Harry (casado com Emma), 1863-1944. Anteriormente casado com Magdalena, com quem teve duas filhas.

Figura 7.2 – A família Chandler

mais como uma fonte de retorno financeiro e menos como um legado com o qual eles tinham um dever de cuidados diários. Com a diminuição da administração histórica da família, ocorreu o inevitável e a empresa finalmente saiu do controle da família, sucumbindo a uma proposta pelo grupo de mídia Tribune.

A dinastia do *LA Times* foi construída com base nos fortes instintos empreendedores e na energia de gerações sucessivas da família Chandler. Um clã entre os primeiros a se estabelecerem em Los Angeles, que construíram um império de mídia e negócios que cresceu na esteira da próspera economia do sul da Califórnia. O fundador, Coronel Harrison Gray Otis, identificou a oportunidade de comprar uma parcela do *Los Angeles Daily Times*. Trabalhando duro para tornar o negócio um sucesso, ele e Eliza, sua mulher, conseguiram transformar sua parcela numa participação majoritária e assumir o controle do jornal. No final do século XIX, o *LA Times* havia se tornado uma publicação de muito sucesso, crescendo no ritmo das florescentes fortunas de Los Angeles. O crescimento inicial do negócio também estava muito ligado à contratação de Harry Chandler, que havia deixado sua casa na costa leste por motivos de saúde para se estabelecer no clima mais quente da Califórnia. O jovem e dinâmico Chandler subiu depressa nas fileiras da empresa e, depois que sua primeira mulher morreu do parto, veio a se tornar parte da família casando-se com a filha do patrão, Emma Marian Otis. Ele trouxe para o negócio um estilo empreendedor que ajudou a impulsionar ainda mais as fortunas da família, não apenas através do crescimento do jornal, mas também pelo seu talento para identificar negócios imobiliários promissores. A energia de Harry era ilimitada e ele deixou um forte exemplo em termos da ética de trabalho incansável. Sua mão de ferro sobre os negócios trouxe um importante desenvolvimento para a empresa da família. Ele também fez uma grande contribuição para a sociedade e foi creditado como um dos principais pioneiros no desenvolvimento da cidade de Los Angeles.

Na época em que a terceira geração assumiu o poder, herdando a plataforma de riqueza criada pelas gerações anteriores, a família havia se acostumado a um estilo de vida de privilégios que podia sustentar como uma das famílias mais conhecidas da elite dos negócios do sul da Califórnia. Este fato implicava em riscos – por sua propensão para dividir a família entre aqueles que estavam motivados para trabalhar na empresa da família, sem levar em consideração seus méritos para fazê-lo, e aqueles que não estavam por qualquer outra razão.

A terceira geração cresceu à sombra da forte personalidade de Harry Chandler. Norman, seu filho e herdeiro, seguiu obedientemente os passos do pai para liderar a empresa e finalmente assumiu seu controle em 1936, com o cargo de gerente geral. Mas ele só deixou a sombra do pai por ocasião da morte de Harry em setembro de 1944. Norman não era como o pai – nem um líder forte, nem um agente de mudanças; ele defendeu o *status quo* na empresa. Sua única inovação em termos de estratégia foi lançar um tablóide intitulado *Mirror*. O empreendimento foi mal concebido e acabou se tornando um grande dreno nas finanças da empresa. Como personalidade Norman era um tipo modesto, projetando mais a imagem de um professor do que de um líder empresarial. Norman e sua mulher Buff Chandler criaram seus filhos para que se tornassem membros proeminentes da alta sociedade da Califórnia, com todas as expectativas que isto criava.

ENTRA OTIS

Buff, sempre a mais forte e carismática do casal, deixou um forte exemplo como patrona de várias boas causas. Ela foi uma rainha da "política cultural" em Los Angeles. Buff tornou-se o poder por trás do trono do *LA Times*, acabando por conseguir que seu marido cedesse o cargo de editor ao seu filho mais velho Otis, que havia sido criado para acreditar que seu destino estava ligado à empresa da família. De um lado estava sua mãe forte e apaixonada, encorajando-o a ter sucesso; do outro, estava a figura mais discreta do pai, falando a respeito dos valores morais da indústria e de "viver dentro dos seus próprios meios". Quando Otis completou 25 anos, seu pai concordou que ele entrasse para a empresa e iniciasse um programa de treinamento especial de sete anos.

Otis tinha apenas 32 anos quando foi empurrado, com o incentivo da mãe, para o papel de editor do *LA Times*. Ao contrário do pai, o recém-nomeado editor tinha ambição de levar o negócio adiante para que se tornasse "um dos grandes jornais do mundo". Para pôr em prática a nova estratégia ele abandonou alguns dos princípios conservadores que havia muito constituíam a política editorial, valores que eram caros para muitos membros da família. Essa mudança de direção lhe valeu a desaprovação de alguns membros da família como seu tio Philip, um homem de visão direitista, que em sinal de protesto deixou o conselho de administração. Norman, seu pai, também não aprovava todas as políticas do filho, mas quando os padrões mais elevados de jornalismo começaram a elevar a classificação do jornal e conduzi-lo ao sucesso no mercado, ele foi forçado a reconhecer a realização de Otis. Enquanto isso, Buff observava a situação orgulhosa e satisfeita com o fato do filho ter demonstrado grande parte da energia e da vontade de ter sucesso que ela lhe desejava. Ele era de fato sua alma gêmea.

ABERTURA DO CAPITAL

A família e a empresa prosperaram tanto que, em 1964, decidiram registrar suas ações na Bolsa de Valores de Nova York, oferecendo a perspectiva de crescimento acelerado e diversificação em relação à indústria de publicações. Contudo, as sementes da divisão estavam sendo lançadas. A decisão de abrir o capital foi considerada controversa por muitos membros da família, que não gostavam da idéia do escrutínio público invadir seu mundo privado. Os membros da família acionistas, que na época eram cerca de 20, tinham se acostumado com um fluxo estável de generosos dividendos. A abertura do capital os lançou em um mundo de incerteza e eles temiam o fim do *status quo*.

Pela perspectiva de negócios, a estratégia de Otis trouxe grande sucesso. Depois da abertura do capital, ele conseguiu quadruplicar as receitas nos 12 anos entre 1968 e 1980. Mas isso não satisfez os acionistas de fora da empresa, que estavam claramente contra Otis. Em todas as reuniões da empresa holding da família, a Chandis Securities, eles continuavam a reclamar. Otis estava ofendido pela falta de gratidão e reconhecimento demonstrada pelos primos pelo trabalho que ele estava fazendo. E o apoio a ele não melhorou com a saída da geração dos tios e tias. Os primos que assumiram as ações deles ajudaram a perpetuar as divisões. Aos olhos de Otis, eles eram apenas igualmente inflexíveis e se aferravam aos valores conservadores dos pais.

O próprio Otis não era perfeito. Ele tinha o hábito de menosprezar críticas e aceitar com muita facilidade a bajulação. Cansado das reclamações, ele disse a um amigo: "Meus primos são um pé no saco". Com os negócios nas alturas, Otis podia se orgulhar de suas realizações, mas a energia que normalmente exalava estava começando a diminuir. Com a chama da paixão pelos negócios queimando com menos brilho, ele começou a pensar a respeito de quando deveria deixar seu papel como editor. Em abril de 1980, quatro gerações de tradição foram abandonadas quando ele entregou o bastão à primeira pessoa de fora da família a ocupar o cargo de editor desde 1882, quando o coronel Otis Harrison o assumira.

O FIM

Tão logo ficou claro que Otis estava saindo, a divisão na família começou a se ampliar. Durante os 20 anos em que Otis havia levado os lucros de US$ 3 milhões para US$ 100 milhões, os sentimentos e a unidade da família tinham ido na direção oposta. Os membros da família não ativos, que contestavam Otis, continuavam a depender cada vez mais de seus dividendos anuais e, em alguns casos, dependiam dos fundos de investimentos da família para manter seus estilos de vida. Ninguém queria entrar para a empresa. Ao contrário de alguns pais que pressionam o filho mais velho para que entre na empresa, Otis não exigiu que seu filho Norman viesse a sucedê-lo quando ficou claro que Norman não servia para a profissão. Depois disto não houve candidatos da família a papéis de liderança.

Embora a família mantivesse um interesse na corporação, ela não mais detinha a maioria das ações. Como costuma acontecer nesses casos, a empresa e sua estratégia caíram nas mãos da gerência e começaram a adquirir vida própria. Na ausência da clareza de visão e da forte liderança de Otis, em menos de dez anos as fortunas da empresa haviam se invertido, e a empresa começou a dar prejuízo. Os mecanismos de administração corporativa, cuja finalidade é proteger os interesses dos proprietários responsabilizando os gerentes, começaram a se mostrar ineficazes. De fato, os membros da família haviam reduzido seu controle sobre a empresa e não mais estavam próximos nem bem informados o suficiente para fazer qualquer contribuição significativa. Então eles decidiram ceder à consolidação e, em 2000, concordaram com a fusão da empresa com a Tribune Co., um grupo de mídia maior, sediado em Chicago, mantendo apenas uma participação acionária.

COMENTÁRIO

Esta é uma história menos de guerra e mais de doença, na qual a angústia tira a alma do corpo, deixando-o sem vida. A saga dos Chandler é um conto que exemplifica o ditado segundo o qual "a esperança dá um bom desjejum, mas um péssimo jantar". É a história de um fundador cujo carisma e força lançaram as bases para um império que nunca foi construído. A lição aqui é que é preciso passar aos sucessores não só a propriedade, mas também visão e um senso de administração e ligação entre as gerações. Não há nada de errado em tomar a decisão de que a família não irá continuar a dirigir sua empresa, mas para se capturar e reter aquilo que podemos chamar de "capital familiar" – o algo mais de cultura/ desempenho que a família traz para uma empresa – então ela precisa de liderança, visão e estratégia. A família não precisa suprir tudo isso, mas precisa se interessar o suficiente para garantir que esses elementos estejam presentes, ao invés de confiar numa hierarquia gerencial do tipo "negócios como sempre" para a tomada de todas as decisões. Como a maior parte das pequenas tragédias, o caso Chandler é uma saga que não aconteceu.

A FREEDOM COMMUNICATIONS E A FAMÍLIA HOILES – UMA BATALHA PELO CONTROLE[10]

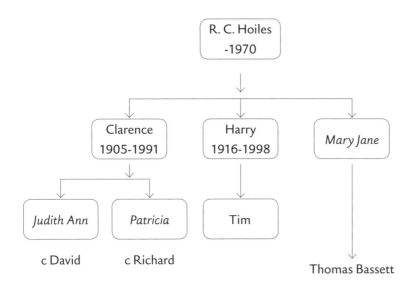

Obs.: Thomas Bassett é neto de Mary Jane. Na época da publicação deste livro, os detalhes sobre os filhos de Mary Jane e os pais de Thomas não estavam disponíveis.

Figura 7.3 – A família Hoiles

ORIGENS

Esta história destaca outra saga de uma dinastia de mídia. Neste caso, as origens das dificuldades dos Hoile está menos na indiferença da família do que em se importar demais, pois aqui foi a ideologia que abriu as fissuras na família. A empresa é a Freedom Communications, um nome que se tornou sinônimo de conflito entre os acionistas da família ao longo de muitos anos. Neste caso, a principal causa do cisma foi uma disputa na segunda geração a respeito de liquidez e dos direitos de um proprietário de vender suas ações. Ela se superpôs a uma divergência não resolvida entre irmãos que passou, como um cálice envenenado, para a terceira geração quando esta assumiu o poder. Como já vimos, os conflitos não resolvidos têm o dom de ecoar através das gerações.

EMPRESAS FAMILIARES

Fundada na década de 1930 por R. C. Hoiles, a empresa era, em muitos aspectos, a maior rival do *LA Times*; a Freedom era uma importante organização de mídia do sul da Califórnia, proprietária do *Orange County Register* e de outros veículos de mídia, inclusive algumas estações de televisão. R. C. Hoiles era um homem com profundas crenças libertárias e os jornais seguiam uma agenda editorial de defesa dos direitos do indivíduo sobre os do governo. Quando morreu em 1970, R. C. foi sucedido por seu filho mais velho Clarence Hoiles, conhecido como C. H., que continuou com o legado de seu pai, defendendo as crenças e os valores libertários da família.

SURGEM DIVISÕES

Emergiu uma disputa em 1980 quando Harry, irmão mais novo de C. H., insistiu que ele deveria se tornar o CEO e dirigir a empresa. Seu irmão e a irmã Mary Jane objetaram. Bloqueado em sua tentativa de assumir o comando, Harry ameaçou desfazer a empresa. E deixou claro para os irmãos que, se não fosse posto no comando, ele iria encontrar uma maneira de acabar com a empresa. Quando seus irmãos, que estavam encarregados de cuidar do legado do fundador, se opuseram, Harry decidiu forçar a questão e entrou com uma ação alegando quebra de dever fiduciário pela empresa na tentativa de dissolver a corporação. A ação se arrastou e acabou sendo arquivada em 1987, deixando cicatrizes profundas na família. No ano seguinte Harry morreu e a reclamação passou para seu filho Tim Hoiles, que continuou a defender a causa do direito de vender dos membros da família.

A família estava em um impasse, incapaz de chegar a um acordo sobre uma visão para a empresa atrás da qual seus proprietários pudessem se unir, e sem um caminho para que os membros desinteressados pudessem vender suas ações em termos satisfatórios. Essa situação prejudicial persistiu até 2003, quando o conselho de administração, pressionado por Tim Hoiles, concordou em analisar propostas de investidores externos para ajudar a resolver a situação. Foram contratados bancos de investimentos para a condução de um processo de venda.

VENDA

Parecia ser simplesmente uma questão de solicitar a oferta mais alta. Essa visão não deteve um grupo de acionistas da família que queria manter o controle e continuar o legado familiar a partir de uma proposta própria. Este grupo, liderado por Thomas Bassett, membro da quarta geração, veio com um plano propondo manter o controle da empresa nas mãos da família, mas associou-se a um grupo de investidores para financiar a saída de vários acionistas.

A solução proposta por Bassett conquistou a aprovação dos acionistas, desbloqueando a situação e oferecendo uma saída aos acionistas que queriam vender suas participações. Talvez a venda da Freedom tenha sido apenas adiada. Por enquanto o cisma que dividiu a família foi resolvido e a harmonia restaurada depois da luta que azedou as relações ao longo de duas gerações.

COMENTÁRIO

A lição aqui é que os cismas têm muitas origens, como já vimos, e, portanto, qualquer solução pode ser mais um remendo do que uma cura. Neste caso parece que havia questões familiares não resolvidas, muitas das quais originárias de rivalidades entre irmãos. Aqui a disputa era em torno de crenças das pessoas, de um senso de obrigação de sustentar a missão do fundador e de questões de administração em torno de regras para os acionistas. A possibilidade de a Freedom permanecer como empresa familiar vibrante pode ser boa a curto prazo, mas permanecem incertezas a respeito do que o futuro irá trazer em termos de direitos de propriedade. Os investidores irão procurar consolidar seus investimentos em algum ponto do futuro e a família terá de estar preparada para essa eventualidade.

A FAMÍLIA PATHAK – GUERRAS DE TEMPEROS[11]

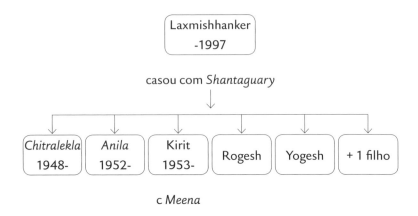

Figura 7.4 – A família Pathak

ORIGENS

Como vimos em casos anteriores, as divisões familiares em negócios assumem o caráter da sua cultura doméstica. O mesmo ocorre aqui, onde vemos uma família britânica de origem asiática altamente bem-sucedida, na qual surgiu uma divisão aguda de opiniões a respeito de direitos de propriedade, questionando os costumes culturais que dão às mulheres menos direitos na empresa do que aos seus parentes do sexo masculino. Aqui o subtexto é a falta de preparo, pois este é um caso em que a falta de clareza e de planejamento se combinaram para criar uma divisão pública de grande repercussão. Foi uma batalha que colocou um filho, apoiado pela mãe e pela mulher, que também era sua sócia, contra suas duas irmãs.

A Patak Foods Company está sediada em Lancashire, Reino Unido, e produz uma gama exótica e popular de molhos, curries, picles e outros produtos indianos. Foi fundada na Inglaterra por Laxmishanker Pathak, que havia emigrado do Quênia (onde há uma grande colônia indiana) para o Reino Unido com a mulher e seis filhos. A empresa, em sua segunda geração, tornou-se líder em seu mercado e seus produtos são distribuídos em mais de 40 países. A premiada empresa de alimentos é dirigida na segunda geração por Kirit e sua mulher Meena, que juntos constituem a força motriz por trás do sucesso da marca.

CHOQUE CULTURAL

A disputa era uma simples questão familiar de direitos de propriedade. Em 1974, quando foram emitidas as ações da empresa, cada uma das filhas recebeu uma parcela de um oitavo delas. Em 1989, as irmãs Chitralekla e Anila deram suas ações para que Shantaguary, sua mãe, as mantivesse em custódia em seu nome. Mais tarde, em um ato que iria provocar a disputa familiar, Shantaguary passou as ações para seu filho Kirit. As ações, que pouco valiam por ocasião da sua emissão, com o sucesso empreendedor de Kirit e Meena começaram a adquirir um valor substancial, devido ao crescimento da empresa sob a liderança do casal. As duas irmãs, vendo que sua mãe havia dado as suas ações ao irmão, decidiram tomar providências para fazer valer seus direitos de propriedade.

Começou assim um choque entre as visões "antiga" e "nova" da cultura do sul da Ásia. A batalha jurídica que se seguiu polarizou a família nos dois lados de uma divisão cada vez maior. Alguns defendiam os direitos da matriarca Shantaguary, argumentando que era seu dever de mãe entregar a guarda das ações ao seu filho, para que ele pudesse ser o acionista controlador da empresa. A matriarca foi clara ao afirmar que suas filhas eram motivadas pela avidez e estavam tentando se apossar de algo que não lhes pertencia.[12] Outros insistiam na manutenção dos direitos de propriedade das irmãs, como filhas do fundador Laxmishanker, que havia dado-lhes as ações. Finalmente Rogesh, o irmão mais novo, interveio em apoio às irmãs; ele já havia vendido suas ações a Kirit em 1989. Rogesh convidou publicamente seu irmão Kirit a mostrar liderança e "fazer a coisa certa... para preservar a unidade familiar". Finalmente, e de forma talvez inevitável, a disputa foi acertada através do recurso à lei. O resultado final foi um acordo extrajudicial dando às irmãs uma compensação em dinheiro.

O capítulo final da história foi a venda da empresa em 2007 a outra empresa sediada no Reino Unido, a gigante Associated British Foods – um tributo ao sucesso empreendedor de Kirit e Meena.

COMENTÁRIO

O caso salienta a interdependência da justiça distributiva com a processual, isto é, a justiça em termos de propriedade e a justiça do método pelo qual as ações são distribuídas. Para as irmãs, criadas quase inteiramente no Reino Unido, imersas nos valores ocidentais contemporâneos, a ofensa era dupla. Mas Kirit via a si mesmo como mantendo a tradição, alegando que a questão estava coberta pelo costume indiano de se passar os direitos de propriedade somente aos membros da família do sexo masculino.

Este caso reflete problemas experimentados no outro caso asiático por nós descrito, o da Reliance, onde também havia falta de clareza e especificidade em termos de planejamento do espólio. Laxmishanker, o fundador da Patak, pretendia claramente que o controle da empresa passasse para seu filho Kirit, mas esperava que suas filhas não tivessem nenhuma ação? Nunca saberemos isso, mas o caso ilustra como é arriscado se basear na tradição e nas suposições embutidas numa cultura durante tempos de mudanças. É especialmente problemático lidar com questões de propriedade com base em entendimentos não escritos – e mais ainda se o valor em jogo for elevado.

8.
Guerra rude

"A razão não é páreo para o poder e o preconceito, armados com fraude e astúcia."

WILLIAM HAZLITT

INTRODUÇÃO

Guerras são como escadas rolantes.[1] Imagine a cena. Dois grupos adjacentes vivem em estado de neutralidade armada. Certo dia, um representante de um dos grupos é atacado pelos guardas de fronteira do outro lado depois de um incidente menor. As forças do seu grupo fazem uma demonstração de força na área da fronteira, a qual é retribuída. São trocados insultos. Armas são empunhadas. De uma fonte ignorada, tiros são disparados. Há uma pequena confusão e um dos lados toma como prisioneiros dois soldados do outro lado. Este monta um ataque para resgatá-los. Tropas são deslocadas para a área crítica. Os grupos estão à beira da guerra, contra um cenário de recriminações públicas e acusações de má-fé.

Retire a fronteira e faça os dois grupos rivais exigirem o verdadeiro espírito de uma comunidade e você terá uma guerra civil. Numa guerra civil as fronteiras estão na mente, não no mapa. De fato, uma guerra civil pode ser descrita como o traçado de fronteiras onde antes não existia nenhuma. As pessoas começam a se definir como membros desta ou daquela facção. Surgem rupturas dentro de um território que antes era unificado. Esta é a tragédia de muitas guerras familiares. Uma família que antes era um império em crescimento torna-se um campo de batalha entre grupos que definem seus interesses como divididos.

Estamos agora no ponto de nossa jornada em que observamos famílias em guerra consigo mesmas, com o conflito se espalhando para afetar muitas partes. Essas conflagrações têm muitas vezes atributos de um buraco negro, onde a energia emocional negativa aspira e devora pessoas que, em outras circunstâncias, seriam espectadores. Isso porque a emoção é a força magnética destrutiva nas guerras familiares em todos os níveis, mas especialmente onde elas atingem um alto grau de complexidade. Uma vez disparados os primeiros tiros, os controles que normalmente restringem as explosões começam a cair. À medida que crescem as tensões, a racionalidade é abandonada.

Conflitos podem ocorrer com segurança em comunidades saudáveis, mas se eles ocorrem de forma contínua os corações se endurecem. As pessoas usam energia negativa para manter viva a inimizade e motivos de vingança, e represálias garantem seu agravamento. Não há perdão, nem esquecimento. A lógica da vingança ocupa o lugar da troca racional. Sobem os limiares das pessoas para o que constitui um comportamento aceitável e ameaças, agressões e escárnio passam a ser moeda comum. Em meio a essa desordem, sempre haverá pessoas sensíveis para quem uma conduta dessas é fonte de temor e repugnância. Elas irão se retirar, tentando tampar seus ouvidos ao som do tiroteio. Para elas, como para todas as pessoas, o estresse expõe as falhas de caráter. Podemos ficar surpresos de testemunhar comportamentos que teríamos considerado totalmente não característicos de uma pessoa, até mesmo em nosso próprio comportamento. A guerra civil baixa de nível até uma espécie de loucura coletiva.

A U-HAUL E OS SHOEN – UMA DINASTIA DESPEDAÇADA[2]

ORIGENS

Esta é a história da família Shoen, que transformou uma empresa nova e única, a U-Haul, numa empresa de um bilhão de dólares. Seu fundador, Leonard Samuel (L. S.) Shoen, estabeleceu uma empresa que se tornou muito conhecida em todos os Estados Unidos, com seus trailers laranja que foram a essência do seu negócio proclamando seu sucesso por todas as rodovias do país.

L. S. Shoen nasceu em 1916, o segundo filho de Samuel Joseph Shoen, um agricultor pobre, e sua mulher Sophia. L. S., como ficou conhecido quando adulto, desde cedo mostrou ser muito ambicioso, trabalhando duro varrendo pisos, lavando pratos e executando outras tarefas subalternas para ganhar a vida. Com seus esforços ele conseguiu economizar o suficiente para investir em seu primeiro negócio como barbeiro. Com pouco mais de 20 anos ele começou a demonstrar sua verdadeira ambição, dedicando-se aos estudos e entrando na escola de Medicina. Para se sustentar, ele mantinha aberta sua barbearia. Ele acreditava que nada se podia ganhar na vida sem sacrifício e estava preparado para pagar o preço do sucesso. L. S. sentia que a diferença entre ele e os outros, e que lhe trazia sucesso, era sua disposição para assumir riscos. Mas foram sua clareza de visão e seu foco que garantiram que o empreendedor que havia nele fosse um sucesso.

UM ERRO FATAL

Com pouco mais de 20 anos, L. S. conheceu Anna Mary Carty, filha de um agricultor e amiga da sua irmã Patty Lee, e se apaixonou por ela. Estava a ponto de lhe propor casamento quando descobriu que ela sofria de uma doença fatal do coração. Ele continuou o relacionamento, mas não fez a proposta. Então ocorreu um evento que mudou sua vida – um incidente que o levou a vários limiares decisivos.

EMPRESAS FAMILIARES

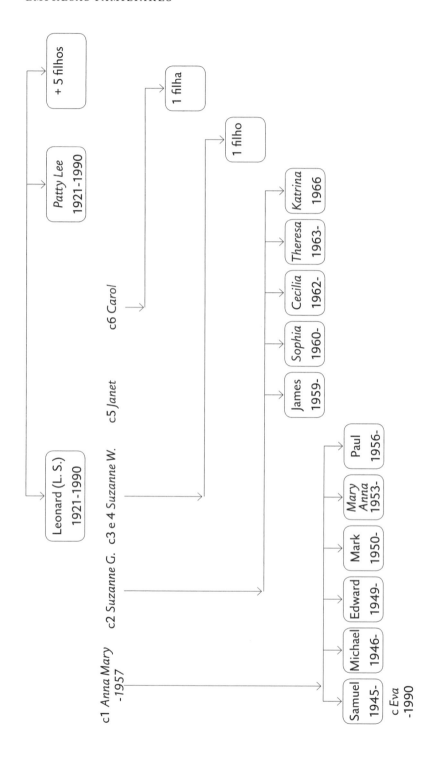

Figura 8.1 – A família Shoen

O incidente que provocou tudo foi quando L. S., no espírito de se arriscar pelos amigos, respondeu presente por um colega de classe ausente numa chamada. Sua mentira foi descoberta imediatamente e, para sua total descrença, ele se viu sumariamente expulso da escola de Medicina, arruinando seu sonho de tornar-se médico. O fato também prejudicou toda a sua vida social, pois seus amigos da escola começaram a se afastar dele. Somente Anna Mary continuou a considerá-lo com o mesmo respeito e, em 1944, sua lealdade foi recompensada com a tão esperada proposta de casamento. Mas o drama não terminou. Durante o casamento, para espanto de todos, Patty Lee, irmã de L. S., levantou-se e anunciou que tinha objeções ao seu casamento com Anna Mary. Seus protestos foram tantos que a cerimônia precisou ser interrompida enquanto ela era posta para fora da igreja. Era claro que, sob a superfície, nem tudo estava bem na família Shoen.

No devido tempo, Anna Mary deu à luz Samuel, o primeiro filho do casal. Mas pouco depois L. S., que havia se alistado na Marinha depois de ser expulso da escola, contraiu febre reumática e foi internado num hospital naval a cerca de 56 km de casa. Ele queria que sua família ficasse por perto e planejou a mudança, mas também queria evitar as despesas da mesma. Sua solução foi achar um trailer usado. É devido a acidentes do destino como aquele que nascem grandes idéias para negócios. A luz que acendeu o cérebro empreendedor de L. S. foi a visão de uma rede nacional de pontos de locação onde as pessoas poderiam alugar trailers para mudanças. Ele reconheceu imediatamente a idéia como uma oportunidade de negócios única, que potencialmente poderia criar uma demanda enorme.

Deixando o hospital, L. S. decidiu mudar sua vida. Para poupar dinheiro e obter suporte doméstico adicional enquanto lançava seu novo empreendimento, ele levou a família para viver com parentes, vendeu todo o equipamento da barbearia e investiu o dinheiro no novo negócio. Já não pensava mais em voltar à escola de Medicina. Agora ele iria se dedicar exclusivamente ao seu empreendimento. Animado com sua idéia e com US$ 5.000 de economias, ele encontrou um nome atraente para ele – U-Haul

– e começou a trabalhar em 1945, fazendo trailers que seriam de construção simples e precisariam de pouca manutenção. A U-Haul era sua obsessão e L. S. passava nos postos de gasolina com seus trailers. Em cada posto ele contava ao gerente que representava uma grande empresa, nunca admitindo que era o proprietário de um novo e diminuto negócio.

Reconhecendo que precisava adquirir mais qualificações ligadas a negócios para tocar a empresa, L. S., sempre preparado para estudar, matriculou-se em um curso noturno de Direito no Northwestern College of Law, em Portland. Outro grande avanço teve início quando Anna Mary leu a respeito de como as ferrovias criaram grandes frotas de vagões fechados descobrindo donos de frotas que pudessem financiá-los. Eles perceberam que, usando aquela estratégia, poderiam transformar sua empresa e acelerar substancialmente a expansão da U-Haul. O Programa para Proprietários de Frotas foi criado em 1952; por ele indivíduos e pequenos grupos investiam em trailers enquanto a U-Haul assumia todos os custos operacionais como seguro, manutenção e distribuição. Foi nesse ponto que a U-Haul começou a decolar em termos nacionais. No final da década de 1950, a frota da U-Haul consistia de 42 mil trailers.

VIDA FAMILIAR

Sem ceder diante das suas condições de saúde, Anna Mary teve seis filhos: Samuel, Michael, Edward (Joe), Mark, Mary Anna e Paul. Nos primeiros tempos da U-Haul, quando o dinheiro era escasso, Anna Mary administrava a casa com um orçamento apertado – apenas US$ 200 por mês. Porém, depois que a empresa cresceu, os Shoen se mudaram para um bairro de classe média superior em Portland. Os quatro filhos mais velhos formavam um grupo animado e, às vezes, agressivo. Entre os irmãos Joe se destacava como o mais quieto, com uma personalidade profundamente reservada. Em contraste Mark, o quarto garoto, era temperamental e sensível. Em 1953, depois do nascimento da sua primeira filha, L. S. começou a dar aos filhos suas ações da empresa. Como grande parte da sua infância tinha sido marcada pela pobreza, ele queria garantir o futuro deles. E a doação das ações da U-Haul também tinha a vantagem de lhe proporcionar um grande desconto fiscal. Ele o fez sem a ajuda de nenhum conselheiro financeiro ou jurídico. L. S. era demasiado frugal para gastar dinheiro com conselhos dos quais pensava não necessitar.

Em 1955, L. S., que como sempre fixava para si mesmo as mais altas metas em termos de realização, foi aprovado no exame da Ordem dos Advogados e formou-se em primeiro lugar no Northwestern College of Law. Enquanto isso, a empresa continuava sua poderosa trajetória ascendente. L. S., agora com pouco mais de 40 anos, estava se tornando ainda mais agressivo e emocionalmente determinado. Dirigia a U-Haul com punho de ferro, gerenciando em detalhe cada aspecto da empresa. Seu estilo era cada vez mais controlador, e ele dedicava todo o tempo aos negócios, dedicando pouca atenção à família e de forma geral ignorando seus deveres de pai. Ele havia adquirido a reputação de excêntrico viciado no trabalho, inconsistente em suas opiniões e decisões. Era visto por seus funcionários com afeição, lealdade e respeito.

Enquanto isso, as responsabilidades familiares pesavam sobre Anna Mary e ela sofreu uma recaída do seu problema cardíaco. À medida que os sintomas gradualmente pioravam, ela disfarçava sua dor sob um exterior alegre e otimista. Mas um ano depois do nascimento de Paul, seu último filho, ela falece, em 1957.

PERDA E TUMULTO

Este fato inesperado teve conseqüências horríveis para a vida emocional da família e também para a estrutura da empresa. Para a família, ele significou a perda do seu esteio emocional. Sam e Mike, os filhos mais velhos, eram mais independentes; assim, embora tivessem sentido muito a perda, ela não os prejudicou. Mas os dois mais novos, Joe e Mark, sofreram profundamente. L. S., cheio de remorso por negligenciar a família, procurou uma compensação, mas pouco podia fazer para preencher o enorme vazio deixado pelo amor materno. E as coisas não melhoraram com

EMPRESAS FAMILIARES

um indecente boato de que ele tinha assassinado Anna Mary. As conseqüências nos negócios também foram pesadas. Anna Mary morreu sem deixar testamento, e assim metade das suas ações foram para L. S., enquanto a outra metade era dividida igualmente entre os filhos. Com isso L. S., agora na meia idade e numa onda de sucesso ainda ascendente, tornou-se acionista minoritário em sua própria empresa.

Inquieto e solitário, começou a sair com mulheres poucas semanas depois da morte de Anna Mary. Seus filhos não entendiam. Aquilo parecia um desrespeito à memória da falecida mãe, especialmente em vista do pouco tempo que ele havia dedicado ao lar e à família enquanto ela era viva. Ele não poderia ter se contido por um período mais respeitável antes de encontrar uma parceira com quem dividir a vida e que viria a ser a madrasta dos seus filhos? Enquanto isso L. S. contratou uma sucessão de governantas, mas em geral não teve sucesso em recrutar as pessoas certas ou em retê-las. Carentes da atenção e disciplina paternas, Joe e Mark, os filhos mais novos, estavam se tornando cada vez mais incontroláveis.[3]

O primeiro verdadeiro romance de L. S. depois da morte da mulher foi com Suzanne Gilbaugh, filha de um vizinho rico, uma mulher quase 20 anos mais nova e que fazia mestrado. Determinado a obter o que queria, L. S. perseguiu Suzanne incansavelmente e, em 1958, quando ele tinha 42 anos, sua campanha teve sucesso e eles se casaram. Uma das primeiras decisões que tomaram foi de enviar os dois filhos mais velhos para um internato. Essa decisão foi um alívio para o casal e deu aos rapazes um santuário fora de casa. Mas o efeito colateral imediato foi o aumento das tensões na casa, forçando maior proximidade entre os filhos mais novos e sua madrasta. Suzanne, por seu lado, carecia de experiência para oferecer o apoio psicológico materno de que eles necessitavam. Com Sam e Mike no internato, Joe era o rapaz mais velho na casa e ele assumiu o papel de protetor dos irmãos contra a possível ameaça representada pela madrasta. Para Sam, o filho mais velho, o casamento do seu pai com uma amiga da sua irmã e com a mesma idade dele era desconcertante. E o casamento também tinha seus problemas. Logo o casal começou a brigar enquanto se esforçava para estabelecer um relacionamento estável.

Mas a vida continuou e Suzanne teve quatro filhos em rápida sucessão; assim, quando chegou aos 50 anos em 1966, L. S. tinha dez filhos de dois casamentos. Contudo, não conseguia persuadir seus filhos com Anna Mary de que podiam confiar em Suzanne como madrasta. Sam e Mike disseram que se sentiam indesejados em casa desde que o pai se casara novamente. Joe e Mark se irritavam com a maneira que ela dirigia a casa e as vidas deles, por exemplo, demitindo uma empregada de quem ambos gostavam.

Mark havia se tornado uma presença cada vez mais problemática na casa desde a morte da mãe, e Suzanne, preocupada, providenciou para que ele fosse a um psicólogo. Joe, por sua vez, tinha escoliose e não estava crescendo normalmente, ao ponto de periodicamente precisar usar um colete ortopédico e andar de cadeira de rodas. Enquanto Sam e Mike sempre tinham sido punidos severamente por qualquer mau comportamento, Joe e Mark eram deixados mais soltos e raramente eram disciplinados ou alertados pelo pai, que sentia pena deles. Filhos são sensíveis àquilo que percebem como uma duplicidade de padrões, embora do ponto de vista de um pai um tratamento diferenciado ser justificável. Certo ou errado, permitir que essas percepções passassem sem controle era uma receita para problemas.

Mike também se irritou quando o pai o proibiu de visitar a mãe de Anna Mary. Por outro lado, Joe e Mark pareciam ser incessantemente estragados pelo pai. L. S. até comprou um hidroplano para eles, mas deixou visivelmente de compensar sua generosidade com a disciplina necessária. O comportamento perturbador deles não lhes valia reprimendas. De modo geral, L. S. era descontrolado em seu estilo paterno, muitas vezes reclamando na frente deles a respeito do seu casamento, fato que encorajava Joe e Mark a permanecer em estado de constante rebelião contra a madrasta.

Em resumo, a dinâmica da família Shoen estava totalmente errada.

ANOS FORMATIVOS

Enquanto Sam e Mike eram rapazes preparados e esforçados e iam bem nos estudos, Joe e Mark eram um par inexpressivo, crescendo no estilo de vida liberal e confortável da sua casa. Os dois filhos mais jovens do primeiro casamento de L. S., Mary Anna e Paul, também viviam em casa. Como única menina Mary Anna, uma garota sensível, mantinha-se fechada. A aversão dos filhos mais velhos pela madrasta tinha se abrandado quando eles chegaram à idade adulta, mas Joe e Mark continuaram a ter um relacionamento conflituoso com Suzanne. Paul, o mais novo, também expressava sentimentos negativos em relação à madrasta, pedindo que o pai a removesse das vidas deles.[4]

Com o passar do tempo Sam tinha se tornado o favorito da família com sua natureza entusiasmada e sua disposição amigável e inteligente. Ele se lembrava claramente da luta do pai para dar a todos uma vida privilegiada. Cada um deles sabia que teria de fazer seu próprio caminho na vida, exceto Joe. Anos de tratamento especial levaram-no a ver a U-Haul como sua por direito de nascimento. L. S. sempre havia considerado a U-Haul como seu legado para os filhos e desde cedo tinha decidido dar a empresa a eles. Com suas ações da U-Haul, cada filho tinha no papel um patrimônio de milhões de dólares. Porém, a tendência controladora de L. S. os mantinha com rédea curta e pouco dinheiro.

As diferenças entre as personalidades e visões de mundo dos irmãos aumentaram com o passar dos anos. Joe e Mark tinham assumido um comportamento frio e distante, ao passo que Sam e Mike eram mais tolerantes, complacentes e generosos. Os dois filhos mais velhos se libertaram do controle do pai com suas carreiras – Sam foi bem-sucedido em Medicina enquanto Mike tornou-se advogado e assumiu um cargo de vice-procurador do município.

Mas nem tudo estava bem. Houve muitos incidentes perturbadores, como quando Joe foi hospitalizado depois de uma colisão entre seu veículo e um carro de polícia. De acordo com um biógrafo, escrevendo com a aprovação de L. S., o incidente e suas conseqüências acionaram sinos de alarme para ele. Ele compreendeu que estava confiando demais nos filhos mais novos. Onde estavam os mais velhos? Ele estava especialmente preocupado a respeito do seu relacionamento com Mike e temia o afastamento dele. L. S. começou a pressionar Sam e Mike para que entrassem para a U-Haul, apesar de eles terem dito claramente que queriam ficar fora da empresa do pai.

OS FILHOS ENTRAM PARA A EMPRESA

Enquanto isso Joe, que já era formado em Direito e de olho em sua futura carreira na empresa da família, tratou de obter um MBA na Harvard Business School. Sua entrada na U-Haul se deu em 1973, depois de ele terminar seu curso. Ele tinha altas expectativas e passou a competir abertamente com seu pai. L. S. tinha sugerido que Joe se juntasse a ele no campo, onde poderia conhecer clientes e aprender como a empresa operava, mas Joe insistiu em permanecer na sede central, onde achava que teria seu dedo no pulso da empresa. Mark, por outro lado, tinha mostrado pouco interesse em trabalhar na empresa, mas mesmo assim L. S. contratou-o como membro da equipe gerencial. Nenhum dos dois parecia se encaixar com facilidade. Sempre que havia questões controversas, confrontação e hostilidade enchiam o ar, em vez de uma discussão equilibrada. Uma fonte revelou que o comportamento deles lhes valeu o apelido de "os moleques Shoen", mas L. S. continuou acedendo aos desejos deles.

Ao mesmo tempo, em 1973, os dois filhos mais velhos, ainda relutando em vir para a empresa, cederam à pressão paterna. O primeiro a vir foi Sam, que assumiu o lugar de assistente do pai, com Mike vindo algumas semanas mais tarde, como diretor de assuntos jurídicos. Agora L. S. tinha motivos para estar satisfeito: seus quatro filhos mais velhos estavam com ele na empresa e rapidamente os talentos dos dois mais velhos começaram a produzir retorno. Eles aprendiam depressa e conquistaram a apreciação do pai. Joe, por outro lado, continuava a agir de maneira desafiadora, bombardeando todos, mas em especial seus irmãos, com suas opiniões e previsões, afirmando inclusive que a U-Haul iria quebrar.

No início dos anos 1970, a U-Haul estava enfrentando novos desafios com o surgimento de uma concorrente no aluguel de trailers, a Ryder System Inc., e com a primeira crise internacional do petróleo em 1973, a qual afetou profundamente os clientes da empresa. Joe via aquilo como uma ameaça, mas seus irmãos consideraram-no alarmista, propenso a exageros. Sam e Mike concluíram que Joe não era digno de confiança, destacando aquele que julgavam ser seu comportamento errático. Ao mesmo tempo, eles reagiram às condições de mercado mais hostis lançando um investimento dispendioso, os U-Haul Centers, lojas de propriedade da empresa que alugavam diversos produtos. A nova estratégia não teve sucesso, trazendo prejuízos significativos para a empresa.

L. S., percebeu que seus filhos não conseguiriam formar uma equipe eficaz e queria a harmonia na família; assim, decidiu que eles precisavam de assistência externa. Em 1975, ele pediu que todos os filhos comparecessem a sessões semanais de consulta com um psicólogo, na tentativa de resolver suas diferenças. Emoções contidas foram expressas nas sessões, mas o conselheiro não conseguiu resolver nenhuma das questões profundamente arraigadas.

Frustrado pelo fato do aconselhamento não estar funcionando, L. S. contratou um novo psicólogo de famílias, o Dr. Jerry Day, que observou que "o comportamento cooperativo era quase nulo" e que a família estava dividida em duas facções em luta, com Joe e Mark de um lado, e L. S., Sam, Mike e os outros filhos, do outro.[5] Ele concluiu que a causa subjacente do turbilhão emocional era o severo trauma experimentado por Joe e Mark depois da morte da mãe e que o mau relacionamento deles com a madrasta havia lhes dado um complexo de inferioridade. Isso fazia com que ambos fixassem metas elevadas que não conseguiam atingir e que nutrissem crenças paranóicas de que os outros não permitiriam que eles tivessem sucesso. O médico descreveu da seguinte maneira a luta deles pelo poder: "Se você me ama realmente, faça o que digo. Como se opõe, você não me ama e, portanto, meu ódio por você está justificado".

Embora L. S. agora compreendesse que Joe e Mark estavam projetando suas experiências e sentimentos relativos à madrasta sobre os outros, ele não conseguia modificar suas ambições para eles. L. S. queria tanto seus filhos na empresa que tinha dificuldades para distinguir o certo do errado e era incapaz de fazer julgamentos racionais a respeito de seus desempenho e capacidade. Sua personalidade controladora e seu ego estavam ajudando a provocar conflitos e criar uma situação cada vez mais negativa. Apesar de acreditar que Joe e Mark estivessem criando grandes problemas para a liderança da empresa, L. S. não estava preparado para enfrentá-los.

Joe continuava a questionar o modo pelo qual L. S. e Sam administravam a empresa, apontando o fracasso dos U-Haul Centers que, para ele, desviavam a atenção do negócio central e drenavam desnecessariamente recursos escassos. Em outubro de 1979, Joe e Mark pediram demissão da U-Haul porque não conseguiram assegurar para eles o controle e a direção para a empresa que desejavam, em especial depois de Sam ser nomeado CEO. L. S., não querendo cortar o cordão umbilical, procurou apaziguá-los continuando a pagar seus salários e permitindo que eles mantivessem benefícios como cartões de crédito corporativos e livre acesso de uso aos carros e aviões da U-Haul. Isso foi demais para Mike, o mais relutante da dinastia U-Haul. Incapaz de suportar a pressão, ele também pediu demissão em 1979.

L. S. E AS MULHERES

O poder pessoal e o carisma de L. S. se estendiam para a esfera pessoal, em que sua fraqueza da vida inteira foram as mulheres. Seus filhos tinham visto isso depois da morte da mãe, fato que os levou a se perguntar se o pai algum dia havia amado sua falecida mãe. Na verdade é provável que ele amasse mais sua empresa, mas depois da partida de Anna Mary, ele teve dificuldades para sustentar outros relacionamentos. Seu casamento com Suzanne se deteriorou desde o início. Em 1997, ele começou um relacionamento com Suzie Whitmore, de Cleveland, que ficou grávida.

Apesar das súplicas de L. S. para que ela ficasse, Suzanne se divorciou e o deixou. L. S. casou-se com Suzie Whitmore, mas essa união terminou em divórcio em poucos meses. Ela decidiu que era impossível viver com um homem que não estava em estado emocional para assumir um novo compromisso. Porém, poucos meses depois do divórcio, ele casou-se novamente com ela para legitimar Scott, o filho deles.

Continuando sua história de conquistador, L. S. já havia iniciado outro relacionamento extraconjugal com uma enfermeira. Isto precipitou o segundo divórcio de Suzie, que no segundo casamento constatou que ele não tinha mudado: ainda era impossível viver com ele. Em 1978, L. S. casou-se com seu último amor, Janet Hammer. Esse relacionamento também durou poucos meses; no divórcio ela alegou que L. S. achava impossível viver com sua nova enteada, do primeiro casamento de Janet.

Assim aos 62 anos, L. S. tinha se casado cinco vezes com quatro mulheres e tivera 12 filhos. Talvez começando a amadurecer um pouco, quatro anos mais tarde, em 1983, ele decidiu sossegar e se casar com a relativamente jovem Carol Copeland, com idade pouco acima da metade da sua. Finalmente ele encontrou estabilidade e seus filhos imediatamente desenvolveram um elo com Carol. A vida começou a parecer mais pacífica para L. S., depois de longos anos de tumulto conjugal.

Nesse meio tempo Sam tinha se casado com uma jovem e bela norueguesa chamada Eva Berg. L. S. ficou particularmente feliz com aquela união e aprovou enfaticamente a escolha do filho. Porém, ao invés de se integrar com o restante da família Shoen, Eva compreensivelmente preferiu manter distância do caldeirão emocional representado pelos cunhados. Joe casou-se com Heidi Hatsell, uma união que nunca foi bem recebida pela família e terminou num áspero divórcio 12 anos depois.

LUTA PELO PODER E DERROTA

Quando eram jovens, os filhos de L. S. tinham todos trabalhado na U-Haul nas férias de verão – esse foi seu único treinamento formal e sua introdução na empresa. Os membros da família que acabaram não trabalhando na empresa naturalmente pouco conheciam das suas operações e, como acionistas, ignoravam a maior parte dos problemas enfrentados pela corporação e sobre os quais eram convocados a votar.

Outra mudança importante vinha ocorrendo ao longo dos anos com a transferência gradual das ações para a segunda geração. Em meados dos anos 1980, o fundador L. S. havia passado para a geração seguinte quase todas as suas ações e embora no passado ele contasse automaticamente com as procurações dos filhos, agora não havia garantia de que as obtivesse, uma vez que Joe discordava fortemente do pai. O choque veio no outono de 1982, na assembléia anual dos acionistas da Amerco (a holding da U-Haul, cujo nome por extenso é American Family Corporation), presidida por Sam.

Joe e Mark compareceram, expressando sua determinação para assumir o controle da empresa. Joe, um dos mais espertos do clã, tinha adquirido perspicácia em negócios através da sua experiência no trabalho e sabia ser muito persuasivo com outros membros da família, apresentando-se como pessoa de alto intelecto e julgamento astuto. Ele vinha trabalhando nos bastidores, argumentando que o conselho deveria excluir seu pai e Sam, mas a proposta foi rejeitada. Apesar desse ato de rebelião, L. S. estava insatisfeito pelo fato de Joe e Mark estarem fora da empresa e pensava que o conflito poderia ser abrandado se ele conseguisse uma maneira de trazê-los de volta para a gerência da U-Haul.

Joe, sentindo uma oportunidade para assumir a liderança da empresa, deixou claro que somente voltaria a trabalhar na U-Haul se contasse com poderes reais para dirigir o espetáculo. Contrariando o julgamento da equipe gerencial, L. S., persuadido pela visão de Joe, nomeou-o presidente do conselho, mantendo Sam no posto de CEO, responsável pelas operações. De volta ao poder Joe, assistido por Mark, começou imediatamente a questionar seu pai e Sam. Com isso as reuniões semanais da gerência se tornaram confrontos acalorados com seu irmão mais velho.

Dando de volta a Joe um assento no conselho, L. S. inadvertidamente lançou as sementes do seu afastamento. Joe continuou a repetir nas reuniões que L. S. devia deixar o controle da empresa para os filhos; finalmente L. S. não agüentou mais e acedeu aos desejos de Joe, enviando uma nota aos funcionários comunicando sua decisão de se aposentar. Mas era óbvio para todos que não se tratava de uma aposentadoria pacífica. L. S. havia sido forçado por Joe, cujo desejo por controle se mostrava insaciável.

SOFRIMENTOS E DORES

Esta é uma história dos pontos cegos que afligem as pessoas carismáticas e lançam as sementes da sua queda. L. S. sempre havia operado com uma crença inabalável em seu destino. Olhar para o que está iluminado pelos brilhantes faróis do seu próprio ego pode fazer com que a pessoa deixe de perceber o que está acontecendo em outro lugar. L. S. não tinha a intenção de educar seus filhos para que fossem proprietários efetivos, e este fato, associado ao seu instinto controlador, limitava a capacidade deles para tomar decisões corretas. Ele era servo do seu filho Joe, brilhante mas rebelde, cujas emoções fortes e erráticas ele nunca tinha enfrentado. Ele nunca imaginara que nem sempre seus filhos iriam apoiar suas decisões.

Contudo, foi exatamente o que aconteceu no final de 1986, quando a empresa atingiu seu ponto mais alto, liderando o mercado nacional de arrendamento de equipamentos em geral, no aluguel de *motor homes* e de espaços para armazenagem. A campanha de Joe para assumir a liderança da empresa estava no auge e ele conseguira votos suficientes para conquistar o controle. Foram trazidos mediadores para ajudar na obtenção de um resultado satisfatório para a situação, que era tensa para todas as partes. Tão logo o novo conselho sem L. S. tomou posse, Joe, o novo presidente, começou a questionar a autoridade de Sam como CEO. Sam saiu poucos meses depois, deixando Joe com aquilo que ele sempre desejara: controle gerencial absoluto.

A visão e as ambições de Joe tinham dividido a família em duas facções. Ele começou a fazer tentativas de comprar as ações de outros sócios e consolidar sua base de poder. Mas as partes não chegavam a um acordo sobre que termos seriam razoáveis. Na ausência de mecanismos administrativos adequados para resolver diferenças e chegar a uma visão comum do negócio e sua identidade familiar, as batalhas continuaram, cansando a todos, exceto Joe. Em 1988, a guerra na família atingiu novas alturas quando Katrina, uma das mais jovens filhas de L. S., cujo apoio Joe tentava conseguir, decidiu apoiar o grupo de seu pai. Depois desse revés, o lado de Joe fez uma nova tentativa para reforçar sua posição, a qual posteriormente provocou um questionamento jurídico por parte dos seus oponentes.[6] Ela ocorreu em julho, quando o conselho de administração efetuou uma emissão adicional de 8.099 ações para executivos da empresa, dando assim à facção de Joe 50,1% de participação. As compras das ações pelos cinco executivos foram financiadas por US$ 800.000, levantados por Joe do fundo de investimentos dos seus filhos.

Com a família dividida em duas facções, foi realizada uma assembléia dos acionistas em março de 1989, em Reno, Arizona. O grupo liderado por Joe chegou à reunião usando distintivos de lapela verdes para se distinguirem dos parentes na assembléia, que acabou se tornando muito turbulenta. Um relato completo dos procedimentos foi registrado e publicado, revelando a extensão até a qual os executivos usaram linguagem abusiva com os acionistas lá reunidos. A assembléia terminou com Mike e Sam, que tinham ficado irritados com aquilo que ouviram na reunião, brigando com Joe e Mark. Mike acabou sendo hospitalizado com ferimentos no pescoço e nas costas. A história foi publicada no jornal *Arizona Republic*, com uma foto de Mike ferido.

O nadir da fortuna da família foi atingido quando Eva, mulher de Sam, foi encontrada pela filha, assassinada em sua cabana na montanha em agosto de 1990. No clima de acrimônia que havia contaminado toda a família, até mesmo aquela catástrofe aparentemente casual foi vista com suspeição. A verdade era mais trivial. Um passante foi preso e julgado culpado do crime, mas L. S. continuou a abrigar a falsa suspeita de que seu filho Joe era o responsável.

EMPRESAS FAMILIARES

Pode acontecer de um evento trágico que aflige uma família com problemas poder ser o catalisador para movimentos súbitos em outras frentes. Foi o que ocorreu neste caso – uma erupção de emoções que encontrou seu escape na tradicional arena das disputas em empresas familiares – os tribunais. O primeiro passo foi dado por Sam, que entrou com uma ação judicial contra Joe, alegando que a venda de ações tinha sido incorreta e impedia que eles obtivessem o controle da empresa.[7] Ele ganhou a ação e recebeu um pagamento por danos que, mesmo depois do recurso, resultou numa soma de US$ 461 milhões, mais US$ 7 milhões por danos punitivos. L. S. tinha de escolher um lado e não hesitou em fazê-lo. Deu a Sam todo o seu apoio e culpou publicamente Joe e Mark, em rede nacional de televisão, pelos problemas da família, bem como pelo assassinato da sua nora.[8]

Joe, por sua vez, processou o pai por calúnia quando ouviu suas alegações. Porém, apesar da opinião pública contrária, Joe agarrou-se às rédeas do poder até que ele e Mark puderam comprar as ações do resto da família. Eles terminaram com uma participação minoritária de 40% da U-Haul, através da empresa holding Amerco.

L. S. faleceu em conseqüência de um acidente em 1999, com a idade de 85 anos. Até mesmo este incidente foi manchado por um boato – de que ele havia dirigido seu carro deliberadamente contra um poste para acabar com sua infelicidade com o fim ao qual a empresa à qual dedicara sua vida havia chegado. O restante da família Shoen retirou-se de cena, distanciando-se da empresa e de Joe.

A empresa teve finalmente seu capital aberto em 1993, o primeiro ano em que as receitas superaram US$ 1 bilhão. A Amerco, porém, continuou envolvida com dramas, tendo sido forçada a redeclarar seus lucros líquidos, depois da descoberta de possíveis irregularidades contábeis. A seguir a empresa solicitou proteção contra falência em 2003, mas ressurgiu no ano seguinte, quando teve acesso a um novo financiamento. Quando este livro estava sendo escrito, Joe Shoen ainda ocupava os cargos de presidente do conselho e presidente da Amerco.

246

COMENTÁRIO

A U-Haul é uma lição sobre o lado sombrio do nepotismo. É um drama shakespeariano no qual um coquetel de personalidades pungentes foi misturado com terríveis tomadas de decisões. Na origem, em primeiro lugar, está o monumental caráter falho do fundador, cujos erros de julgamento atormentaram sua vida. L. S. conseguiu tirar proveito do fato de ter sido expulso da escola de Medicina, mas seus outros erros voltaram para assombrá-lo. Um erro primário foi sua determinação em trazer os membros da sua família para a empresa, independentemente de aptidão, competência, motivação ou adequação, e forçar as questões de acordo com sua vontade.

Em segundo lugar vem sua completa insensibilidade com as emoções de outros membros da família, em especial depois dos dramas e tragédias que se seguiram à morte da sua primeira mulher, e sua incapacidade para reconhecer os resíduos da infelicidade deles, mesmo na maturidade.

Em terceiro vem sua má leitura do caráter das pessoas. Joe, uma criança complexa e introvertida, necessitava especialmente da atenção paterna. Em vez disso, foi atirado em arenas onde suas ansiedades e frustrações se transformaram numa personalidade carregada de emoções contraditórias.

Em quarto lugar vem sua incapacidade para gerenciar riqueza e renda de uma forma que equilibrasse as necessidades da família e da empresa. Por exemplo, ele cedia aos desejos dos membros da família financeiramente dependentes da empresa. Ao mesmo tempo, entregou o controle votante da empresa aos membros da geração seguinte, que não tinham aprendido os valores da administração nem como agir como proprietários responsáveis.

Quinto, seu apego ao sentimento de família fazia dele uma presa fácil a cada drama que se apresentava, sem nenhum fator de compensação.

Alguns desses problemas teriam sido resolvidos pelo uso de bons conselheiros, particularmente sobre participação acionária e planejamento fiscal nos primeiros tempos. Uma boa governança, com vozes independentes e fortes, poderia ter controlado os jogos de poder e ajudado a gerenciar as decisões vitais sobre direitos de propriedade e controle executivo. Sem apoio externo, L. S. foi levado para o mundo do Rei Lear – o velho e tolo rei cujos filhos provocaram desordem no reino da família. As ações do grupo aqueceram um caldeirão fervente no qual uma guerra familiar mortal foi fermentada e deixada em fogo baixo.

Quanto deste todo pode ser identificado com a complexa figura de Joe, que expressava suas emoções tão fortemente em seu impulso inexorável para assumir o controle da U-Haul, a despeito dos efeitos colaterais sobre os relacionamentos familiares? Seria fácil fazer dele o bode expiatório, mas os problemas de Joe foram amplificados e se propagaram na estufa emocional em que se transformara o império de seu pai. Um homem como L. S. não pode ser acusado por buscar amor e companhia depois de enviuvar e, embora seja este o fato que mais feriu seus filhos, Joe em especial, havia uma falha mais geral de L. S. que foi exposta pelos eventos. Em vez de contar com uma paternidade impositiva, sob a qual as crianças podem crescer rumo à independência com o apoio vigilante dos pais, os filhos mais novos se tornaram vítimas de uma cultura de dependência, enquanto os mais velhos optaram pela alienação.

A FAMÍLIA GUCCI – UMA TRÁGICA ÓPERA ITALIANA[9]

ORIGENS

Se a saga da U-Haul é de uma descida ao inferno familiar, a história da Gucci é mais um passeio em ziguezague, que começa com um fundador inspirado, segue pela geração seguinte e termina com a sobrevivência da marca, mas a perda da empresa. Não é exatamente o paradigma de "da pobreza à riqueza e de volta à pobreza em três gerações" mas, como veremos, chega perto dele.

O nome Gucci continua hoje na mente do público como uma das casas de criação de moda mais bem-sucedida e glamorosa do mundo; como muitos desses ícones, ela teve origens humildes.

GUERRA RUDE

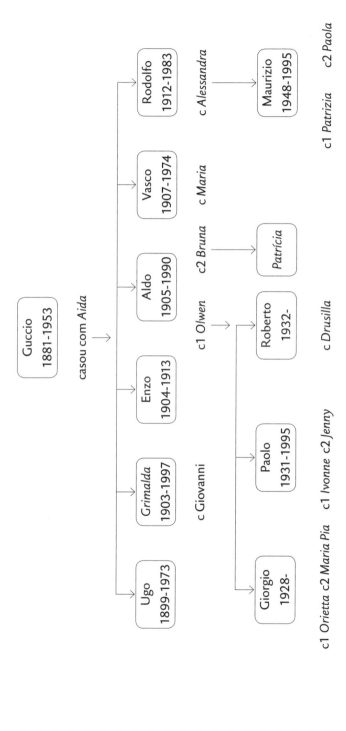

Figura 8.2 – A família Gucci

EMPRESAS FAMILIARES

A história tem início com o fundador Guccio Gucci, cujos pais ganhavam a vida fazendo chapéus de palha em Florença, Itália. Guccio saiu de casa e foi para a Inglaterra. Lá ele conseguiu um emprego no famoso Savoy Hotel de Londres e, embora o salário fosse baixo, ele se esforçou e aprendeu os segredos da profissão. Voltando para casa com suas economias quatro anos depois, ele casou-se com Aida Calvelli, filha de um alfaiate.

Depois que se casaram eles adotaram Ugo, filho ilegítimo de Aida, e logo a família aumentou quando Aida engravidou e teve Grimalda, a primeira filha do casal. Eles tiveram mais quatro filhos, todos homens, um dos quais morreu na infância. Os sobreviventes foram Aldo, nascido em 1905, Vasco, em 1907, e Rodolfo, em 1912. Mas foi Ugo o arauto da destruição da família e que, quando adulto, tornou-se funcionário do partido fascista de Mussolini.

Com suas economias e 25 mil liras de um investidor, Guccio abriu a primeira loja Gucci em Florença. Ele comprou produtos de couro de alta qualidade de fabricantes toscanos, bem como produtos importados da Alemanha e da Inglaterra, para vender aos turistas que se aglomeravam em Florença. Ele aspirava à elegância e sempre estava impecavelmente vestido com camisas finas e ternos muito bem passados. Abriu uma pequena oficina nos fundos da loja, onde manufaturava seus próprios produtos em couro para suplementar os importados e iniciou um negócio de consertos que em pouco tempo tornou-se lucrativo. A marca registrada de Guccio era atendimento combinado com trabalho de primeira classe.

À medida que cresciam, os filhos de Guccio começaram a trabalhar para a empresa da família, com exceção de Ugo, que mostrou pouco interesse e sempre foi como que um estranho. Aldo tinha o senso comercial mais agudo e logo se destacou como empreendedor. Vasco gostava de passar horas de lazer no campo e assumiu a responsabilidade pela produção. Rodolfo tinha menos interesse pela empresa e, tão logo atingiu idade suficiente para trabalhar, partiu em busca do seu sonho de trabalhar no cinema. Como pai, Guccio era um disciplinador severo com uma forte personalidade e contava com o respeito dos filhos, de quem cuidava de maneira distante e autoritária. Ele imprimiu rigorosamente seus valores econômicos em seus filhos.

OS IRMÃOS GUCCI

Aldo começou a trabalhar na empresa em 1925, com 20 anos, entregando pedidos com uma carroça aos clientes hospedados nos hotéis locais. Também executava tarefas simples na loja, como limpar e arranjar as mercadorias. Desde o início tornou-se óbvio seu talento para misturar trabalho e prazer. Desenvolvendo o tempo todo suas habilidades de vendedor, Aldo conseguia seduzir as mulheres, sabendo que elas iriam se tornar clientes valiosas. Nesse meio tempo, ele casou-se com Olwen, que deu à luz três filhos em rápida sucessão: Giorgio, Paolo e Roberto.

Aldo envolveu-se cada vez mais com o negócio da família, ao passo que seu irmão Rodolfo permaneceu distante e desinteressado, fato que perturbava seu pai Guccio. Era Aldo que possuía os talentos para levar a empresa adiante e quem tratava de tornar a marca Gucci um símbolo de *status* e estilo na Europa e, cada vez mais, na América. Guccio, embora derrubasse regularmente as idéias de Aldo, reconhecia a habilidade do filho para negócios. Enquanto isso, Rodolfo seguia sua carreira de ator, mas não conseguia nenhum grande papel; assim, depois do fim da guerra perguntou ao pai se poderia entrar para a empresa. Também se tornou um homem de família casando-se com Alessandra, a quem havia conhecido quando ela era uma jovem atriz e que dera à luz seu filho Maurizio em 1948. A primeira contribuição de Rodolfo para a empresa foi dirigir a loja de Milão e, mais tarde, assumir a direção do desenho das bolsas Gucci.

Gradualmente, Guccio deixou Aldo assumir o papel de líder da empresa e, por ocasião de sua morte em 1953, Aldo havia se tornado a principal força motriz do negócio. Guccio morreu milionário, passando o império aos filhos, nunca tendo sonhado com as ferozes disputas que viriam, e para as quais sem querer ele havia preparado o terreno. Em primeiro lugar, sua estratégia

EMPRESAS FAMILIARES

como pai tinha sido de jogar os filhos uns contra os outros, na crença de que a competição entre os irmãos iria estimulá-los a um melhor desempenho. Em segundo, como tradicionalista em suas crenças a respeito de sexo e trabalho, ele excluiu sua filha Grimalda como herdeira de ações da empresa.

Este fato foi causa de uma grande fissura. Grimalda ficou furiosa quando descobriu que estava excluída da herança da Gucci. Ela havia trabalhado incansavelmente na loja e seu marido tinha ajudado Guccio com empréstimos para que ele passasse pelos difíceis primeiros tempos do negócio. Quando soube do que tinha acontecido, ela foi aos tribunais, mas perdeu.

O REINADO DE ALDO

Aldo, agora o líder da família, reunia-se com os irmãos Vasco e Rodolfo a cada duas ou três semanas em Florença para discutir negócios. Os irmãos mais novos davam a Aldo liberdade para dar a direção estratégica da empresa, pois ele não tinha se afastado muito dos valores da família. Seu estilo gerencial era afetuoso – tratava os funcionários como parte da família e, em troca, recebia deles comprometimento e lealdade. Aldo também começou a encorajar seus filhos para que entrassem para a empresa. Como Guccio, ele também era um pai duro e dominador. Seus filhos Giorgio e Roberto foram para o escritório de Nova York, onde Aldo estava sediado. Porém, Giorgio não gostava de viver à sombra do pai e logo voltou à Itália para assumir a gerência da loja de Roma. Paolo preferiu se estabelecer em Florença a trabalhar com o pai autoritário em Nova York. De forma nada diplomática, fez com que o pai soubesse exatamente o que ele pensava do seu estilo opressivo. Aldo começava a perceber que o relacionamento com os filhos não seria fácil.

Contudo, como empreendedor e líder, Aldo era altamente bem-sucedido, descobrindo continuamente novas oportunidades e expandindo os negócios para novos mercados internacionais, inclusive o Japão, um mercado crucial para a empresa. Em 1974, havia 14 lojas Gucci e 46 butiques franqueadas em todo o mundo.

Ele também diversificou os negócios entrando no mercado dos perfumes, fato que ajudou a manter seus filhos ocupados com a empresa.

No mesmo ano, Vasco, o irmão do meio, morreu de câncer, deixando sua parcela de um terço da empresa para Maria, sua mulher. O casal não tinha filhos. Os dois irmãos sobreviventes se ofereceram para comprar as ações da cunhada para manter a propriedade da empresa na família e ela concordou. Com isso, Aldo e Rodolfo passaram a ser os únicos acionistas do império Gucci, com 50% cada. Aldo achou que estava na hora de dar aos seus filhos uma participação na empresa e dividiu uma pequena parcela entre eles, transferindo 3,3% para cada um. Embora não expressasse o que sentia, Aldo achava que a parcela de 50% de Rodolfo na empresa era desproporcional à sua contribuição para a mesma.

A tragédia golpeou a família quando Rodolfo, aos 42 anos, perdeu sua mulher Alessandra. Esse golpe tornou-o ainda mais protetor e possessivo em relação a Maurizio, seu único filho, fazendo com que este fosse seguido por um carro quando saía para passear de bicicleta e mantendo um rígido horário de recolher durante o período de aulas. Sua estratégia para ensinar ao filho o valor do dinheiro era de reter a reduzida mesada que lhe dava por qualquer infração. Intimidado pelo pai, Maurizio detestava lhe pedir qualquer coisa.

Como muitos pais possessivos, Rodolfo não gostava dos relacionamentos do filho e desaprovou totalmente o casamento dele com Patrizia Reggiani. Ele chegou a apelar diretamente para o cardeal de Milão para que impedisse o casamento planejado para outubro de 1972, ameaçando deserdar Maurizio devido às suas suspeitas sobre os motivos da sua futura nora. Rodolfo achava difícil acreditar que ela poderia amar seu filho por ele mesmo e não pela sua fortuna. Mas para Maurizio, Patrizia e a família dela constituíam uma fonte de força e proteção e ele começou a se afastar do pai.

Rodolfo nunca tinha se casado novamente e estava sozinho e amargurado por aquilo que via como o abandono dele pelo filho;

além disso, era orgulhoso demais para buscar uma reconciliação com Maurizio. Foi assim que Maurizio, que havia terminado seus estudos na Universidade de Milão, aconselhado por seu tio Aldo, foi trabalhar na empresa da família em Nova York.

PAOLO GUCCI

Paolo, o segundo dos três filhos de Aldo, de caráter entusiasmado, criativo e às vezes excêntrico, não teve uma vida privada fácil, tendo se casado e divorciado duas vezes. Nos negócios ele sempre queria ser independente e sentia-se frustrado por não conseguir um papel maior na empresa da família. Em pouco tempo ele começou a se chocar com seu tio Rodolfo, a quem se reportava. Paolo começou a usar sua presença nas reuniões do conselho de administração para expor suas idéias a respeito de design, produção e marketing. Também começou a fazer perguntas embaraçosas sobre as finanças da empresa, apoiadas por cartas duras e críticas. Tudo isso era demais para o tio tolerar e houve um confronto colérico no qual Rodolfo sugeriu que Paolo deixasse a Itália e fosse trabalhar para seu pai em Nova York.

A resposta de Paolo foi rebelde, mas mesmo assim ele levou as palavras do tio ao pé da letra. Sem avisar nem encontrar um substituto, ele fez as malas e foi para Nova York. O comportamento do sobrinho enfureceu Rodolfo. Paolo agora queria vingança – seu objetivo era destruir a posição do tio Rodolfo na empresa. Mas nem tudo eram flores com seu pai. Logo Paolo achou o temperamento furioso do pai difícil de suportar.

Mandando às favas a cautela, Paolo, agora sem dúvida a ovelha negra da família, decidiu lançar uma linha própria – a Coleção Paolo Gucci (PG). A novidade chegou ao conhecimento de Rodolfo de forma indireta, de vários fornecedores que haviam sido contatados por Paolo. Isto irritou os dois irmãos, que compreenderam que Paolo poderia vir a ser uma ameaça ao nome Gucci e a tudo que eles haviam construído. Aldo não tinha intenção nenhuma de permitir que seu filho concorresse com a empresa da família enquanto ainda fosse funcionário da Gucci. Assim Paolo

GUERRA RUDE

foi demitido em setembro de 1980, terminando uma carreira de 28 anos na empresa da família.

Enquanto isso, Rodolfo, que estava com câncer na próstata, começava a reacender seu relacionamento com Maurizio e o estava encorajando a assumir um papel mais ativo na empresa. Com seu sobrinho Paolo agora em concorrência aberta com o resto da família, ele queria que Maurizio ajudasse a debelar a ameaça por ele representada por todos os meios possíveis. A Gucci informou todos os seus licenciados que, se Paolo os abordasse, qualquer tentativa de distribuir produtos sob o nome PG seria bloqueada.

Esse conflito era uma mera amostra dos conflitos mais profundos que estavam por vir. A primeira grande fissura entre os irmãos da segunda geração começou a se desenvolver quando Rodolfo descobriu que Aldo estava transferindo uma parcela significativa das receitas da empresa para uma subsidiária, a Gucci Perfumes, na qual Rodolfo tinha uma participação de somente 20%, com o restante das ações dividido igualmente entre Aldo e seus três filhos. Fundada em 1979, a divisão Perfumes começou a decolar, alimentada pelo lançamento de uma nova linha mais voltada para o mercado de massa, a Gucci Accessories Collection.

Enquanto a família, em especial o ramo de Aldo, obtinha lucros a curto prazo com as vendas da nova linha, a imagem de exclusividade da marca Gucci estava sendo seriamente prejudicada. Rodolfo confrontou o irmão a respeito da desigualdade de participação acionária. Aldo não pensava em recuar e dar a ele uma parcela maior do novo negócio, e assim Rodolfo buscou seus advogados. Agora Aldo estava em luta aberta com seu irmão e buscou um aliado que compartilhava seus sentimentos: Paolo. Chamando Paolo à sua sala, pediu-lhe que ficasse do seu lado na próxima reunião dos acionistas. Ele havia julgado mal seu filho: a reação de Paolo foi rápida e negativa. Por que, perguntou ele, eu deveria lhe fazer um favor quando você e Rodolfo me atacaram e trataram de forma tão injusta? Aldo ficou furioso com aquilo e, pegando um cinzeiro de cristal, atirou-o na direção do filho, deixando-o em fragmentos. Não foi apenas o cinzeiro que foi destruído, mas também qualquer esperança de trazer Paolo de volta

A VINGANÇA DE PAOLO

O tempo passou e Aldo quis, mais uma vez, reunir a família e buscar a reconciliação com Paolo. Convidou seu filho para o Natal em 1982 e lhe fez uma oferta. Propôs dar a cada um dos filhos uma parcela de 11% da empresa, enquanto ele reteria 17%, e Paolo seria nomeado vice-presidente do conselho da Guccio Gucci SpA. Além disso, ele ofereceu a Paolo a liderança de uma nova divisão que iria comercializar os produtos que Paolo havia incluído na sua linha PG. Aquele era o lugar que Paolo sempre tinha desejado, mas ele estava apreensivo a respeito da proposta. Ele desconfiava dos motivos do pai. Suas dúvidas foram confirmadas quando ele compareceu à reunião seguinte do conselho com um plano detalhado para a nova divisão, e os outros membros rejeitaram suas propostas por unanimidade, pois uma linha de produtos mais baratos iria prejudicar a marca Gucci. Paolo sentiu-se traído. As coisas estavam chegando ao clímax.

Paolo veio preparado para a reunião seguinte do conselho, em julho de 1982. Ele pegou uma pilha de papel e começou a relatar suas reclamações e colocar na mesa as questões que considerava críticas. Sua intervenção foi ignorada pelos outros membros. Então Paolo mostrou um gravador de fita, insistindo que suas declarações fossem registradas na ata da reunião. Aldo gritou para que ele desligasse o gravador. Paolo recusou e nesse ponto Aldo deu a volta na mesa e destruiu o gravador. Houve uma briga, e o rosto de Paolo ficou arranhado. Ensangüentado, ele deixou a sala e entrou com ações judiciais contra a empresa, exigindo US$ 30 milhões por danos. A imprensa vibrou. A luta interna na Gucci havia se tornado a novela favorita da nação.

Paolo estava longe de terminar. Durante seus anos de trabalho na Gucci, ele havia colecionado e analisado todos os documentos financeiros em que conseguia pôr as mãos. Ele queria conhecer o funcionamento interno da empresa. No decorrer de suas investigações, ele descobriu que milhões de dólares estavam sendo transferidos para empresas *offshore* por Aldo, através de um sistema de falso faturamento. Agora ele contava com uma arma nuclear em seu arsenal e iria usá-la para reclamar seu direito de comercializar a marca PG.

MAURIZIO GUCCI

Ao contrário do seu primo, Maurizio mantinha a cabeça baixa quando trabalhava com Aldo, a quem admirava como empreendedor, e conquistou a confiança do tio. Depois da morte do seu pai em 1983, Maurizio viu sua chance para se tornar o governante do império, especialmente agora que havia herdado a parcela do pai, de 50% da empresa. Maurizio acreditava que a empresa precisava ser redirecionada, com grandes mudanças na gama e nos estilos dos produtos. Mas ele ainda não detinha as rédeas do poder, nem tinha acesso às finanças para implantar suas decisões. Pelo fato do pai tê-lo mimado tanto, ele carecia de experiência, se não de confiança.

Aldo não tinha previsto até que ponto a perda do irmão poderia perturbar seu controle sobre a empresa e subestimou as forças que se estendiam contra ele, sob três aspectos. Primeiro, ele não compreendeu a escala da ambição de Maurizio para sacudir a Gucci e reformular as políticas que haviam tornado a empresa um sucesso. Segundo, estava negligenciando demais a determinação de Paolo para conquistar o direito de operar sob seu próprio nome. E terceiro, ele havia se esquecido do perigo, muito real, representado pela Secretaria da Receita dos EUA devido à sua evasão fiscal. Ele não só tinha transferido ilegalmente milhões de dólares para empresas *offshore*, mas também descontado pessoalmente cheques no valor de centenas de milhares de dólares emitidos a favor da empresa. Ele tinha agido como se a Gucci fosse seu banco pessoal, sem nenhuma separação clara entre os assuntos pessoais e os da empresa.

Maurizio, acreditando que o tio poderia ser preso, decidiu tomar a iniciativa e buscar o apoio de Paolo para criar uma nova empresa chamada Gucci Licensing. Ela iria controlar todos os licenciamentos sob a marca Gucci e Maurizio teria 51% das ações, ficando o restante com Paolo. Em troca, Maurizio pediu que Paolo juntasse seus 3,3 aos 50% dele, dando-lhe o controle da empresa. Ele também fez um acordo para comprar a participação de Paolo por US$ 20 milhões, desde que todas as ações judiciais fossem encerradas.

CONSPIRAÇÕES E MANOBRAS

Assim Maurizio pôs em ação seu plano para expulsar Aldo. Foi convocada uma reunião do conselho, na qual Domenico de Sole, um grande advogado que havia sido contratado por Rodolfo em 1980 e recebido uma procuração de Maurizio, pediu que o conselho fosse dissolvido. Aldo, o poderoso líder, foi derrubado do império para cuja construção havia trabalhado tanto. Maurizio tinha se transformado em um líder com o mesmo ardor cruel do tio.

Antes de morrer, Rodolfo havia dito a Patrizia, mulher de Maurizio, que seu marido iria mudar tão logo tivesse nas mãos dinheiro e poder. A este respeito, ele estava certo. Ao longo dos anos, desde que Maurizio começou a se envolver nos negócios da família, havia aumentado seu distanciamento em relação a Patrizia e às irmãs dele. Ele não mais buscava as opiniões e os conselhos dela. Ela havia se casado tendo de si mesma uma imagem de mulher forte por trás de um homem fraco, mas agora descobria que a história tinha mudado.

Maurizio tinha se tornado cada vez mais assertivo e desatento em relação a ela. Com freqüência não vinha para casa nos fins de semana e se descuidava da sua aparência pessoal. E em 1985, Maurizio encheu uma pequena mala e partiu para nunca mais voltar para sua família. Ele disse que se sentia sufocado perto de Patrizia e queria liberdade. O mundo de sua mulher abandonada estava desabando e ela entrou em depressão. Embora Patrizia tenha se esforçado para trazer Maurizio de volta, ele deixou claro para os filhos que não amava mais a mãe deles. Contudo, o fim do casamento era apenas um dos problemas de Maurizio. A reação de Aldo por Maurizio ter agarrado o controle da empresa foi entrar com uma ação contra ele, apoiado pelos filhos, alegando que ele tinha forjado a assinatura do pai nos seus certificados de ações depois da morte dele, para evitar o pagamento de impostos sobre heranças.

A saída forçada de Aldo da empresa foi o começo do seu fim. A traição contra o pai, cometida anteriormente por Paolo junto às autoridades fiscais, havia posto em movimento um rolo compressor jurídico e, em janeiro de 1986, Aldo foi forçado a se declarar culpado no tribunal federal de Nova York, por fraudar o governo dos EUA em US$ 7 milhões em impostos. Ele também admitiu que tinha retirado US$ 11 milhões da empresa, para si mesmo e para membros da família. Aquela foi a suprema ignomínia; derrubado pelo filho, pelo sobrinho e pelo Estado.

Em 1987, havia um total de 18 ações judiciais pendentes envolvendo a família Gucci. Numa audiência no tribunal, um advogado foi ouvido dizendo: "Aqui precisamos salvar a Gucci dos Gucci". No mundo de alianças mutáveis da Gucci, o plano de Maurizio de se aliar a Paolo teve vida curta. Paolo, sempre rápido para identificar traições, concluiu que Maurizio pretendia trapaceá-lo e decidiu lhe ensinar uma lição. Mais uma vez, a delação foi seu instrumento de vingança: Paolo enviou às autoridades fiscais fotocópias de documentos mostrando que Maurizio havia desviado fundos para escapar ao pagamento de impostos. As repercussões foram imediatas e as autoridades vieram com uma ordem de prisão. Maurizio foi julgado por um tribunal em Milão e considerado culpado de fraude fiscal, crime pelo qual recebeu uma sentença suspensa, além de ter de pagar milhões de dólares em impostos e multas.

A CORTINA FINAL

Maurizio, defrontado com pressões crescentes sobre suas finanças pessoais, elaborou um plano que iria acalmar sua situação pessoal, garantir a expulsão do outro ramo da família e criar uma plataforma para reconstruir a empresa. Seu esquema era encontrar

EMPRESAS FAMILIARES

um parceiro financeiro para comprar as ações dos seus primos. Apoiado pela Investcorp, a nova sócia da Gucci, ele conseguiu comprar as ações de Roberto e Giorgio, deixando Aldo com sua parcela de 17%. Para Aldo, ficou claro que ele não poderia mais exercer poder nenhum. Ele tinha poucas opções, a não ser imitar os filhos e vender suas ações. Pouco depois, em janeiro de 1990, Aldo faleceu com a idade de 84 anos. Paolo, seu filho dissidente, morreu falido em 1995, de uma doença hepática.

Enquanto isso, sob a direção de Maurizio, a estratégia da empresa tinha sido refocalizada em produtos de luxo e as vendas tinham começado a declinar, ao mesmo tempo que uma abordagem extravagante às despesas levou a uma queda nos lucros. O plano de Maurizio, de recomprar as ações da Investcorp, estava fracassando na medida em que sua credibilidade começava a desmoronar. Com a empresa cada vez mais no vermelho, os investidores concluíram que Maurizio era ineficaz como gerente de empresas e trataram de comprar sua parcela de 50%. Maurizio, com as finanças pessoais abaladas, foi forçado a concordar, acabando assim com a dinastia da família Gucci.

Os problemas dos Gucci não tinham terminado; houve um *post-scriptum* dramático. Patrizia, a ex-mulher de Maurizio, ficou irritada quando soube que ele havia privado seus filhos da sua herança ao vender sua participação na empresa. Maurizio, agora vivendo com sua nova parceira Paola, entrou com uma ação conta Patrizia ordenando que ela deixasse de usar o sobrenome Gucci e proibindo que ela entrasse nas propriedades da família. Patrizia, que estava com suspeita de câncer, ficou profundamente ferida pela hostilidade de Maurizio. Quando ela esteve hospitalizada para remoção de um tumor benigno, Maurizio não se tinha dado ao trabalho de visitá-la. Àquela altura Patrizia jurou destruir o exmarido, com ciúmes do seu estilo de vida consumista. Ela queria nada menos que a vida dele e começou a buscar um assassino de aluguel para acabar com sua existência. Em 27 de março de 1995, um pistoleiro atirou em Maurizio quando ele ia para seu escritório. Patrizia acabou sendo presa e julgada pelo assassinato do ex-marido. Foi considerada culpada e sentenciada a 29 anos de prisão.

COMENTÁRIO

Assim fechou-se a cortina sobre a dinastia da família Gucci – européia na localização, mas totalmente hollywoodiana no enredo. Esta é uma história que ilustra várias verdades vitais. A primeira é a respeito de caráter. A loteria genética diz que, algumas vezes, pode acontecer que pessoas com instintos para brigas de rua estejam competindo pelo mesmo espaço numa família. Se elas não administrarem suas fraquezas, estas irão destruí-las. Segunda, sangue ruim traz sangue ruim. Os pecados dos pais serão herdados pelos filhos se não houver na família uma força moderadora, papel muitas vezes desempenhado pelos cônjuges. Mas neste caso, duas gerações estavam lutando ao mesmo tempo guerras pessoais e de procurações. Terceira, dizem que a vingança é um prato para se comer frio. Aqui ele estava quente e calculado para queimar pessoas em todas as oportunidades. A única possibilidade é a escalada.

O que poderia ter sido diferente? Falhas paternas e em liderança foram abundantes e poderiam ter sido controladas ou compensadas. A abundância de dinheiro atuou como um turbocompressor para as necessidades e ambições das pessoas. Conceitos como amor, lealdade, clemência e caridade estiveram totalmente ausentes. Esta foi uma grande empresa, construída com carinho por uma família. Merecia ser amada e alimentada como um projeto coletivo com o qual todos poderiam ganhar.

Vemos repetidamente, nessas tristes sagas de lutas familiares, pessoas com os olhos fixos em seus próprios e estreitos interesses e não na comunidade que poderia salvar e sustentar a todos.

Este é o último dos nossos casos de guerra familiar, e parece uma história triste para encerrar a série. Mas como em todos os outros casos, este também é uma história daquilo que poderia ter sido. Muitas empresas maravilhosas, com as mesmas espécies de materiais e personagens, encontram redenção e salvação. Falaremos de algumas delas em nosso capítulo final, pois nada é inevitável a respeito de guerras em empresas familiares.

9.
As lições –
o preço da guerra e a
recompensa da paz

"Uma família é um lugar em que princípios são forjados e afiados na bigorna da vida diária."

CHARLES SWINDOLL

Quando a fumaça clareia e os exércitos deixam o campo de batalha, o que resta? Apenas sacudimos nossas cabeças com tristeza pelas perdas da guerra? Nenhum bem pode vir deste caos?

Vamos pôr as coisas nas devidas proporções. Em primeiro lugar, vamos lembrar que a maior parte dessas empresas sobreviveu e continuou a ter sucesso apesar dos seus conflitos. Em alguns casos, poderia ser dito que elas o fizeram devido aos seus problemas – é possível sair de uma briga mais sábio e, talvez, mais forte, caso ela lhe ensine novas disciplinas. Este capítulo final é dedicado a esta causa. Não iremos apenas rever como o conflito pode ser evitado ou resolvido, mas como ele pode ser tornado produtivo. É possível ter conflitos de menos, assim como demais.

Em segundo lugar, a despeito de toda a triste destruição da guerra, também é verdade que ela tem a capacidade de limpar e renovar. Se não fosse pelas guerras, a disseminação de tecnologia, de inovações sociais e de novos materiais teria sido um processo lento e aleatório na marcha da história. Analogamente, sem as tomadas de controle, os fracassos corporativos e os erros estratégicos, careceríamos dos sistemas de governança e das práticas gerenciais que possibilitam que as empresas atendam aos mercados com eficiência.

Neste capítulo, quando extraímos lições das guerras familiares que descrevemos, temos três objetivos. Primeiro, queremos olhar para o grande quadro – os discernimentos mais profundos a respeito de natureza humana, gerenciamento e dinâmicas familiares que são revelados por nossa análise, e que lições podem ser aprendidas disso. Segundo, oferecemos um estoque de sinais de alerta e medidas práticas que as empresas podem adotar para se imunizarem contra guerras, se não contra conflitos. Finalmente, iremos rever a questão de como as pessoas podem tornar os conflitos produtivos em muitas empresas.

DE RAÍZES ENVENENADAS AOS FRUTOS DO SUCESSO – AS LIÇÕES ESSENCIAIS DA GUERRA

Vamos rever as principais lições em três estágios iniciais e de possível intervenção:

- As causas de guerras familiares;
- O processo ou a condução das guerras familiares;
- As conseqüências das guerras familiares.

ESTÁGIO 1: NAS RAÍZES
A identidade do líder

Vamos começar pensando a respeito de fundadores – ou, falando de forma mais exata, fundadores como pais e patriarcas. Muitos dos problemas que descrevemos têm suas origens na identidade do fundador. Estamos diante do paradoxo que diz que alguns dos maiores construtores de impérios familiares também são os maiores destruidores. Essa é a dupla face do poder e da personalidade.[1] Cada aspecto de caráter positivo tem seu lado escuro. Não devemos apenas demonizar aqui os líderes de empresas familiares – cada um de nós tem uma dualidade de identidades. Se somos esforçados, então também podemos ser presas do perfeccionismo ou da tendência para exigir demais das outras pessoas. Se somos criativos, podemos levar pessoas à loucura tentando mudar coisas desnecessariamente ou começando iniciativas infrutíferas, apenas para nos mantermos estimulados. Se somos gentis e conciliatórios, podemos ser fracos e ambivalentes onde deveríamos ser duros e diretos. Desta maneira, uma fraqueza é apenas uma força fora do lugar (e vice-versa).

Aqui estão três passos essenciais para a eficácia pessoal: primeiro, conheça-se a si mesmo; segundo, leia a situação; e terceiro, discipline-se. Estes são passos difíceis para muitos empreendedores. Em primeiro lugar, eles não são, muitas vezes, pessoas introspectivas, que têm muito mais probabilidade de serem motivados para focalizar suas forças do que suas fraquezas. Em segundo, eles sentem-se muito mais à vontade criando situações do que meramente reagindo a elas. Terceiro, a única disciplina na qual estão inclinados a acreditar é a necessidade de focalizar suas forças na tarefa à mão. Eles não vêem necessidade nenhuma de falar mais baixo.

Isto é o que temos de fazer. Esses elementos constituem a chave para o sucesso – conhecer suas falhas fatais, identificar ameaças externas e ter autocontrole. Quem pode ajudar um empreendedor a ir contra seus instintos? Esposa, amigos e conselheiros de confiança são os candidatos mais óbvios, mas será que eles ousam dizer aquilo que precisa ser dito? Será que conseguem captar a atenção de um líder carismático? Caso consigam, o que irão dizer? Há somente uma maneira de passar por baixo das defesas de um líder poderoso: focalizar a realidade objetiva e a lógica convincente dos resultados desejados.

Maquiavel, o primeiro e único dos grandes escritores sobre liderança, estudou de perto os líderes do seu tempo – papas, duques, diplomatas e líderes militares. Ele começou impressionado por muitos deles, mas depois foi repetidamente desapontado por suas deficiências.[2] Isto levou-o a uma conclusão única, poderosa e prioritária: líderes fracassam em seus empreendimentos devido à sua fatal inflexibilidade diante de mudanças de circunstâncias.

Portanto, o melhor serviço que as pessoas podem prestar aos líderes é ajudá-los a ver como os desafios e as demandas das situações por eles enfrentadas exigem flexibilidade e soluções diferentes daquelas que lhes vêm à mente instintivamente. A arriscada incursão dos Bronfman no entretenimento em resposta ao crescimento lento no mercado de bebidas foi um desses casos.

Isso é o que acontece no domínio dos negócios. Quando o líder é o pai, o problema se complica. Para muitos líderes de empresas familiares, o filho favorito é a empresa. Eles passam tanto tempo mergulhados em suas entranhas que raramente sobem para respirar e ver que sua família real existe. E quando o fazem, tendem a aplicar os mesmos instrumentos duros que usam para dirigir a empresa, com o resultado final de famílias oscilando entre serem negligenciadas e molestadas.

A família pode se adaptar às atenções intermitentes do líder e fazer o que é exigido sem muitas queixas visíveis. Mas o problema começa quando o líder, que não está em posição de fazer uma avaliação imparcial dos dons e interesses dos seus filhos, embarca em decisões impensadas a respeito dos seus papéis na empresa – como a aplicação rígida da regra da progenitura masculina, como vimos no caso Bingham – ou faz uma série de alocações de cargos com base em presunções superficiais. A nomeação de membros da família para posições de liderança na Steinberg's é um exemplo clássico deste erro levado ao extremo.

Em sua maioria, os pais não estão cientes da loteria genética e das suas implicações – o aparente paradoxo de que filhos e pais poderem compartilhar 50% dos seus genes, mas haver uma correlação zero entre seus perfis de personalidade. Em vez disso, eles assumem que seus filhos são "exatamente como eles". Isto é o que os psicólogos chamam de "projeção". No Capítulo 2 introduzimos os conceitos do "roteiro" – a história a respeito de quem somos e qual é nosso destino – que pode nos ser passado pelos pais, por amigos e professores. Às vezes, eles não passam de vidas não vividas de pais frustrados e arrependidos, que querem que seus filhos realizem seus sonhos por eles. Muitas pessoas passam pela vida vivendo um roteiro que não é delas, em alguns casos despertando na metade da vida para reclamar sua verdadeira identidade e jogar fora uma identidade inadequada e um mau roteiro que elas vêm carregando há anos. Quando esse despertar acontece de repente para uma pessoa no meio da vida, ele é chamado de "crise da meia-idade". Vimos essa tentativa de forçar um roteiro em vários casos, em especial no da Bata, onde os pais esperavam que Tom Jr., como novo CEO, obedecesse aos desejos deles, e quando Brent Redstone supostamente rejeitou o pedido do pai por apoio no divórcio de Sumner. Nessas situações, o pai que não for contrariado terá ocultado o ego do filho com um manto inadequado.

Outra espécie de tentativa de forçar um roteiro é o do líder que busca a imortalidade governando depois da morte através de mecanismos jurídicos e decretos verbais, que supostamente irão garantir sua visão imorredoura, sem levar em consideração o que irá acontecer com seu corpo. Jay Pritzker foi um ótimo exemplo desse pensamento desejoso. Mais preocupantes são aqueles que se tornaram tão intoxicados com seus poderes que não sentem a necessidade de pensar a respeito da sua mortalidade. Muitos dos problemas que analisamos começaram quando um líder morreu sem deixar testamento – por exemplo, nos casos dos Ambani, dos Pathak e dos Bata.

Há duas razões interligadas para isso. Uma é que o líder está tão cheio de si – consciente da sua vitalidade e do seu poder – que não precisa pensar nesse assunto agora.[3] A outra é que funciona aqui um outro mecanismo psicológico de defesa – a fuga. Fazer um testamento significa ter de pensar a respeito de coisas que a pessoa não quer contemplar, não apenas sua mortalidade, mas a idéia de outras pessoas, menos qualificadas, assumirem o controle de tudo aquilo a que ela dedicou a vida para construir. Também significa enfrentar as possíveis deficiências dos sucessores e o difícil problema de como dividir os espólios.[4] Esses assuntos são delicados e certamente, se não foram seriamente considerados antes da morte da mãe ou do pai, poderão significar o fim do império.

Foi este mesmo impulso, além do medo da morte, que levou muitos líderes de empresas familiares a continuar na ativa muito além daquilo que é racional em termos das suas capacidades, ou razoável em vista das alternativas. Observamos, em nosso capítulo de abertura, que muitos líderes, de forma bastante racional, temem a morte pelo desligamento, uma vez que tudo o que conheceram na vida foi seu papel de líder.

O que então podemos aconselhar em termos de liderança e sucessão?

- Os líderes precisam instalar mecanismos que os ajudem a elevar seu grau de consciência dos desafios que podem emanar de várias áreas e como eles podem estar mudando. Isto inclui não só os fatores tangíveis – mercados, concorrência, acionistas – mas também os intangíveis – cultura, relacionamentos e idéias. O estilo de liderança precisa ser modulado à medida que a empresa amadurece. Contratar profissionais de fora da família é o passo mais óbvio para realizar isso, embora em nossos casos esta estratégia tenha sido uma das mais negligenciadas.

- O líder gerador de energia não pode ser abafado. Esta não é a resposta. Em vez disso, ele precisa dos instrumentos de discernimento. Compreender o próprio perfil psicológico e suas dualidades é um pré-requisito para o autocontrole, e há muitos instrumentos e métodos de avaliação psicológica que podem ser utilizados de forma indolor por um orientador ou conselheiro.

- Os líderes necessitam de ajuda na avaliação dos talentos de outras pessoas. Precisam aceitar que seus dons podem não incluir o de adivinhar o caráter. A história da boa governança moderna em empresas familiares é de reconhecer que essas decisões são altamente complexas e afastar os líderes da responsabilidade exclusiva por elas.

- O desligamento pacífico de grandes líderes é difícil de realizar. Na verdade, não há nada de errado no fato de o líder permanecer enquanto estiver preparado para fazê-lo – a empresa se beneficia com sua sabedoria e sua presença. Mas isto precisa ser transformado gradualmente em alguma coisa diferente da liderança em seu auge. Como nas sociedades tribais, as pessoas podem respeitar o chefe que envelhece e encontrar um papel para ele sem esperar que ele comande até o último detalhe, como pode ter feito no passado.

- Os líderes podem fazer, a si mesmos e às suas famílias, um grande favor encontrando uma "terceira carreira" onde possam usar sua energia e seu entusiasmo. Alguns escolhem filantropia como área de foco. Qualquer que seja o caminho escolhido, muitas vezes grandes líderes encontram satisfação fora do trabalho e um dos subprodutos pode ser a redescoberta da sua verdadeira família.

A arte de ser pai e as dinâmicas familiares

Vimos em mais de um caso líderes que, apesar de não sujeitos às perturbações do despotismo, lançaram as sementes da destruição com vários fracassos e desilusões de paternidade porque, no centro de quase todos os casos neste livro, está um clima familiar que não funciona bem.

Talvez o mais benigno, mas não obstante um dos mais mortais, seja o mito da família indivisa. De fato, nas empresas indianas a "família indiana indivisa" é reconhecida como entidade legal para fins fiscais, e talvez não seja por acidente que nossas duas empresas do sul da Ásia, Reliance e Patak, foram quase despedaçadas por este mito. Como observamos no Capítulo 2, nossos genes como pais nos levam a desejar que nossos filhos sejam unidos numa identidade harmoniosa comum. Todos nós desejamos que nossos filhos se entendam, para que cada um tenha a oportunidade de se sair bem na vida e, depois da nossa morte, continue a perseguir nossa visão de felicidade coletiva. Isto pode ser perigoso caso os líderes tentem jogar uma rede sobre a liberdade dos jovens adultos. Em alguns casos, como o da família Steinberg, a visão atua como um imã poderoso, atraindo os membros da família para um turbilhão insustentável, puramente pela força do inabalável otimismo do líder.

Mas aqui está de volta a dura realidade na forma da loteria genética. A variedade randômica de personalidades que ela produz para todas as famílias faz de cada unidade familiar um quebra-cabeça, com seu próprio conjunto único de ajustadores para fazê-la funcionar. Isto significa que as pessoas podem sair e fazer o que quiserem, formar alianças e antipatias e regular suas interações para acomodar as tensões que surgem. A paternidade responsável pode ser uma tarefa enormemente compensadora de misturar uma diversidade natural de tipos humanos, transformando-a numa microcultura especialmente eficaz. Muitas grandes empresas familiares têm se beneficiado desta atitude.

Em nossos casos há dinâmicas feias em ação, como irmãos combatendo uns aos outros cruelmente na história dos Dassler, ou pais agindo de forma defensiva e confrontando os próprios filhos, como era visível no caso Haft. O que motiva esse comportamento? Muitos líderes – até mesmo alguns dos mais poderosos – são vulneráveis a sentimentos de insegurança e inadequação.[5] Eles sabem instintivamente o que prediz a teoria evolucionária: que seus filhos nem sempre querem o melhor para seus pais, em especial se eles os atrapalham.

Os pais temem esta verdade. E também não querem ser lembrados da decadência dos seus poderes. Muitos aguardam com ambivalência e até mesmo medo o dia em que este garoto, que antes os considerava onipotentes e oniscientes, será mais rápido, mais forte e mais esperto que eles. Não é que eles desejem mal para os filhos, só não querem ser diminuídos por eles.[6] Quanto menor a diferença de idade, mais ameaçador se torna o desafio. Alguns pais podem ser brutalmente defensivos em relação aos seus filhos, como vimos com Wallace McCain, que estava convencido da capacidade do filho Michael para assumir um alto cargo na empresa da família.

Os fracassos paternos são muitos em nossos casos. Vimos alguns em que os pais foram tão duros com seus filhos que tudo que fizeram foi legar a eles uma herança de neuroses. Grande parte daquilo que não é determinado pelos genes em nosso caráter é produto de nossa educação e vimos aqui numerosos casos daquilo que só pode ser chamado de paternidade descontrolada – especialmente exemplificada pela saga dos Shoen. Ela é um precursor direto para uma vida inteira de más decisões que os filhos irão tomar quando crescerem.

AS LIÇÕES – O PREÇO DA GUERRA E A RECOMPENSA DA PAZ

Felizmente, casos tão calamitosos são raros. Mais comuns são os regimes de paternidade severa, onde o controle excessivo sufoca a autonomia e o crescimento sadio das crianças.[7] Em alguns casos, como o da Gucci, isto se evidencia nas tentativas de controlar os casamentos e relacionamentos dos filhos e cada detalhe da vida deles, como se fossem subalternos dos pais. A paternidade severa nem sempre é um desastre, mas estabelece um modelo machista carregado de riscos futuros. Os líderes familiares precisam andar pelo lado certo da distinção sutil, mas importante, entre paternidade autoritária – faça porque estou mandando – e a paternidade confiável – faça porque posso lhe mostrar por que está certo.

Na introdução discutimos o casamento, normalmente o único elo não genético na família, como uma linha de fratura na estrutura de parentesco. No caso Shoen havia mais linhas de fratura do que em um pavimento irregular. Mesmo que não quiséssemos censurar moralmente um homem como L. S. Shoen por sua busca incansável por um amor duradouro, podemos alertar que o desvio de atenção devido a seis casamentos é contraproducente para um plano de jogo que requer cooperação em torno dos objetivos unitários da empresa.

Em muitos dos nossos casos, o papel das mulheres foi crucial – seja como protagonistas, como Mitzi no caso Steinberg, Eleanor Ford e Sonja Bata, ou como agentes vitais nos bastidores. Em alguns casos a contribuição foi para o bem, como com Laura McCain, onde as esposas são uma força estabilizadora e uma fonte de sabedoria. Em outros casos, as mulheres podem instigar os homens até maiores extremos de conflito.[8] Mas em termos gerais, é o silêncio e a subutilização dos talentos das mulheres que ficam aqui evidenciados, quando elas poderiam ter sido uma força legítima para o bom senso e a moderação.

A outra fonte importante de dificuldades é o risco perpétuo de conflito entre os irmãos. Os fatores que tornam isto provável são: mesmo sexo (masculino), impulsos semelhantes para o sucesso e oportunidades mutuamente exclusivas. Em todo o mundo houve e há muitos exemplos de equipes de irmãos bem-sucedidas, como os irmãos Hinduja na Índia, os irmãos Mars nos Estados Unidos e os gêmeos Barclay no Reino Unido. Muitos dos conflitos entre irmãos que temos observado foram provocados por nepotismo e incompetência. Ainda teremos mais a dizer como esses conflitos terminam.

Vamos concluir esta discussão das origens dos conflitos com alguns pensamentos sobre o fracasso do sucesso. Isto acontece quando as coisas são tão fáceis que o primeiro incidente destrói todo o planejamento. Em vários casos, a riqueza veio com muita facilidade e muito cedo. Isto pode criar uma forma de mau aprendizado. O sucesso prematuro cria a expectativa de que a boa sorte é uma bênção permanente e será perpetuada, como no caso Gucci.

A riqueza também parece estimular os conflitos, em vez de abrandá-los. Poderíamos imaginar que, quanto maior a riqueza envolvida, mais fácil seria que cada um se contentasse com a sua parte. Curiosa e paradoxalmente, parece que ocorre o oposto – a riqueza maior aumenta a inveja e amplifica o custo dos prejuízos possíveis. Quanto maior o valor em jogo, mais as pessoas parecem gerar energia negativa. Patriarcas como Jay Pritzker, criados segundo princípios de frugalidade, não conseguem ajustar suas famílias aos tempos de fartura, criando um ambiente em que a riqueza se torna muito disputada. Em outros casos, ambições grandiosas podem desviar a empresa de seu curso e levá-la a terreno pantanoso, como no caso da desastrosa incursão hollywoodiana dos Bronfman, apesar de sua recuperação no fim.

Assim, as lições aqui incluem:

- Todos que estão na empresa familiar devem entender a loteria genética e deixar de lado a ficção de que os filhos serão exatamente como eles e irão realizar seus sonhos não realizados, ou de que com treinamento e preparação eles poderão moldá-los à vontade e transformá-los nas pessoas que gostariam que os filhos fossem. A realidade é que os pais precisam compreender seus filhos como indivíduos únicos, como de fato eles são, e fazer o que podem para que a química entre eles funcione da melhor forma possível.
- A idéia da família indivisa também merece ser tratada como uma aspiração e não como artigo de fé. As famílias devem ex-

plorar abertamente os valores que têm em comum e, se possível, identificar uma visão que as une. Quando as necessidades dos membros da família estão subordinadas a um sonho e a princípios que não são comuns, cria-se uma ficção que abafa a individualidade e pode levar à desunião.

- Os modelos de paternidade devem ser considerados de forma consciente e não iniciados *ad hoc* de acordo com os caprichos e instintos dos pais. Pai e mãe precisam estar alinhados em torno de conceitos de autoridade e apoio claros e consistentes para o filho e não indulgentes, nem negligentes, nem opressivos.
- Cuidado com linhas de fratura e preste atenção nelas. As mais perigosas estão entre pais e filhos, entre irmãos e entre marido e mulher.
- Mantenha riqueza e itens materiais sob controle – não permita que eles elevem as apostas de nenhum conflito. O dinheiro não é cura para todos os males. Os pais devem impedir que uma cultura de dependência e expectativa se desenvolva entre seus filhos.[9]

ESTÁGIO 2: O JOGO É TUDO – COMO O CONFLITO SE ABRE

O conflito como narrativa

Talvez uma das características mais tristes das guerras familiares que observamos seja que, repetidamente, o sangue ruim gera sangue ruim.

Com isto queremos dizer que é espantosa a maneira pela qual conflitos antigos podem passar através das gerações, como uma cepa mutante. Se alguém tentasse uma reconciliação dos conflitos do passado, isso iria custar muito pouco em relação aos benefícios a longo prazo. Uma tragédia das guerras familiares é que, muitas vezes, poucas pessoas se esforçam muito pouco para derrubar a tirania do passado e começar de novo. Em vez disso, vemos pessoas formando alianças baseadas em antigos tribalismos, fazendo nomeações por despeito ou vingança e permitindo que somente amigos de fora da empresa atuem como fontes de conselhos e orientação, como fez Henry Ford ao dar plenos poderes a Bennett depois da morte do seu filho Edsel.

É como uma narrativa na qual todos parecem estar presos, cada um desempenhando um papel como se fosse tirado de um roteiro. Vimos muitos roteiros em ação. Alguns vêm do fundo da memória e de feridas não curadas de gerações anteriores, como no caso Dassler, onde a batalha não resolvida de Adi e Rudi ficou incrustada na guerra entre Adidas e Puma. Já discutimos a narrativa da família indivisa e do amor fraterno (como no caso dos Moldavi), e daqueles que se esforçam para superar a orientação de alguns dos filhos para negócios (como no caso dos Bingham).

As famílias são particularmente propensas a crer que o futuro será como o passado, como ocorria com Henry Ford. A realidade é que as mudanças afetam todos os parâmetros da tomada de decisões na empresa familiar. Vimos muitos patriarcas de empresas familiares, como o lendário Rei Canute, sentados em seus tronos à beira d'água tentando comandar as marés das mudanças. As suposições de hoje podem não valer amanhã. Veja, por exemplo, como fundos de investimentos podem ser criados de forma elaborada tendo em vista uma visão irreal do futuro e começar a ser desfeitos imediatamente após a morte de quem os criou, como no caso dos Pritzker.

As marés das mudanças muitas vezes estão nos valores em evolução da cultura circundante. A geração seguinte vem com um conjunto diferente de idéias e hipóteses a respeito do que é normal. Irmãos mais novos e mais velhos podem habitar eras diferentes de valores e interesses, como na divisão dos irmãos Gallo. O estilo paterno precisa ser ajustado, não somente à medida que os filhos amadurecem e exigem espécies diferentes de atenção e de recursos, mas também de acordo com os valores historicamente mutáveis da cultura circunvizinha. Contudo, se a adaptação se transforma ao longo do tempo em tratamento inconsistente entre irmãos, como no caso Shoen, ela pode produzir um cisma na família.

Como vimos, os cismas são narrativas de uma espécie particular. Os pais podem criar duas classes de cidadãos, em geral entre os filhos que trabalham na empresa e os que não trabalham. Três espécies de divisão parecem ter predominado: os de dentro *versus* os de fora, membros da família desligados e guerras entre facções que lutam pelos espólios. Em torno delas se formam narrativas ligadas a justiça, desigualdade e *status*. Muitas vezes também há a dupla praga da injustiça distributiva e processual. A divisão não só é grosseiramente desigual, mas também é obtida através de um processo que as partes lesadas consideram ilegítimo. Em alguns casos, um membro da família tenta, demasiado tarde, corrigir um erro com dinheiro, mas isso não irá funcionar se a injustiça estiver mais ligada ao processo do que à riqueza material, como constataram os Pritzker.

As mudanças nas circunstâncias de vida podem ser orgânicas, um produto do desenvolvimento pessoal. Maridos e mulheres podem se afastar um do outro, com sérias conseqüências para muitas empresas familiares. Porém, as mudanças orgânicas que mais vemos em nossos casos têm a ver com líderes crescendo em seus papéis de maneiras que poucos teriam previsto. Veja a evidente transformação da personalidade de Maurizio no caso Gucci, tão logo ele assumiu a liderança da empresa. Na verdade, esta transformação é uma ilusão. O que acontece é que novas circunstâncias revelam aspectos adormecidos da personalidade ao invés de criar novos aspectos. Somos inclinados a julgar as personalidades alheias de forma excessivamente estatística e superficial e não conseguimos ver como características negligenciadas podem florescer sob o estímulo de um novo papel ou novo relacionamento.[10]

O poder é uma das maiores forças transformadoras. Pessoas que não sabiam que tinham um gosto pelo poder podem descobrir de um momento para outro que gostam da capacidade para tomar decisões, comandar outras pessoas e de ser respeitadas. Quando isso se torna intoxicante, dizem que o poder "sobe à cabeça da pessoa". Henry Ford, Herbert Haft, Sumner Redstone, Chester Waxman e o conde de Lur-Saluces são apenas alguns casos de homens poderosos que agiram com auto-restrição insuficiente. Pode-se dizer que seja um fracasso da narrativa de liderança. Os líderes podem ter, a respeito de si mesmos e da empresa, uma história que se revela destrutiva porque é baseada estritamente numa visão singular e na vontade deles de realizá-la.

Na introdução e em vários pontos deste livro invocamos aquele que chamamos de princípio do vaso – a idéia de que, se aplicarmos pressão suficiente a um recipiente, ela irá encontrar as falhas estruturais e despedaçá-lo. Em vários pontos de nossos casos vimos a tensão tirar as pessoas de forma. Com freqüência a tensão tem o efeito de fazer com que as pessoas regridam a um nível mais primitivo. Assim, adultos sãos e racionais podem ficar furiosos quando sob pressão.[11] Tragédias familiares também têm conseqüências imprevisíveis. Elas podem reconfigurar completamente os relacionamentos numa família, como aconteceu no caso Shoen. As tragédias testam as pessoas. Perdas e sonhos frustrados podem reescrever a narrativa de maneiras novas e perigosas, caso as pessoas não cheguem a um ponto de aceitação.

Mas quais são as lições? Aqui estão algumas:

- Nunca se entregue à narrativa. Lembre-se de que toda família tem suas sagas e mitologias. Não permita que elas o atraiam para uma perspectiva que restringe sua liberdade de escolha e seu senso de determinação. É melhor rasgar o roteiro.

- Ser uma família adaptável não significa que você deve se inclinar com qualquer brisa. Sobre uma base firme de valores e princípios fortes, você pode se dar ao luxo de ser flexível. Os meios para chegar a isso são as práticas de comunicação aberta e de assumir uma abordagem de resolução de problemas às dificuldades, sem esperar demais de si mesmo e dos outros.

- Trate o passado como um lugar em que você teve suas origens, mas do qual migrou para uma nova terra. Encontre maneiras de limpar os problemas do passado – perdoando ou esquecendo. As famílias necessitam da verdade e de processos de reconciliação para ir em frente e não ficar presas pelos erros de seus ancestrais e de outras pessoas.

- Espere que o futuro seja diferente do passado ou do presente. Mudanças orgânicas e acidentais irão acontecer. Você precisa apenas estar consciente e atento para a necessidade de mudar seu estilo e suas atitudes de forma a refletir a evolução das realidades.

- Todo mundo que possui poder necessita de forças compensatórias para que possa ter autoconhecimento e ser adaptável. Os líderes precisam de pessoas que não só os apóiem e perdoem, mas também os restrinjam, questionem e aconselhem.

O jogo envenenado

Uma versão do jogo é "dois numa caixa". Tome dois jovens com fortes necessidades de reconhecimento e sucesso. Coloque-os numa situação na qual somente um deles pode vencer. Una-os com laços de sangue, propriedade e dever. Irmãos que em outras circunstâncias teriam sido melhores amigos, acabam em lutas sangrentas que constituem destruição mútua assegurada. Pessoas com cotovelos pontudos não devem ser forçadas a ficar juntas. Veja o caso dos Dassler – eles fizeram isso com eles mesmos optando por viver na mesma casa – ou os Moldavi, onde os desejos do pai juntaram os irmãos numa caixa apertada.

Nessas circunstâncias, a proximidade de personalidades – graças à loteria genética – é uma desvantagem. É melhor que os irmãos possam se diferenciar como tipos. Mas mesmo isto não é garantia de sucesso. Considere o caso dos McCain mais jovens, na caixa da liderança conjunta. Suas marcantes diferenças de estilo e personalidade poderiam ter sido postas para trabalhar como uma verdadeira parceria entre irmãos, mas bastam um ou dois atos que sejam julgados quebras de confiança por qualquer das partes para que a parceria se dissolva. Uns poucos atos simples de construção de confiança e comunicações abertas lhes teriam poupado toda a tristeza que se seguiu, assim como uma crença comum no valor de se ouvir conselhos externos. O mesmo se deu com os Ambani, onde a estrutura de propriedade não conseguiu desembaraçar seus dotes distintivos. Nas famílias, uma vez quebrado um elo, a inimizade parece ser capaz de ser uma qualidade oposta ao amor.

Muitas guerras familiares parecem ser provocadas, alimentadas e amplificadas por nada menos que a falta de autodomínio – pessoas agindo por impulso ou para a satisfação de desejos. Até

EMPRESAS FAMILIARES

mesmo uma virtude é perigosa quando levada a extremos – veja, por exemplo, a frugalidade exagerada de L. S. Shoen, que o impediu, entre outros fatores, de buscar aconselhamento profissional. Sua notável capacidade para amar diferentes mulheres também criou vários problemas para a unidade familiar. O trabalho duro, se não for controlado, pode se transformar em *workaholism*, como aconteceu no caso Adidas a Horst Dassler, morto prematuramente aos 51 anos.

Algumas das guerras mais venenosas são estimuladas por algo mais que a auto-indulgência; por atos que ligam um interruptor no circuito de conflitos. Alguns são deliberados. Outros, apenas impensados. Alguns são ambíguos. Os pais podem, sem intenção, provocar um conflito familiar colocando os filhos para competir entre si, na crença errada de que isso irá torná-los mais adaptáveis e mais fortes. Vimos como isto pode ser uma causa inconsciente de conflitos, como parece ter ocorrido quando Robert Mondavi dividiu a liderança da empresa entre seus filhos Michael e Tim. Os filhos também se tornam vítimas nas guerras dos pais, como no caso das dificuldades criadas para Liesel e Matthew Pritzker quando Robert se divorciou de Irene, sua mulher. Mais calculados são os numerosos casos daquilo que podemos chamar de atos de exclusão, quando um membro da família é efetivamente isolado dos outros, ou lhe é negado um direito que os outros têm, como ocorreu no caso Redstone.

Em suas manifestações mais extremas, alguns desses casos parecem mais obras de ficção do que reais. Toda novela de televisão vive de uma dieta de mentiras e encobrimentos pelas partes. Sem isso o drama se esvaziaria. Em alguns dos nossos casos havia uma boa dose dessas imposturas. Veja, por exemplo, as manipulações financeiras e as acusações abertas de evasão fiscal que povoam a história da Gucci. Considere a espantosa saga dos Waxman, onde as comunicações e as tomadas de decisões eram decididamente opacas e motivadas pelos interesses de um ramo contra o outro.

Um fenômeno de particular interesse é o que os cientistas sociais que estudam negociação chamam de "negociação de ultimato".[12] Neste jogo de laboratório, uma parte recebe $ 100 e é instruída para dividi-los com um parceiro, na proporção que ambos preferirem. O parceiro não tem nenhuma influência sobre a proporção da divisão, mas pode aceitar ou recusar aquilo que o outro oferece. O poder dele é que, caso recuse a oferta, ambas as partes sairão de mãos vazias.

Este paradigma é de particular interesse para economistas e psicólogos, cujas teorias ele testa. Uma perspectiva econômica puramente racional diz que a segunda parte deveria aceitar qualquer divisão oferecida pela primeira, uma vez que alguma coisa é melhor que nada. A perspectiva psicológica diz que não, as pessoas toleram somente aquilo que consideram justo e irão vetar, em princípio, um acordo que consideram injusto, mesmo que com isso percam em termos financeiros. Os psicólogos vencem a discussão em quase todas as rodadas do jogo e as guerras familiares que examinamos ilustram essa verdade. As pessoas preferem perder a aceitar um acordo que consideram injusto, como fez o conde na história do Château d'Yquem.

Em muitos casos, não poderíamos dizer que um único ato precipitou uma guerra familiar. Com freqüência há uma espiral de escalação, como no caso Steinberg e muitos outros. A forma mais primitiva é olho por olho. As represálias continuam, passando gradualmente do ponto em que alguém tenha poder para detê-las.[13] Algumas vezes a escalação é aguçada por pessoas que levam assuntos privados para o domínio público. O efeito dos atos públicos de conflito é criar vergonha, embaraço e danos à reputação. Essas emoções têm mais poder para provocar raiva do que muitas outras. Os casos dos Haft e dos Steinberg são bons exemplos.

É claro que a lei é a maneira mais fácil para se ligar os holofotes do escrutínio público. Em metade dos nossos casos, a batalha jurídica foi travada nos tribunais, onde as famílias expressaram publicamente suas reclamações. Isto nem sempre é ruim, porque a lei pode ser o catalisador que torna o problema agudo, revela o que está oculto e culmina com uma separação amigável, permitindo que ambas as partes saiam levando algo e com orgulho intacto. Mas com freqüência as guerras entre advogados afetam a saúde, o estado mental e a energia dos protagonistas, na medida em que eles entrem em um conflito prolongado, que pode ser muito dispendioso, se arrastar por anos, como na disputa dos Koch, com poucos vencedores no final – com a provável exceção dos advogados. Em conflagrações como essas, até mesmo espectadores não envolvidos são atraídos para o fogo.

Nessas guerras predominantemente masculinas, também observamos que as mulheres desempenham um papel importante. A intervenção tardia da mãe Kokilaben no caso Reliance é um exemplo de sucesso. Sonja Bata foi uma força influente na Bata Shoe, desempenhando um papel importante no conselho, mesmo nem sempre concordando com seu filho. Em outros casos, como o dos Bingham, as mulheres estão na vanguarda da ação, embora muitas vezes de modo ambíguo – algumas vezes amortecendo e outras vezes amplificando o conflito, como vimos no caso dos Steinberg. Seria um erro assumir que as mulheres não têm influência nos casos em que não há evidências diretas. Sabe-se nas empresas familiares que as mulheres muitas vezes ocupam um papel sutil, mas determinante, nos bastidores – em alguns casos como "Diretoras Emocionais", na mesa do jantar ou no leito conjugal, cutucando de forma gentil, mas firme, as mentes e os atos dos atores principais.[14] Vislumbres disso são visíveis em vários casos, como dos Dassler e dos McCain, onde, sendo-lhes negado qualquer papel formal, as mulheres estão claramente influenciando os atos dos dirigentes de maneira crítica.

As lições são várias:

- Analise as regras do jogo – quais metas e recursos são comuns e quais são mutuamente exclusivos para as partes. Avalie se esses arranjos aumentam ou reduzem a probabilidade de conflito.
- Até mesmo parentes próximos precisam se empenhar em manifestações e atos para gerar confiança. A transparência e a abertura devem ser praticadas na família, mantendo-se a confiança. A incapacidade para fazer isso pode gerar suspeitas.
- As variadas qualidades dos líderes que não temem ser eles mesmos numa empresa familiar constituem uma fonte de força e distinção, mas necessitam de limites e restrições. Isto quer dizer feedback para a conscientização e autodisciplina

como resposta a ela. Família, amigos e conselheiros também têm o dever de ajudar com verdades básicas, expostas com apoio e simpatia, para ajudar os líderes da família a executar um trabalho difícil.

- Se você tem uma reclamação, comece expondo-a em caráter privado. A divulgação pública amplifica as emoções negativas além do ponto de recuperação.
- Não jogue o jogo de negociação do ultimato. Ele é demasiado imprevisível e com freqüência acaba em lágrimas.
- Dê às mulheres voz ativa e uma parceria com significado para que elas possam desempenhar plenamente seus papéis individuais e ajudar na mediação do conflito.

ESTÁGIO 3: QUANDO A FUMAÇA SE DISSIPA

Vimos como muitas famílias tropeçam de forma cega e tola em conflitos, embora em alguns casos a cobiça e a maldade sejam os demônios que regem os atores. Se duas pessoas entraram acidentalmente em conflito antes, isso pode acontecer de novo. Na próxima seção iremos discutir algumas medidas específicas para o gerenciamento de conflitos em empresas familiares, mas vamos considerar aqui alguns princípios gerais.

Primeiro, o sucesso nos negócios pode ser um grande fator isolante contra conflitos – as pessoas desistem de brigar desde que tenham coisas mais importantes para fazer – ou pode ser um amplificador, elevando as apostas. As famílias precisam estar cientes da natureza dos tempos em que vivem e das suas demandas. Quando você está ocupado, é fácil ser cego a tensões subjacentes não resolvidas. As famílias devem tomar cuidado com aquelas que parecem opções simples e sem custo que na verdade estão somente ocultando as rachaduras. Se as causas das lutas não forem eliminadas, poderão supurar sob a pele e se espalhar mais tarde com vigor renovado, como uma infecção não tratada.

Segundo, a família como conceito pode ser território contestado, com pessoas tendo idéias diferentes a respeito do que pretende uma família. O fato de haver uma marca forte associada à família não significa que as pessoas podem dar como certa a sólida integridade da família em si. Veja o caso da Gucci. Famílias podem ser prejudicadas por nomes e identidades de marcas, como vimos quando os irmãos Gallo ficaram tão agitados a respeito do irmão mais novo deles adotar o sobrenome para promover seu negócio de queijos. Em resumo, não existe substituto para uma cultura familiar forte, coesa e consciente de si mesma. A tarefa mais importante da liderança é a construção da cultura.[15]

O que mantém a cultura intacta? Ela existe na cabeça, no corpo e nas pernas. A cabeça é a liderança – as mensagens, os valores expressos e as comunicações que fluem do topo numa empresa, família ou qualquer outra organização. O corpo é a estrutura – os sistemas, as regras, as recompensas e o maquinário da empresa. As pernas são as pessoas – o que pensam, aquilo em que acreditam e que dão como certo. Para construir uma cultura forte na cabeça é preciso criar uma liderança clara com mensagens seguras a respeito dos verdadeiros valores subjacentes da empresa. No corpo são necessárias metas e recompensas que sejam consistentes com as mensagens do topo. Nas pernas são necessárias pessoas excelentes e motivadas para se unirem, permanecer e se desempenharem bem, porque sentem que a cultura lhes permite trabalhar da melhor forma possível.

Os membros da família precisam participar da manutenção da cultura. Se qualquer um deles for deixado como espectador desinteressado, irá se afastar. As empresas bem-sucedidas envolvem a família na definição de valores e na garantia de que as metas estão alinhadas e desempenhando papéis ativos no apoio à cultura.

Terceiro, para que as famílias adicionem valor e não veneno à empresa, é preciso dar atenção aos relacionamentos familiares. Com freqüência isto significa mediação. As famílias adaptáveis mediam seus próprios conflitos, pois toda família tem suas tensões. Já discutimos brevemente o papel especial das mulheres nesta área, mas ele não é prerrogativa delas, nem seu dever sagrado. Todos compartilham a responsabilidade pelos relacionamentos à sua volta. Neste aspecto há uma ampla variação cultural. Por exemplo, as famílias asiáticas usualmente mantêm sua roupa suja

AS LIÇÕES – O PREÇO DA GUERRA E A RECOMPENSA DA PAZ

bem longe do olhar do público, utilizando as cabeças sábias da família para exercer mediação onde for necessário. Como vimos, isto nem sempre é digno de confiança, em especial quando – como no caso dos Pathak, a disputa provém de uma fonte não convencional – neste caso, irmãs insatisfeitas procurando defender seus direitos nos tribunais.

No Ocidente, nossos recursos familiares muitas vezes estão esgotados ou demasiado comprometidos para desempenhar este papel. Em poucos de nossos casos, as empresas buscaram mediação externa e, quando o fez (no caso McCain), a família não estava disposta a seguir o conselho sensato que recebeu. O uso de consultores é uma questão de oportunidade. A orientação de executivos é um negócio em crescimento, mas em muitas empresas ela é usada de forma furtiva, como se fosse um sinal de fraqueza admitir a necessidade de orientação ou de aconselhamento. Felizmente este estereótipo negativo está desaparecendo, mas ele persiste em muitas áreas e sentimos que o senso de autoconfiança de muitos líderes familiares seria ferido se eles tivessem que recorrer a este serviço. Com freqüência os únicos consultores que temos visto são os jurídicos, que intervêm em casos de litígio ou quando está sendo preparado um plano de continuidade do controle acionário. Aqui os advogados podem enfrentar situações difíceis, quando aquela que pode ser a solução certa para a família como um todo pode não ser aquilo que o cliente quer. Hoje muitas famílias recorrem a consultores especializados em empresas familiares em busca de conselhos que melhor suportem as necessidades da família como grupo. Outras áreas em crescimento em termos de apoio a empresas familiares incluem o uso de mentores, aconselhamento sobre carreiras e intervenções que exploram questões de personalidade e dinâmicas de equipes.

Finalmente, quando a fumaça se dissipa, aquilo de que toda empresa necessita é governança. Muitas das empresas mais fortes e admiráveis do mundo chegaram até onde estão resistindo, sobrevivendo e aprendendo com as crises. Elas implantaram sistemas de governança que têm provisões para a resolução de problemas antes que eles ocorram. Eles incorporam vozes independentes para aconselhar contra decisões ruins ou preconceituosas. Contêm processos para a transferência ordenada de poder e a execução efetiva das grandes decisões estratégicas. Têm provisões para transferência de controle, a extração de benefícios e a proteção da base de ativos para a próxima geração. E, não menos importante, eles revisam sistematicamente os fatores de risco no nível da empresa e também da família e desenvolvem planos contingenciais em preparação para ocorrências não planejadas.

SINAIS DE ALERTA E MEDIDAS PRÁTICAS

SINAIS DE ALERTA

Vamos agora a itens específicos. Quais são os sinais de alerta que devem ser buscados e que medidas práticas as empresas podem adotar para se imunizarem contra a guerra e gerenciar os fatores de risco da família?

Aqui estão 20 sinais de alerta clássicos que deveriam fazer soar um alarme em qualquer empresa familiar. A maior parte deles indica que um problema pode provocar emoções fortes e potencialmente negativas. Eles podem ser visíveis em estruturas ou processos; mas o que os destaca é sua capacidade para gerar conflitos.

- Mudanças de comportamento: qualquer mudança súbita e inexplicável no comportamento de um membro da família. É provável que ela indique alguma mudança de coração e mente, e você precisa saber se ela diz respeito à família ou à empresa.
- Injustiça sentida: queixas a respeito de injustiça, vindas de qualquer lugar. Lembre-se, se uma coisa é sentida como real, será real em suas consequências.
- Erros: erros freqüentes de qualquer parte, mesmo que sejam pequenos. Eles significam dispersão, sobrecarga no papel ou alguma outra fonte de tensão.
- Lacunas de comunicação: insucessos freqüentes na comunicação entre pessoas com responsabilidades, tarefas ou interesses acionários comuns.

- Procrastinação: levar tempo demais para chegar a decisões; adiar escolhas importantes.
- Desacordo a respeito de processos: impossibilidade de chegar a um acordo a respeito de por quem e como as decisões deverão ser tomadas, nos contextos da família e da empresa.
- Falta de consenso: incapacidade do grupo para chegar a um consenso, mesmo a respeito de decisões relativamente sem importância.
- Metas obscuras: ausência de clareza de visão por parte dos proprietários a respeito das metas e da direção que querem que a empresa familiar siga.
- Privilégios: percepções de que certos membros da família estão em posições privilegiadas, recebendo vantagens injustas em virtude do seu *status*.
- Persistência: a geração mais velha permanece na ativa muito depois da idade acordada de aposentadoria e impede que novos líderes exerçam autoridade efetiva.
- Nepotismo: políticas de contratação injustamente influenciadas em favor de membros da família, conduzindo à combinação errada de talentos na empresa e à desmotivação dos funcionários de fora da família.
- Ambigüidade de papéis: gerentes membros da família incertos a respeito de seus papéis e responsabilidades.
- Torre de marfim: ausência de vozes e indivíduos independentes no conselho de administração, ou falta de qualquer discussão aberta sobre as responsabilidades de proprietários e gerentes.
- Desigualdade: indivíduos ou grupos recebendo benefícios desproporcionais em relação às suas contribuições.
- Falta de planejamento: especialmente em transições entre gerações, a relutância ou incapacidade por parte da família e do conselho para chegar a um acordo sobre planos de sucessão.
- Ausência de diálogo aberto: reuniões em que todos estão de acordo e nas quais nenhuma questão fundamental de propósito e relativa a sentimentos é discutida.

- Instabilidade executiva: ter dificuldades para atrair, e mais ainda para reter, gerentes não pertencentes à família, particularmente para papéis vitais.
- Fofocas ruins: predominância de rumores alarmistas. Isto sugere um problema cultural.
- Dissensão: formação de subgrupos, em especial em torno de membros da família, havendo poucas interações ou trocas abertas entre eles.

RESOLUÇÃO DE CONFLITOS

Quando alguns dos sinais de alerta que acabamos de listar são vistos, é provável que o conflito já esteja em andamento. Iremos discutir brevemente estratégias preventivas, mas o que deve fazer a família que se vê de repente em estado de conflagração? Nós nos perguntamos quantos dos grandes conflitos vistos aqui poderiam ter sido eliminados na origem por uma ação judiciosa logo no início.

Qual é a primeira coisa que você faz quando recebe um e-mail insultuoso, quando alguém o ignora num evento público, ou quando alguém toma uma decisão sabendo que ela afeta aquilo que é realmente importante para você? Faz com que saibam imediatamente do seu desprazer? Ou apenas rebaixa sua opinião sobre o ofensor, fica quieto e jura não confiar nele no futuro? Ou analisa friamente o que pode ter passado pela cabeça dele para levá-lo a agir dessa forma e procura descobrir como entendê-lo melhor?

Algumas pessoas têm mais facilidade que outras para se manterem calmas, racionais e distanciadas quando confrontadas por energias negativas, mas todos nós subestimamos o grau até o qual as emoções influenciam nosso julgamento e conduzem nossas respostas. É muito difícil ver o ponto de vista da outra pessoa quando sua cabeça está trovejando com suas próprias vozes internas. Contudo, exatamente isso é que é preciso para evitar uma escalada desnecessária, ou pior, que um ato mal interpretado o faça perder a razão ou enfrentar um problema mais sério.

Em todo conflito, a meta psicológica suprema é aquilo que Nicholson chama de "descentralização"[16] – onde ambas as partes conseguem ver a parcialidade das suas próprias perspectivas e compreendem as percepções e pressões, os motivos e dilemas que podem estar guiando seu pretenso antagonista. Esta é a meta da maioria das estratégias qualificadas de mediação. As empresas familiares que contratarem um consultor orientado psicologicamente para ajudá-las a encontrar a paz irão constatar que eles dedicam muita atenção a ajudar as pessoas a atingir entendimentos comuns mais profundos a respeito dos mundos umas das outras. Os filhos compreendem o que o pai está tentando defender e este começa a ver que as ameaças que havia imaginado não são reais. Irmão e irmã conseguem avaliar o que sentiriam se suas posições fossem trocadas.

Isto não resolve o problema, mas acalma a atmosfera, pois o primeiro passo em todas as disputas é "esfriar" – separar as partes até que possa ser criado um contexto para o diálogo. A seguir as partes devem deixar de demonizar os motivos uma da outra. Isto significa uma avaliação realista daquilo que está realmente acontecendo. Isto é o que os negociadores chamam de resolução de disputas "baseada em interesses"[17] – procedimentos que trazem à superfícies as reais necessidades e desejos subjacentes de cada um e suas agendas ocultas. Então, ajudadas por um mediador, elas podem negociar seus interesses – cada lado concedendo ao outro aquilo que é menos importante para ele do que para o outro lado.

O ideal é a solução "integradora", onde diferenças de interesses são esquecidas em consideração aos valores e metas comuns que os unam.[18] É isto que resolve os conflitos na maior parte das empresas familiares. A família, sua herança, valores e comunidade, constitui o teto que abriga a todos, e se os pilares da família cederem ao seu desejo de se derrubarem mutuamente, então todos irão perder, como vimos muitas vezes neste livro.

Mas também vimos casos em que a disputa é mais a respeito de poder do que de interesses e nas quais o jogo é de altas apostas do tipo "o vencedor leva tudo". A maior parte das batalhas que vimos ser travadas desta maneira terminaram nos tribunais. É aqui

EMPRESAS FAMILIARES

que a maldição do vencedor parece se aplicar com freqüência: o vencedor sofre danos superiores aos benefícios que recebe. Em outros casos temos visto acordos extrajudiciais, como os casos Koch, Pathak e Pritzker. O que eles nos dizem é que o judiciário é um instrumento ruim, dispendioso e incompreensível para a resolução de disputas e que se as partes tivessem negociado seriamente poderiam ter conseguido alguma coisa melhor.

Porém, estratégias preventivas são ainda melhores. Vamos agora tratar dos fatores de risco mais comuns e do que pode ser feito a respeito deles.

FATORES DE RISCO DA FAMÍLIA E SEUS REMÉDIOS

As empresas que analisamos não constituem um exemplo randômico. Ao contrário, todas são sagas extraordinárias e muito conhecidas. Portanto não podemos pretender que elas sejam médias ou normais em qualquer sentido; contudo, em determinado momento elas foram. Foi isso que chamou nossa atenção – porque elas começaram na mesma trilha brilhante para o sucesso, pisada por muitas novas empresas, mas depois caíram nas várias armadilhas por nós documentadas. É por esta razão que precisamos analisar os fatores de risco e considerar como eles poderiam ser evitados através de boas práticas. Os problemas relacionados na Tabela 9.1 dão nossa avaliação dos tipos de fatores de risco que predominaram nos casos. Em primeiro lugar, é notável o fato de cada caso exibir vários desses problemas. Assim, até certo ponto todos os remédios que listamos são apropriados para quase todas essas empresas, ou na verdade para qualquer empresa familiar em amadurecimento. Talvez este seja o ponto crítico.

Tabela 9.1 – Fatores de risco e suas soluções

1. Nepotismo

- Estabelecer por escrito uma política de contratação para membros da família
- Desenvolver planos de carreira para os membros da família
- Instituir, para os membros da família, avaliações, informações regulares sobre a produção e orientação [*mentoring*]
- Oferecer desenvolvimento/educação de qualificações sob medida para membros da família
- Complementar os membros da família que trabalham na empresa com talentos de fora do mais alto calibre

2. Lutas entre gerações

- Criar um plano de continuidade do controle acionário que defina como as ações serão repassadas, vendidas, divididas e possuídas pela próxima geração, caso seja esse o caso
- Criar um plano de continuidade de liderança que inclua um processo, com acionadores e cronograma, para a seleção de novos líderes da empresa e da família
- Chegar a um acordo sobre uma política para a supervisão objetiva do processo de seleção de lideranças por meio de membros do conselho independentes, curadores e/ou conselheiros próximos
- Nomear profissionais qualificados de fora da família para ocupar postos de liderança na empresa

3. Desacordo sobre remuneração e recompensas

- Estabelecer uma política de liquidez (para distribuição de dividendos e possíveis recompras de ações) para equilibrar as necessidades dos acionistas e da empresa
- Criar uma política de saída (para a venda de ações): para propiciar acesso a capital para os membros da família e permitir uma poda natural da árvore (não espere que os acionistas da família fiquem no conselho para sempre)
- Remunerar os membros da família que trabalham na empresa de acordo com os salários do mercado

4. Rivalidade entre irmãos

- Clarificar os papéis de todos os membros da família que trabalham na empresa
- Estabelecer comunicações regulares entre os irmãos
- Nomear um "ombudsman" neutro como co-mentor para uma equipe de irmãos
- Encorajar os irmãos a passar juntos horas de lazer e confraternização

5. Não abrir mão do poder

- Fixar uma idade normal e obrigatória de aposentadoria do conselho
- Manter envolvida a geração mais velha que se aposenta, no papel honorário de "sábios"
- Assistir idosos no planejamento de uma terceira carreira
- Dar a eles uma despedida de herói para aplaudir e reconhecer todas as suas realizações

Quando uma empresa está no estágio empreendedor inicial, ela não necessita de procedimentos e métodos incômodos e demorados.[19] As empresas familiares são notoriamente leves no uso de burocracia. Esta é uma das suas características atraentes, e um aspecto da sua velocidade e flexibilidade na resolução de problemas. Sua informalidade e intimidade tornam desnecessários métodos elaborados de tomada de decisões. Porém, uma falha comum de todas as empresas em crescimento é não reconhecer como o crescimento provoca mudanças. Elas são como uma criança que continua usando calças curtas mesmo quando elas estão estourando nas costuras. Empresas de portes e formas diferentes necessitam de novas estruturas. Torna-se essencial algum grau de formalização – especialmente em torno do gerenciamento e da tomada de decisões. Caso a empresa deixe isso para quando for tarde demais, ela estará correndo os riscos de estresse, más decisões, erros, falhas de comunicação e perda de coerência. Tudo isso poderá provocar males culturais, como falta de confiança, alienação e conflitos.

Tudo isto vale para as empresas familiares, embora no caso delas ainda haja um nível adicional de complexidade – esta é a natureza dos laços familiares e da propriedade comum. Assim, além dos sistemas para uma boa governança corporativa, para toda empresa em amadurecimento são necessários mecanismos específicos para que a família encontre uma voz que a distinga, para que ela fale de uma forma aberta e construtiva e apresente para a empresa um discurso coerente e unificado e não uma cacofonia confusa.

Em resumo, é necessário que a governança da família complemente a governança da empresa. As famílias agregam um tremendo valor à empresa em termos de vigor, perspectiva e valores. Sua energia subjacente precisa ser capturada e domada, não neutralizada. Os processos familiares de governança e arquitetura que incluem o gerenciamento do risco familiar permitirão a ampliação da contribuição da família. Qualquer atrito ou conflito emergente pode ser prontamente detectado e as providências para resolver os problemas em seu estágio inicial.

Vamos então listar os remédios e as medidas que uma empresa familiar pode usar para evitar essas armadilhas. Eles estão em várias categorias:

- Transições entre gerações: mecanismos que possibilitem que a sucessão seja um processo tranqüilo e não prejudicial para o líder que sai ou o que chega.
- Planejamento e informação: sistemas de planejamento que garantem que as decisões sejam tomadas de acordo com as regras, em função de dados adequados e da avaliação crítica das suas hipóteses.
- Comunicações: para trazer clareza e propósito a cada posição ou conjunto de interesses dentro da estrutura geral de definir um propósito comum.
- Governança familiar: um fórum para a família, para prover uma oportunidade para que várias vozes e perspectivas sejam ouvidas e para a formação de um conjunto comum de valores e metas.

- Governança corporativa: um conselho independente que garante a supervisão da equipe gerencial e um escrutínio objetivo da estratégia corporativa.
- Educação e treinamento: para equipar todos os membros da família com os conhecimentos e qualificações para o desempenho dos seus papéis como proprietários responsáveis.
- Mecanismos de liquidez e saída: garantindo retornos justos para os acionistas, qualquer que seja sua posição, além do direito de fazer opções a respeito dos seus futuros financeiros.
- Resolução de conflitos: provisão para um debate amplo e a resolução de problemas, para lidar com circunstâncias excepcionais e mudanças de necessidades.
- *Benchmarking* externo: abertura para vozes de forma da família e da empresa em busca de pareceres de especialistas, conselhos sensatos e apoio emocional para a difícil tarefa de gerenciar a empresa familiar.

EM DEFESA DO CONFLITO

Vamos concluir com uma nota de louvor ao conflito. Como já dissemos, sem conflitos haveria pouco progresso. As boas idéias devem ganhar das inferiores. As melhores práticas devem suplantar métodos antiquados e comportamentos obsoletos. Precisamos aprender e a mudança com freqüência é um processo doloroso.

No estudo de grupos, é fato conhecido que existem três espécies de conflitos: de tarefa, de processo e de relacionamento.[20] O conflito de tarefa – desacordo a respeito da tarefa – em geral é produtivo, quando não é contaminado por egos e emoções. O conflito de processo – desacordo a respeito das regras, normas e procedimentos usados pelo grupo para realizar suas tarefas – é arriscado. Às vezes ele é produtivo, às vezes destrutivo, dependendo da disposição com a qual é abordado. O conflito de relacionamento – desacordo a respeito do valor das pessoas e de suas contribuições – quase sempre é destrutivo. As pesquisas mostram que esses três tipos de conflitos são muito difíceis de desembaraçar. Às vezes as famílias têm uma vantagem neste tipo de conflito, porque aceitam mais facilmente suas diferenças de relacionamento do que as pessoas que estão apenas trabalhando juntas.

Em muitos dos casos que vimos aqui, havia uma linha tênue que era ultrapassada quando as pessoas entravam em conflito. Caso tivesse sido conseguida uma melhor separação entre esses elementos, muitos deles poderiam ter realizado muito mais do que o fizeram. E como temos observado, um sinal das enormes capacidades dessas empresas é o fato de muitas delas continuarem a crescer hoje. Poderia ser dito que nossa revisão identifica a família e seu envolvimento com a empresa como a maior baixa das guerras familiares.

As empresas familiares, para atingir a glória, precisam tirar proveito de suas características únicas:[21]

- Co-propriedade por um grupo que tem afinidades. Isto aproxima as empresas familiares de nossas origens ancestrais, onde não havia nenhum limite rígido separando trabalho e família. Isto também é o que dá às empresas familiares tanto orgulho por sua marca, sua identidade e seus valores.
- Transmissão de ativos entre gerações. As empresas familiares têm o benefício de horizontes de longo prazo porque não vêem a si mesmas como um pacote de ativos para ser simplesmente retalhado, espremido ou vendido, mas sim como um legado para futuras gerações. Isto dá confiança, alcance e propósito para todo o planejamento delas.
- Trabalho em equipe entre parentes e não parentes. Isto é essencial para o crescimento da empresa; assim o conceito de família tem de ser amplo e abrangente, capaz de envolver e fazer o melhor uso possível dos talentos dos funcionários não pertencentes à família. Isto requer uma abordagem confiante e pragmática à liderança – abrangente em escopo e hábil na execução. Também significa reconhecer as limitações da família e ter disposição para fazer parcerias com pessoas dotadas de outros talentos e perspectivas.

Tudo aquilo que observamos em nossos casos salienta estes pontos. O conflito familiar estará sempre conosco, mas não precisa se transformar numa guerra e pôr a casa abaixo.

Notas

CAPÍTULO 1: GUERRAS FAMILIARES

1. Andréa Colli, *The history of family business*, 1850-2000 (Cambridge University Press, Cambridge, 2003). Veja também M. C. Shanker e J. H. Astrachan, "Myths and realities: Family Business' contribution to the US economy: a framework for assessing family business statistics", *Family Business Review* 9 (1996, pp. 107-24).

2. R. C. Anderson e D. M. Reeb, "Founding family ownership and firm performance: evidence from the S&P 500", *Journal of Finance* 58 (2003, pp. 1301-26). Veja também D. Sraer e D. Thesmar, "Performance and behavior of family firms, evidence from the French stock market" (estudo do CREST, Centre for Research in Economics and Statistics, França, 2004); Panikkos Poutziouris, *The UK Family Business Plc Economy* (Institute for Family Business, Londres, 2006).

3. "As empresas familiares mais antigas do mundo", *Family Business Magazine* (Inverno de 2003, pp. 43-51). Veja também W. T. O'Hara e P. Mandel, "The World's oldest family companies", *Family Business Magazine* (Primavera de 2002, pp. 37-49, disponível em: www.familybusinessmagazine.com).

4. Harry Levinson, "Conflicts that plague family businesses", *Harvard Business Review* 45 (1971, pp. 90-8). Veja também Manfred Kets de Vries, *Family business: Human dilemmas in family firms* (International Thompson Business Press, Londres, 1996).

5. Fred Neubauer e Alden G. Lank, *The family business: Its governance and sustainability* (Macmillan, Basingstoke, 1998); John

L. Ward, *Perpetuating the family business: 50 lessons learned from long-lasting successful families in business* (Palgrave Macmillan, Basingstoke, 2004).

CAPÍTULO 2:
AS IDÉIAS – AS ORIGENS DA GUERRA FAMILIAR

1. Também encorajado pelo otimismo, real e falso, a respeito de vencer: veja Stephen Van Evera, *Causes of war: Power and the roots of conflict* (Cornell University Press, Ithaca, 1999).
2. Depois de decomposto em razões econômicas, personalidades e ambições dinásticas desempenharam um papel nas origens da guerra: veja David S. Landes, *The wealth and poverty of nations* (W. W. Norton, Nova York, 1998).
3. Para um relato das grandes dinastias de empresas familiares, veja David S. Landes, *Dynasties: Fortunes and misfortunes of the world's great family businesses* (Viking, Nova York, 2006).
4. "Familiaridade" é analisada a partir de uma perspectiva teórica baseada em pesquisa por T. G. Habberson e M. L. Williams. Uma estrutura baseada em recursos para acessar as vantagens estratégicas das empresas familiares em *Family Business Review* 12 (1999, pp. 1-25); e T. G. Habberson, M. L. Williams e I. C. MacMillan, "A unified systems perspectiv on family firm performance", *Journal of Business Venturing* 18 (2003, pp. 451-65).
5. Para argumentos sobre a superioridade da cultura da empresa familiar, veja R. Beckhard e W. G. Dyer, "Managing change in the family firm – issues and strategies", *Sloan Management Review* 16 (1983, pp. 59-65); C. M. Daily e M. J. Dollinger, "Family firms are different", *Review of Business* 13 (1991, pp. 3-5).
6. Danny Miller e Isabelle Le Breton-Miller, *Managing for the long run: Lessons in competitive advantage from great family businesses* (Harvard Business School Press, Boston, 2005); D. Denison, C. Lief e J. L. Ward, "Culture in family-owned enterprises: recognizing and leveraging unique strengths", *Family Business Review* 17 (2004, pp. 61-70); veja também T.A.

Beehr, J. A. Drexler e S. Faulkner, "Working in small family businesses: empirical comparisons to non-family businesses", *Journal of Organizational Behavior* 18 (1997, pp. 297-312).

7. R. Tagiuri e J. A. Davis, "Bivalent attributes on the family firm", *Family Business Review* 9 (1996, pp. 199-208); veja também Nigel Nicholson e Asa Björnberg, "Familiness: fatal flaw or inimitable advantage?", *Families in Business* (março de 2004, pp. 52-4).

8. Há um debate na literatura sobre empresas familiares a respeito das desvantagens, vulnerabilidades e riscos especiais enfrentados pelas empresas familiares. Eles são destacados como riscos e tentações de más decisões por membros da família proprietária. Veja W. S. Schultze, M. H. Lubatkin, R. N. Dino e A. K. Buchholtz, "Agency relationships in family firms: theory and evidence", *Organization Science* 12 (2001, pp. 99-116); veja também W. S. Schultze, M. H. Lubatkin e R. N. Dino, "Exploring the consequences of ownership dispersion among the directors of private family firms", *Academy of Management Journal* 46 (2003, pp. 179-94).

9. Porém, um contraponto fora de moda, mas bem fundamentado em favor do nepotismo pode ser encontrado em Adam Bellow, *In praise of nepotism: A natural history* (Doubleday, Nova York, 2003).

10. James M. White e David M. Klein, *Family theories*, (Sage, Thousand Oaks, 2002)

11. A necessidade de perturbações e conflitos para inovações radicais é debatida por Clayton Christensen em *The innovator's dilemma* (Harper Business Essentials, Londres, 1998). Veja também D. Tjosfold, "Cooperation and competitive goal approaches to conflict: accomplishments and challenges", *Applied Psychology* 47 (1998, pp. 285-342).

12. Para um relato abrangente do conflito em organizações, veja M. Afzalur Rahim, *Managing conflict in organizations* (Greenwood Press, Oxford, 2000).

13. Alice H. Eagly, Reuben M. Baron e V. Lee Hamilton (eds.)., *The social psychology of group identity and social conflict: Theo-*

ry, application, and practice (American Psychological Association, Washington, 2004).

14. Robert M. Milardo e Steve Duck (eds.), *Families as relationships* (Wiley, Chichester, 2000).

15. Ernesto J. Poza, *Smart growth: Critical choices for family business continuity* (Jossey-Bass, Chichester, 1997).

16. Sudipt Dutta, *Family business in India* (Response Books, Nova Delhi, 1997).

17. A tendência a exagerar a atribuição de causas a pessoas e personalidades é chamada em psicologia de "erro fundamental de atribuição": veja L. Ross, "The intuitive psychologist and his shortcomings: distortions in the attribution process", em L. Berkowitz (ed.), *Advances in Experimental Social Psychology*, Vol. 10 (Academic Press, Nova York, 1977).

18. Roderick Kramer e Tom Tyler (eds.), *Trust in organizations* (Sage, Thousand Oaks, 1996).

19. Dean G. Pruitt e Jeffrey Z. Rubin, *Social conflict: Escalation, stalemate and settlement* (Random House, Londres, 1996).

20. A habilidade para evitar conflitos e resolver problemas entendendo as perspectives do outro indivíduo tem sido chamada de "descentralização" por Nicholson (devido a Piaget). Veja Nigel Nicholson, "How to motivate your problem people", *Harvard Business Review* 81 (janeiro de 2003, pp. 56-67).

21. Jerry Greenberg e Jason A. Colquitt, *Handbook of organizational justice* (Erlbaum, Mahwah, 2004).

22. Esta é uma questão das pessoas e suas organizações terem expectativas alinhadas ou congruentes, aquilo que os psicólogos chamam de "contrato psicológico". Veja Denise M. Rousseau, *Psychological contracts in organizations: Understanding written and unwritten agreements* (Sage, Thousand Oaks, 1995).

23. A violação de contratos é considerada pelos psicólogos evolucionários uma área fundamental da sensibilidade humana. Veja Leda Cosmides e John Tooby, "Cognitive Adaptations for social exchange", em J. H. Barkow, L. Cosmides e J. Tooby (eds.), *The Adapted Mind: Evolutionary psychology and the generation of culture* (Oxford University Press, Oxford, 1992).

24. Carlfred B. Broderick, *Understanding family process: Basics of family systems theory* (Sage, Thousand Oaks, 1993).
25. Randel S. Carlock, Ludo van der Hieden e Christine Blondel, "Fair process: striving for justice in family business", *Family Business Review* 18 (março de 2005, pp. 1-2).
26. Os evolucionistas estudaram como grupos sociais resolvem este problema. Veja Michael Price, John Tooby e Leda Cosmides, "Punitive sentiment as an anti-free rider psychological device", *Evolution and Human Behavior* 23 (2002, pp. 203-31).
27. A carona em equipes de trabalho é chamada de "vadiagem social". Veja Jayanth Narayanan e Madan M. Pillutla (eds.), *Blackwell enciclopedic dictionary of management: Organizational behavior* (Blackwell, Oxford, 2005).
28. Veja a pesquisa de Schultze *et al* (nota 8); veja também Kelin E. Gersick, John A. Davis, Marion McCollom Hampton e Ivan Lansberg, *Generation to generation* (Harvard Business School Press, Boston, 1997).
29. Atribuída ao filósofo pragmático americano C.S. Peirce, 1839-1914.
30. Gersick *et al, Generation to generation* (op. cit.) e, para uma exposição mais completa das idéias na seção, "Evolutionary psychology and family business: A new synthesis for theory, research and practice", *Family Business Review*.
31. Nigel Nicholson, "Gene politics and the natural selection of leadership", *Leader to Leader* 20 (primavera de 2001, pp. 46-52).
32. J. N. Davis e M. Daly, "Evolutionary theory and the human family", *Quarterly Review of Biology* 72 (1997, pp. 407-25); S. T. Emlen, "An evolutionary theory of the family", *Proceedings of the National Academy of Sciences* 92 (1982, pp. 8092-99).
33. Para um relato do moderno darwinismo, veja Daniel C. Dennett, *Darwin's dangerous idea: Evolution and the meanings of life* (Simon & Schuster, Nova York, 1995).
34. Para uma aplicação das idéias aos negócios, veja Nigel Nicholson, *Managing the human animal* (Thomson Learning, Londres, 2000).

EMPRESAS FAMILIARES

35. Na teoria darwiniana, esta idéia é chamada seleção sexual. Para um relato sobre sua relevância e importância para a vida social moderna, veja Geoffrey F. Millet, *The mating mind: How sexual choice shaped the evolution of human nature* (Heinemann, Londres, 2000).

36. Este é um conceito-chave em psicologia evolucionária. Para um relato claro não técnico, veja Robert Wright, *The moral animal: Evolutionary psychology and everiday life* (Little, Brown, Nova York).

37. Richard Dawkins, *The selfish gene* (Oxford University Press, Oxford, 1989); veja também Stephen Pinker, *How the mind works* (Norton, Nova York, 1997).

38. S. J. Silk, "What humans adopt adaptively and why does it matter?", *Ethology and Sociobiology* 11 (1990, pp. 425-6) Porém, os enteados correm um risco especial, pois carecem da proteção de genes comuns, veja por exemplo Martin Daly e Margot Wilson, "Violence against stepchildren", *Current Directions in Psychological Science* 5 (1996, pp. 77-81).

39. Martin Daly e Margot Wilson, "The evolutionary psychology of marriage and divorce", em L. Waite, M. Hindin, E. Thompson e W. Axinn (eds.), *Ties that bind: Perspectives on marriage and cohabitation* (Aldine de Gruyter, Berlim, 2000).

40. Veja Diane Ackerman, *A natural history of love* (Random House, Londres, 1990); e também dois livros por David M. Buss, *The evolution of desire: Strategies for human mating* (Basic Books, Nova York, 1994) e *The dangerous passion: Why jealousy is as necessary as love or sex* (Bloomsbury, Londres, 2000).

41. S. Foley e G. N. Powell, "Reconceptualizing work-family conflict for business/marriage partners, a theoretical model", *Journal of Small Business Management* 35 (1997, pp. 36-47).

42. Os riscos de marido e mulher trabalharem juntos foram documentados em M. A. Fitzgerald e G. Muske, "Copreneurs, an exploration and comparison to other family businesses", *Family Business Review* 15 (2002, pp. 1-15).

43. Veja Cameron Anderson, Dacher Keltner e Oliver P. John,

"Emotional convergence in close relationships", *Journal of Personality and Social Psychology* 84 (2003, pp. 1054-68).

44. Robert L. Trivers, "Parent-offspring conflict", *American Zoologist* 14 (1874, pp. 249-64).

45. Existem muitas evidências de diferenças transculturais em estilos de paternidade, por exemplo, M. H. Bornstein e L. R. Cote, "Mother's parenting cognitions in cultures of origin, acculturating cultures, and cultures of destination", *Child Development* 75 (2004, pp. 221-35).

46. Ivan Lansberg, *Succeeding generations* (Harvard Business School Press, Boston, 1999); M. H. Morris, R. O. Williams e D. Nel, "Factors influencing family business succession", *International Journal of Entrepreneurial Behavior and Research* 2 (1996, pp. 68-81); W. H. Handler, "Succession in family business: a review of the research", *Family Business Review* 7 (1994, pp. 133-57).

47. Para uma revisão das principais abordagens, veja Robert Sanders, *Sibling relationships: Theory and issues for practice* (Palgrave Macmillan, Basingstoke, 2004). Veja também Stephen P. Bank e Michael D. Kahn, *The sibling bond* (Basic Books, Nova York, 1982).

48. Douglas W. Mock, *More than kin and less than kind: The evolution of family conflict* (Belknap Press of Harvard University Press, Cambridge, 2004).

49. Sanders, *Sibling relationships* (op. cit.).

50. Ibidem.

51. Sylvie McGoldrick e Randy Gerson, *Genograms in family assessment* (Norton, Nova York, 1985).

52. Este argumento a respeito de crianças se adaptando ao ecossistema está mais associado à obra de Frank Sulloway. Veja, por exemplo, *Born to rebel: Birth order, family dynamics and creative lives* (Pantheon, Nova York, 1996); ordem de nascimento, criatividade e realização, em M. A. Runco e S. Pritzker (eds.), *Encyclopedia of creativity* (Academic Press, Nova York, 1999); ordem de nascimento, competição entre irmãos e comportamento humano, Harmon R. Holcomb III (ed.),

Conceptual challenges in evolutionary psychology: Innovative research strategies (Kluwer, Amsterdam, 2001, pp. 39-83).

53. Foram encontradas evidências empíricas de que a aplicação da regra prejudica o desempenho da empresa em um estudo muito detalhado da base de dados de uma grande empresa dinamarquesa; veja M. Bennedsen, K. M. Nielsen, Pérez-Gonzalez e D. Wolfenzon, "Inside the family firm: the role of families in succession decisions and performance", (National Bureau of Economic Research, Cambridge, 2006, estudo 12356).

54. Sulloway, *Born to rebel* (op. cit.).

55. A pesquisa sobre ordem de nascimento é imersa em controvérsias. Os efeitos são difíceis de detectar com os instrumentos convencionais de personalidade. Isto significa que a ordem de nascimento dá forma às estratégias de adaptação adotadas pelos filhos dentro da família e além, e não os traços de personalidade.

56. McGoldrick e Gerson (op. cit., ver nota 51). O tamanho da família também dilui o conflito. Veja Bank e Kahn (op. cit., ver nota 47).

57. R. Hertwig, J. N. Davis e F. J. Sulloway, "Parental investment: how an equity motive can produce inequality", *Psychological Bulletin* 128 (2002, pp. 728-45).

58. Derivado de E. E. Maccoby e J. A. Martin, "Socialization in the context of the family: parent-child interaction", em E. M. Hetherington (ed.), *Handbook of child psychology.* Vol. 4: Socialization, Personality and Social Development (Wiley, Chichester, 1983, pp. 1-101).

59. D. H. Olson e D. H. Gorall, "Circumplex model of marital and family systems", em F. Walsh (ed.), *Normal family processes* (Guilford, Nova York, 2003, pp. 524-48).

60. Salvador Minuchin, *Families and family therapy* (Tavistock, Londres, 1974). Veja também Teresa M. Cooney, "Parent-child relations across adulthood", em R. M. Milardo e Steve Duck (eds.), *Families as relationships* (Wiley, Chichester, 2000).

NOTAS

61. Ibidem.

62. Atribuído ao psicólogo Carl Gustav Jung.

63. O conceito de roteiro é usualmente associado à análise transacional, um desenvolvimento da teoria psicanalítica em torno da adoção dos papéis de "pai", "adulto" e "criança" em relacionamentos. Veja Claude M. Steiner, *Scripts to live by: Transactional analysis of life scripts* (Grove Press, Nova York, 1974). Veja também Robert P. Abelson, "Psychological status of the script concept", *American Psychologist* 36 (1981, pp. 715-29).

64. Nigel Nicholson e Asa Björnberg, *Ready, willing and able? The next generation in family business* (Institute for Family Business, Londres, 2007).

65. Teresa Cooney, "Parent-child relations across adulthood" (op. cit., ver nota 60).

66. Desenvolvido teórica e empiricamente através da elaboração de seis escalas medindo essas dimensões, por Asa Björnberg e Nigel Nicholson, "The family climate scales: development of a new measure for use in family business research", *Family Business Review* 20 (pp. 229-46).

67. Olsen *et al* (op. cit.). Veja também W. R. Beavers e M. N. Voeller, "Family models: contrasting the Olson circumplex model with the Beavers systems model", *Family Process* 22 (1983, pp. 85-98).

68. Pauline Boss, *Family stress management: A contextual approach*, (Sage, Thousand Oaks, 2002).

69. Os evolucionistas chamam este processo de "acasalamento ordenado". Veja, por exemplo, David M. Buss, "Marital assortment for personality dispositions: assessment with three different data sources", *Behavior Genetics* 14 (1984, pp. 111-23). Veja também Virginia Blankenship, Steven M. Hnat, Thomas G. Hess e Donald R. Brown, "Reciprocal interaction and similarity of personality attributes", *Journal of Social and Personal Relationships* 1 (1984, pp. 415-32).

70. A idéia de que os pares têm grande influência sobre o desenvolvimento da personalidade foi proposta por Judith Rich

Harris em *The nurture assumption: Why children turn out the way they do* (Free Press, Nova York, 1998).

71. Alan P. Fiske, *Structures of social life: The four elementary forms of human relations* (Free Press, Nova York, 1993); Emmanuel Todd, *The explanation of ideology: Family structures and social systems* (Blackwell, Oxford, 1985).

72. E. W. Markson, *Social gerontology today: An introduction* (Roxbury, Los Angeles, 2003).

73. Robert Hogan, John Johnson e Stephen Briggs, *Handbook of personality psychology* (Academic Press, Nova York, 1997). Veja também Gerald Matthews, Ian J. Deary e Martha C. Whiteman, *Personality traits*, (Cambridge University Press, Cambridge UK, 2002).

74. J. M. Digman, "Personality structure: emergence of the five-factor model", *Annual Review of Psychology* 41 (1990, pp. 417-40); Kevin MacDonald, "Evolution, the five-factor model, and levels of personality", *Journal of Personality* 63 (1994, pp. 525-67). Veja também Matthews *et al*, *Personality traits* (op. cit.).

75. Veja D.T, Lykken, M. McGue, [a] Tellegen e T. J. Bouchard, Emergenesis: genetic traits that may not run in families (*American Psychologist* 47, 1992, pp 1565-77); e J. C. Loehlin, R. R. McCrae, P. T. Costa e O. P. John, Heritabilities of common and measure-specific components of the Big Five personality factors (*Journal of Research in Personality* 32, 1998, pp 431-53).

76. Estes são chamados genes não aditivos; veja R. Ilies, R. D. Arvey e T. J. Bouchard, Darwinism, behavioral genetics, and organizational behaviour: a review and agenda for future research (*Journal of Organizational Behavior* 27, 2006, 121-41).

77. Veja Andreas Rauch e Michael Frese, "Born to be na entrepreneur? Revisiting the personality approach to entrepreneurship", em R. J. Baum, M. Frese e R. Baron, *The Psychology of entrepreneurship* (Lawrence Erlbaum, Mahwah, 2007).

NOTAS

CAPÍTULO 3: IRMÃOS EM ARMAS

1. As principais fontes para este estudo de caso foram: "Koch family foundations" (2004, disponível em: http://www.fact-index.com/k/ko/koch_family_foundations.html); CBS News, "Blood and oil" (2001, disponível em: http://www.cbsnews.com/stories/2000/11/27/60II/ main252545.shtml); *Forbes Magazine*, "Forbes faces: the Koch brothers" (2001, disponível em: http://www.forbes.com/2001/01/04/0104faces); J. Grant, "The private empire of Koch Industries", *Financial Times)* 30 de janeiro de 2004, p. 8); *Lawrence Journal-World* (2000); "Kochs and family feud" (2000, disponível em: http://www.ljworld.com/section/stateregional/storypr/31316); Brian O'Reilly, "The curse of the Koch brothers", *Fortune Magazine* (17 de fevereiro de 1997, pp. 78-84); Robert Tomsho, "Blood feud: Koch family is roiled by sibling squabbling over its oil empire", *Wall Street Journal* Eastern ed. (9 de agosto de 1989, p. 1); B. Williams e K. Bogardus, "Koch's low profile belies political power", Center for Public Integrity (2004, disponível em: http://www.publicintegrity.org/oil).

2. Os leitores devem notar que esses genogramas são simplificados, para mapear os principais relacionamentos que figuram na narrativa. As árvores genealógicas não são completas.

3. "Show me the money", *Economist* (6 de maio de 2006, p. 55); "Obituário: Anna Nicole Smith", *Economist* (17 de fevereiro de 2007, p. 93).

4. Williams Bogardus (op. cit.).

As principais fontes para este caso foram: "The Reliance Group split-up: what went wrong with the Indian conglomerate?" (Estudo de caso ref. No 305-394-1; ICFAI Business School Case Development Centre, 2005); Indu e V. Gupta, "The Reliance Group saga" (Estudo de caso ref. No 305-474-1, ICFAI Center for Management Research, 2005); A. S. Patel e A. V. Vedpuriswar, "The turmoil at Reliance" (Estudo de caso ref. No 305-582-1, ICFAI Business School 2005); A. V. Vedpuriswar e V. Pattabhiram, "Reliance Industries: the dispute between Mukesh e Anil Ambani – Part A" (Estudo de caso ref. No 705-003-1, ICFAI Knowledge Centre, 2005); "Primogeniture rules, OK?", *Economist* (27 de novembro de 2004, p. 87); "Hand rocks craddle", *Economist* (25 de junho de 2005, pp. 78-81); "The Lex column: Asian family businesses", *Financial Times* (18 de julho de 2005); "M. Kripalani, how to dive on a $ 22.5 billion empire", *Business Week* (4 de julho de 2005, pp. 44-5); E. Luce e K. Merchant, "Reliance brothers in dispute over group's ownership", *Financial Times* (19 de novembro de 2002); E. Luce, "Brothers urged to settle feud over Reliance", Financial Times (7 de janeiro de 2005); "Tussle over Reliance enters political sphere", *Financial Times* (25 de fevereiro de 2005); K. Merchant, "Indian group soars despite power struggle", *Financial Times* (26 de novembro de 2004), "Anil Ambani quits job at IPCL", *Financial Times* (4 de janeiro de 2005, p. 21); "Reliance deal means group will be split", *Financial Times* (20 de junho de 2005); "Corporate India keeps power in the family", *Financial Times* (12 de julho de 2005); "Board of Reliance approves peace deal", *Financial Times* (8 de agosto de 2005); A. Shukla, "Mother to settle feud at Reliance", *Sunday Times* (9 de Janeiro de 2005).

5. Esses detalhes estão documentados no ICFAI Business School Case, "The Reliance Group saga" (op. cit.).

6. As principais fontes para este estudo de caso foi Bárbara Smith, *Pitch invasion: Adidas, Puma and the making of modern sport* (Penguin, Londres, 2006); "Adi Dassler – the man who gave Adidas its name", 2007, (disponível em http://www.press.adidas.com/em/DesktopDefault.aspx/tabid-49-41_read-1203); "Sneaker pimps" (disponível em: http://www.easyjetflight.com/features/2006/aug/saneaker.html); "T. Hagler, German feud inspires boots down" (2006, disponível em: http://www.bbc.co.uk/go/pr/fr/-/hi/world/europe/5055542.stm); R. Milne, "Fancy footwork", *Financial Times* (6 de maio de 2006).

As principais fontes para este estudo de caso foram: Robert Mondavi, *Harvests of Joy* (Harcourt Brace, San Diego, 1998); J. Ashworth, "Califórnia wine celebrity seeks friends in Europe", *The Times* (14 de dezembro de 2002); N. Buckley,

"Constellation bids for Robert Mondavi", *Financial Times* (20 de outubro de 2004, p. 25); T. Fish, "Mondavi to sell La Famiglia winery, but keep the brand" (2001, disponível em: http://www.winespectator.com/Wine/Daily/News/0,1145,1384,00.html); J. Flynn, "Grapes of wrath: inside a Napa valley empire", *Wall Street Journal* (Eastern ed., 3 de junho de 2004, p. A1); E. Hawkes, "Mondavi family values" (1998, disponível em: http://www.findarticles.com/p/articles/mi_m3514/is_12_45ai_53379158); R. F. Howe, "The fall of the house of Mondavi", *Business 2.0 San Francisco* 6 (abril de 2005, p. 98); "Robert Mondavi winery" (2004, disponível em: http://www.internationalrecipesonline.com/recipes/dictionary.pl?5829); J. Laube, "Mondavi buys Arrowood for $ 45 million" (2000, disponível em: http://www.winespectator.com/Wine/Daily/News_Print/0,2463,1115,00.html); "Robert Mondavi announces major restructuring" (2003, disponível em: http://www.winespectator.com/Wine/Daily/News_Print/0.1145,2020,00.html); P-H Mansson, "Mondavi gives up on Languedoc project" (2001, disponível em: http://www.winespectator.com/Wine/Daily/News_Print/0,2463,432,00.html).

7. Os três componentes da inteligência emocional são: a) identificar emoções: a capacidade para reconhecer os próprios sentimentos e os sentimentos dos outros, b) usar emoções: a capacidade para acessar uma emoção e raciocinar com ela, e c) entender as emoções: a capacidade para identificar e compreender a transição de uma emoção para outra. Veja M. Zeidner, G. Matthews e R. D. Roberts, "Emotional Intelligence in the workplace: a critical review", *Applied Psychology* 53 (2004, pp. 371-99).

8. As principais fontes para este estudo de caso foram Ellen Hawkes, *Blood & Wine: The unauthorized story of the Gallo wine empire* (Simon & Schuster, Nova York, 1993); "Family feud" (2004, disponível em: http://www.bathroomcompanion.com/gallo.html; R. Bradford, "It's never easy to change your image in the wine industry" (1999, disponível em: http://

www.beveragewbusiness.com/art-arch/07bradford.html);
G. Hyman, "2001 achievement awards" (2002, disponível
em: http://jamesbeard.org/awards/2001/2001/achievement.
shtml); "The curse of the house of Gallo", *Independent* (3 de
março de 2007); D. Rushe, "California dream is reality for
wine firm", *Sunday Times* (Business) (7 de maio de 2006, pp.
3.1 & 3.9); R. B. Scmitt, "Ernest and Julio win family feud over
Gallo name", *Wall Street Journal,* (Eastern ed., 21 de junho de
1989, p. 1); L. B. Zimmerman, "Reinventing Gallo" (*Market
Watch,* novembro/dezembro de 2004, pp. 36-46).

9. Ellen Hawkes (op. cit.) detalha uma ação judicial registrada
   em 31 de julho de 1986 (p. 133).

CAPÍTULO 4: LUTANDO PELA COROA

1. Lansberg, *Succeeding generations* (op. cit., ver nota 46), e Morris *et al*, 1996 (op. cit.).
2. David Saltman, "Global heavyweight", *Chief Executive* (agosto-setembro de 2003).
3. Veja nossos comentários no Capítulo 2 a respeito da base biológica para o conflito pai-filho.
4. A riqueza aumenta os problemas de interferência. Eles são discutidos no Capítulo 2; veja Schulze *et al*, Agency relationships in family firms (op. cit.).
5. Os efeitos negativos da aposentadoria são bem conhecidos. Veja, por exemplo, T. L. Gall, D. R. Evans, D. R. Howard e J. Howard, "The retirement adjustment process: changes in the well-being of male retires across time", *Journals of Gerontology* 52 (1997, pp. 110-17); S. V. Kasl e B. A. Jones, "The impact of job loss and retirement on health", em L. Berkman e I. Kawachi (eds.), *Social epidemiology* (Oxford University Press, Oxford, 2000).
6. Problemas da entrega do cargo e as conseqüências dos diferentes modos de partida de CEOs, são examinados em Jeffrey Sonnenfeld, *The hero's farewell: What happens when CEOs retire* (Oxford University Press, Oxford, 1988).

7. Pesquisa na London Business School constatou pouca preparação entre muitos líderes na idade de aposentadoria ou perto dela. Veja Nigel Nicholson, *Leadership, culture and change in the UK family firms* (BDO Stoy Centre for Family Business, Londres, 2003).

8. Veja Nigel Nicholson e Asa Björnberg, "Familiness: fatal flaw or inimitable advantage?" (op. cit., ver nota 7, capítulo 2).

9. Em estudo publicado em julho de 2006, os pesquisadores constataram que as empresas familiares em que a sucessão passa para não membros da família superam financeiramente aquelas em que a família assume a gerência; veja Bennedsen *et al*, "Inside the family firm" (op. cit., ver nota 53, capítulo 2).

10. A Henkel foi a vencedora do IMD-Lombard Odier Darier Hentsch Distinguished Family Business Award em 1999.

11. Nicole Laporte, "Patty digs for Hearst secrets", *Variety* (26 de abril de 2005).

12. As principais fontes para o estudo do caso McCain foram: Paul Waldie, *A house divided: The untold story of the McCain family* (Viking, Toronto, 1996); Michael Woloschuk, *Family Ties: The real story of the McCain feud* (Key Porter, Toronto, 1995); D. Berman, "Hold the fries", *Canadian Business* 71 (30 de janeiro de 1998, p. 32); "Frozen food, family feud" (1998, disponível em: http://www.tv.cbc.ca/newsinreview/ octpercent2099/Eatons/family.html); "McCain empire has deep roots" (2004, disponível em: http://www.cbc.ca/stories/ print/2004/03/19/mccainbiz_040319); B. Dalglish, "Family feud", *Macleans* 106 (6 de setembro de 1992, p. 32); R. Lucie, "Obituary: Harrison McCain dies", *Globe and Mail* (19 de março de 2004); "Letters: Family mistake", *Economist* (7 de junho de 2003, p. 14); P. C. Newman, "Feud of the century: a McCain speaks out", *Macleans* 107 (26 de setembro de 1994, p. 29); "Tales from a mellower Harrison McCain", *Macleans* 111, 19 de janeiro de 1998, p. 50), "McCain foods names new chief executive following family feud", *Wall Street Journal* (Eastern ed., 2 de março de 1995, p. B12).

13. Waldie (op. cit.) entrevistou Harrison e Wallace. Ele cita Wallace dizendo: "Durante toda a minha vida Harrison me disse: 'Não faça isso. Não confie na sua mulher nem em seus filhos. Não confie nas pessoas'". (p. 140).

14. Relatado por Michael Woloschuk (op. cit., p. 154).

15. Waldie (op. cit.) relata que Harrison escreveu: "Michael nunca ganhou um centavo para nós na sua vida". E disse a Wallace que Michael não possuía experiência suficiente.

16. *The Raymond Report, 11th edition: Focus on the American family business survey* (Raymond Institute, 17 de março de 2003). Para uma discussão mais geral da questão da liderança dividida, veja José Luis Alvarez e Sylvia Svejenova, *Sharing executive power* (Cambridge University Press, Cambridge UK, 2005) e Nigel Nicholson e Asa Björnberg, "Critical leader relationships in family firms", em P. Poutziouris, K. X. Smyrnios e S. B. Klein (eds.), *Handbook of research in family business* (Edward Elgar, Chichester, 2006).

17. As principais fontes para este estudo de caso foram: Richard S. Tedlow, *The Watson dynasty* (Harper Business, Nova York, 2003); Thomas J. Watson Jr. e Peter Petre, *Father, Son & Co: My life at IBM and beyond* (Bantam, Nova York, 1990).

18. As principais fontes para este estudo de caso foram: *Bata Shoe Organization* (A) (ECCH, IMD-3-1084, GM1084, International Institute for Management Development, 2002); *Bata Shoe Organization* (B) (ECCH, IMD-3-1085, GN1085, 2002); "Thomas Bata: shoemaker to the world" (2002, disponível em: http://www.cic.gc.ca/english/department/legacy/chap-4b.html); "Thomas Bata" (2004, disponível em: http://www.fact-index.com/t/th/thomas_bata.html); B. Wickens, "Bata shoe museum opens" (*Macleans*, 15 de maio de 1995).

19. Veja o relato detalhado no relatório do caso IMD, ECCH (op. cit.).

CAPÍTULO 5:
A CASA CONSTRUÍDA PELA ARROGÂNCIA

1. Rauch e Frese, "Born to be an entrepreneur?" (op. cit., ver nota 77, capítulo 2).
2. O fracasso de um líder empresarial devido ao desequilíbrio de qualidades é chamado de "descarrilhamento". Veja Jean Brittain, Leslie Van Velsor e Ellen van Velsor, *A look at derailment today: North America and Europe* (Center for Creative Leadership, Greensboro, 1995).
3. Belinda Jane Board e Katarina Fritzon, "Disordered personalities at work", *Psychology, Crime and Law* 11 (2004, pp. 17-35).
4. As definições das "desordens de personalidade", bem como seu número, podem variar. Veja Matthews *et al*, "Emotional intelligence in the workplace" (op. cit., ver nota 9, capítulo 3) para uma exposição delas.
5. Uma das penalidades do sucesso: indivíduos com alta auto-estima, aumentada por sucessos anteriores, são insensíveis a indicações de que estão falhando. Veja M. H. Kernis, M. Zuckerman, A. Cohen, A. Spadafora e S. Spadafora, "Persistence following failure: the interactive role of self-awareness and the attributional basis for negative expectancies", *Journal of Personality and Social Psychology* 43 (1982, pp. 1184-91); Adam Di Paula e Jennifer D. Campbell, "Self-esteem and persistence in the face of failure", *Journal of Personality and Social Psychology* 83 (pp. 711-24).
6. O lado sombrio do carisma está documentado em Jay A. Conger, *The charismatic leader: Behind the mystique of exceptional leadership* (Jossey-Bass, Chichester, 1989). Veja também Jean Lipman-Blumen, *The allure of toxic leaders: Why we follow destructive bosses and corrupt politicians – and how we can survive them* (Oxford University Press, Oxford, 2006). Para um tratado mais geral sobre agressividade masculina veja Donald G. Dutton, *The abusive personality: Violence and control in intimate relationships* (Guilford, Nova York, 1998).
7. As principais fontes para este estudo de caso foram: Peter Collier e David Horowitz, *The Fords: An American epic* (En-

counter Books, San Francisco, 2002); "One hell of a birthday, Bill", *Economist* (14 de junho de 2003, p. 75); J. Grant, "Control traits to run in the family", *Financial Times* (12 de junho de 2003, p. 30); J. Mackintosh e J. Grant, "Ford Approaches 100 with optimism", Financial Times (12 de junho de 2003, p. 30); David Magee, *Ford tough: Bill Ford and the battle to rebuild America's automaker* (Wiley, Chichester, 2005).

8. As principais fontes para este estudo de caso foram: T. Agins, "Dart Group's chief faces another battle as family splinters", *Wall Street Journal* (Eastern ed., 6 de julho de 1993, p. B2); "Dart chairman further steps to distance his son from two businesses", *Wall Street Journal* (Eastern ed., 6 de julho de 1993, p. B5); M. Baker, "Herbert Haft seeks to justify his firing of son from Dart", *Wall Street Journal* (Eastern ed., 12 de setembro de 1994, p. A11); Rachel L. Dodes, "Drugstore cowboys", *Washington Business Forward* (2001, disponível em: http://www.bizforward.com/wdc/issues/2001-05/drugstore); S. L. Hwang, "Herbert Haft fired in ouster led by his son", *Wall Street Journal* (Eastern ed., 6 de setembro de 1994, p. A3); "Son of Dart's group Haft ousted from Crown board", *Wall Street Journal* (Eastern ed., 1 de julho de 1993, p. B2).

9. A HealthQuick.com deixou de operar em 1999 e a Vitamins. com em 2000.

10. Íris Aaltio-Marjosola e Jyri Lehtinen, "Male managers as fathers? Contrasting management, fatherhood, and masculinity", *Human Relationa* 51, (1998, pp. 121-35). Veja também John Rowan, "Men and women are different – official", *British Journal of Guidance and Counseling* 25 (2006, pp. 539-43).

11. As principais fontes para este estudo de caso foram: M. Campbell, "Sweet wine turns to sour grapes in Sauternes", *Sunday Times* (6 de fevereiro de 2005); J. C. Donnelly jr., "Shareholder disagreement in closely held companies: breaking up is hard to do", *Boston Business Journal* 7 (14 de novembro de 1997); W. Echikson e F. Smith, "A vineyard's bitter fruit", *Business Week* (13 de novembro de 2000); J. Johnson, "Wine dynasty ends its 400-year tenure", *Financial Times* (27

de maio de 2004, p. 12); P-H Manson, "Battle over Château d'Yquem ends with LVMH as new owner" (1999, disponível em: http://www.winespectator.com/Wine/Archives/Show_Article_Print/0,2469,2200,00.html); "Yquem replaces long-time head with managing director os Cheval-Blanc" (2004, disponível em: http://www.winespectator.com/Wine/Daily/News/0,1145,2474,00.html); J. Stimpfig, "The White knuckle ride", *Financial Times, How to Spend It* (fevereiro de 2005, pp. 8-10); "Chateau d'Yquem" (2004, disponível em: http://www.wine-journal.comyquem.html).

12. As principais fontes para este estudo de caso foram: "Mel Karmazin" (2007, disponível em: http://www.answers.com/topic/mel-karmazin); "Sumner Redstone"(2007, disponível em: http://www.answers.com/topic/sumner-redstone); "Redstone's son sues family-run firm" (2006, disponível em: http://www.money.cnn.com/2006/02/15/news/newsmakers/redstone); "Os dias de cão de Sumner", *Economist* (9 de setembro de 2006, p. 76); "Redstones are in court over family business", *Family Business Advisor* (2005, disponível em: www.efamily-business.com); R. Siklos, "Like father, like son: recipe for a family brawl", *New York Times* (19 de fevereiro de 2006); M. Wolff, "Sumner squall" (2001, disponível em: http://www.newyorkmetro.com/nymetro/news/media/columns/medialife/5695).

13. As principais fontes para este estudo de caso foram W. Lilley, "The scrap of their lives", *Globe and Mail* (30 de janeiro de 2004); F. Bowman e M. L. Thomas, "Favouring auditor protection", *CA* magazine (setembro de 2004); J. McCann, "Court ruling on Waxman family row upheld", *American Metal Market* (5 de maio de 2004); "Scrap saga continues: court freezes Waxman's finances", *American Metal Market* (16 de novembro de 2004); J. McInitzer, "The Waxman litigation", *L'expert* (junho de 2003).

14. Este material foi retirado do comentário jurídico a ser encontrado em J. McInitzer (op. cit.).

15. Isto foi lembrado e relatado numa entrevista com Michael; veja W. Lilley (op. cit.).

CAPÍTULO 6: CABEÇAS NA AREIA –
A ARMADILHA DO ISOLAMENTO

1. F. J. Neyer e F. R. Lang, "Blood is thicker than water: kinship orientation across adulthood", *Journal of Personality and Social Psychology* 84 (2003, pp. 310-21).

2. Este é um dos argumentos dados em *In praise of nepotism*, de Adam Bellow (op. cit., ver nota 9, capítulo 2).

3. Veja Nigel Nicholson, "Evolutionary psychology and family business: a new synthesis for theory, research and practice", *Family Business Review* (op. cit.).

4. As principais fontes para este estudo de caso foram: Jonathan Guinness, *Requiem for a family business* (Pan, Londres, 1998); Derek A. Wilson, *Dark and light: The story of the Guinness family* (Orion, Londres, 1999). Outras fontes foram J. Eaglesham, "Guinness heir at odds with new meritocracy", *Financial Times* (30 de janeiro de 2007); A. Neustatter, "Relative values – Hugo Guinness", *Sunday Times Magazine* (16 de maio de 2004); "The story of Guinness", (2004, disponível em: http://www.webpages.marshall.edu/bennett7/guinness/guinstor.html).

5. Jonathan Guinness fez a parte inicial da sua carreira em bancos comerciais. Em 1968, ele deixou o City, mudando-se para o campo onde passou a ser agricultor, escritor e político, entre outras coisas. Veja J. Guinness (op. cit.).

6. Pino G. Audia, Edwin A. Locke e Ken G. Smith, "The paradox of success: an archival and a laboratory study of strategic persistence following radical environmental change", *Academy of Management Journal* 43 (2000, pp. 837-53).

7. Veja a exposição dos problemas de agência no Capítulo 2, e a obra de Schulze e colegas (op. cit.).

8. As principais fontes para este estudo de caso foram: Jane Wolfe, *Blood rich: When oil billions, high fashion, and Royal intimacies are not enough* (Little, Brown, Boston, 1993); Natalie Ornish, *Pioneer Jewish Texans* (Texas Heritage, 1989); E. Smith, "What ever happened to Robert Sakowitz", *Texas Monthly Biz* (março de 1999, p. 10).

9. Jane Wolfe (op. cit., p. 188).

10. Wolfe (op. cit., p. 182) relata como ele gerou US$ 6 milhões com aqueles acordos.

11. As principais fontes para este estudo de caso foram: Ann Gibbon e Peter Hadekel, *Steinberg: The breakup of a family empire* (Macmillan do Canadá, Toronto, 1990); "Steinbergs" (Wikipedia, 2004, disponível em: http://www.wikipedia.org/wiki/Steinbergs); Dan Rottenberg, "Saul Steinberg and abusive boss syndrome", *Family Business* (inverno de 2001, p. 9); Michael J. Roberts, "Sam Steinberg" (Harvard Business School, Case 392044, 1992).

12. Veja também o relato detalhado das personalidades neste caso em Manfred Kets de Vries, *Family business: Human dilemmas in the family firm* (International Thomson Business Press, Nova York, 1996).

13. Peter McGoldrick demitiu-se em março de 1984, logo depois de uma promoção com grandes descontos na Steinberg que não produziu os resultados esperados em termos de participação de mercado. Ela precipitou uma queda nos lucros anuais, que caíram para US$ 13,4 milhões em 1983, os mais baixos desde 1975. Incapaz de projetar uma liderança forte, em especial diante de Mitzi, seu mandato foi curto: apenas 17 meses. Veja Gibbon e Hadekel (op. cit., p. 132).

14. Gibbon e Hadakel (op. cit., p. 181).

15. As principais fontes para este estudo de caso foram: David Leon Chandler e Mary Voelz Chandler, *The Binghams of Louisville* (Crown, Nova York, 1987); Susan E. Tiffet e Alex S. Jones, *The patriarch: The rise and fall of the Bingham dynasty* (Summit, Nova York, 1991); "Barry Bingham Jr. pleads for the return of his daughter", *Courier-Journal* (Louisville, 1 de abril de 2003); "Barry Bingham Jr. collapses in Boston", *Courier-Journal* (Louisville, 6 de maio de 2004); "Family feuds: the fall of the house of Bingham" (2003, disponível em: http://www.courttv.com/news/feature/familyfeud/familyfeud_ctv.html); "Family business – special family companies" (2004, disponível em: http://www.familybusiness-magazine.com/hallofshame.html); "J. C. Shifman, Shirt sleeves to shirt sleeves in three

generations" (2004, disponível em: http://www.tnorthadvisors.com/pages/art_shirtsleeves.htm). Ver também: John L. Ward, *Perpetuating the family business* (op. cit., ver nota 5, capítulo 1).

16. Esses eventos estão detalhados em Tiffet e Jones (op. cit., p. 359).

17. Tiffet e Jones, p. 330.

18. As principais fontes para este estudo de caso foram: Nicholas Faith, *The Bronfmans: The rise and fall of the House of Seagram* (St Martin Press, Nova York, 2006); T. Burt, "Viacom plays down interest in Vivendi assets", *Financial Times* (6 de junho de 2003, p. 31); "Bronfman turns the tables", *The Business* (30 de novembro/1 de dezembro de 2003, p. 19); "Warner music to be sold for $ 26b" (2003, disponível em: http://money.cnn.com/2003/11/24/news/companies/warner_music); "Better luck this time?", *Economist* (29 de novembro de 2003, p. 86); D. Jaffe, "Dutiful sons: how to succeed as heir to a great entrepreneur", *Families in Business* (novembro/dezembro de 2004, p. 47); J. Johnson, "Family pride is the prize for the Bronfman clan", *Financial Times* (28 de agosto de 2003, p. 10); "Bronfman pair leave Vivendi", *Financial Times* (5 de dezembro de 2003); B. Milner, "The unmaking of a dynasty", *Cigar Aficionado* (março/abril de 2003); L. Zehr, "Outcast nephews of Seagram founder build new dynasty in Edper investments", *Wall Street Journal* (Eastern ed., 5 de novembro de 1984, p. 1).

19. Tirado do relato detalhado feito por Faith (op. cit., p. 232).

20. O relacionamento pai-filho e problemas com a sucessão parecem ser inversamente proporcionais à diferença de idade entre eles. Veja John A. Davis e Renato Tagiuri, "The influence of life-stage on father-son work relationship in family companies", *Family Business Review* 2 (1989, pp. 47-74).

CAPÍTULO 7: ROMPIMENTO – A CASA DIVIDIDA

1. Este é um subconjunto do fenômeno mais genérico do erro fundamental de atribuição, onde as causas são atribuídas

a pessoas e não a circunstâncias. Veja Ross, "The intuitive psychologist and his shortcomings" (op. cit., ver nota 17, capítulo 2).

2. Este é o problema do carona discutido no Capítulo 2.

3. Para uma exposição sobre o valor simbólico do dinheiro, veja Mark Oleson, "Exploring the relationship between attitudes and Maslow's hierarchy of needs", *International Journal of Consumer Studies* 28 (pp. 83-92).

4. Veja relatório da Mass Mutual (disponível em: http://www.massmutual.com/mmfg/pdf/afbs.pdf).

5. As principais fontes para este estudo de caso foram: S. Andrews, "Shattered dynasty", *Vanity Fair* (maio de 2003, pp. 110-13 e 159-64); S. Chandler e K. Bergen, "Inside the Pritzker family feud", *Chicago Tribune* (12 de junho de 2005); D. Churchill, "Family fortunes", *Business Travel World* (novembro de 2005, p. 15); P. Damian, "Court stalls deal to pay Pritzkers", *American Banker* 170 (6) (2 de agosto de 2005, p. 3); S. Fitch, "Pritzker vs. Pritzker" *Forbes Global* 6 (22)(24 de novembro de 2003, pp. 34-40); "Liesel Pritzker suit gets go-ahead", (2004, disponível em: http://www.forbes.com/2004/03/05/ez_sf_0305pritzker_print.html); M. Garrahan e D. Cameron, "We could go public, we could merge – Hyatt opens its doors to fresh ideas", *Financial Times* (10 de abril de 2006, p. 15); "Hyatt hints at move towards listing", *Financial Times* (10 de abril de 2006, p. 23); J. Grant, "Youngest cousin puts spotlight on Pritzkers", *Financial Times* (13 de dezembro de 2002, p. 29); D. T. Jaffe, "The Pritzker problem", *Families in Business* (setembro/outubro de 2003, pp. 78-79); C.S. N. Lewis, "Family feuds: the ties that bind – and sue" (2003, disponível em: http://www.courttv.com/news/feature/familyfeud/familyfeud_ctv.html); M. Maremont, "Court documents present insight into breakup of Pritzker empire", *Wall Street Journal* (Eastern ed., 11 de janeiro de 2006, p. A3); P. Stibbard, "Family business succession", *Private Banking Newsletter - Baker and McKenzie* (maio de 2003, pp. 1-5); M. Straka, "The Princess and the pea-brained lawsuit", (disponível em: foxnews.

com/printer_friendly_story/0,3566,72170,00.html); J. Weber, "The house of Pritzker", *Business Week* (17 de março de 2003).

6. S. Andrews (op. cit.) relata que um amigo da família disse que seus irmãos se ressentiram quando Tom não lhes permitiu usar o jatinho Falcon 900 e que eles acharam Tom arrogante.

7. O acordo deveria ser secreto, mas logo detalhes vazaram, como conta S. Andrews (op. cit., p. 163).

8. Para uma exposição dos desafios únicos para a liderança de uma empresa familiar veja Nigel Nicholson e Asa Björnberg, *Family business leadership inquiry* (Institute for Family Business, Londres, 2005).

9. As principais fontes para este estudo de caso foram: Dennis McDougal, *Privileged son: Otis Chandler and the rise and fall of the L. A. Times dynasty* (Perseus, Cambridge, 2001); R. Andersen, "Privileged son" (2002, disponível em: http://www.robinandersen.info/Otis.htm); "Obituary: Otis Chandler", *Economist* (4 de março de 2006); "Paying tribute", *Economist* (24 de junho de 2006); M. Garrahan e A. Van Duyn, "News corp joins forces with Chandlers in bid for Tribune", *Financial Times* (24 de janeiro de 2007, p. 17); "Chandler family could reclaim *Los Angeles Times* as part of shrewd bid for Tribune Co.", *International Herald Tribune* (19 de janeiro de 2007); S. Meisler, "The return of Otis", (1999, disponível em: http://www.stanleymeisler.com/news-commentary/otis.html); J. Rainey e T. S. Mulligan, "Chandlers divided over bid for Tribune", *LA Times* (13 de novembro de 2006); "Chandlers, moguls in battle for Tribune", *LA Times* (18 de janeiro de 2007); R. Rodriguez, "Chandlers go the way of all family dynasty in California", *Pacific News Service* (14 de março de 2000).

10. As principais fontes para este estudo de caso foram: J. Crosby, P. J. Trotter e J. Sonenshine, "Holles vs. superior court 157 CA3d 1192, Civ 30701" (Court of Appeals of Califórnia, Fourth Appellate District, Division Three, 1984); "Freedom Communications, Holles family close deal", *Dow Jones International* (19 de maio de 2004); J. Hirsch, "Freedom director

quits to protest move to seek bids", *LA Times* (24 de abril de 2003); "Freedom Communications to discuss sale", (2003, disponível em: http://mediaweek.printthis.clickability.com/pt/cpt?action=cpt&title=Freedom+communications); M. A. Milbourn, "Freedom closes $ 2 billion deal with investors", *Orange County Register* (19 de maio de 2004); "Can the Freedom format settle other family feuds?", *Mergers and Acquisitions* 38 (12) (dezembro de 2003, p. 12); J. Steinberg e A. R. Sorkin, "Freedom communications pulled into a family fight", *New York Times* (19 de agosto de 2003).

11. As principais fontes para este estudo de caso foram: "Patak family is settled", (2004, disponível em: http://newsvote.bbc.co.uk/mpaapps/pagetools/print/news.bbc.co.uk/1/hi/england/lancashire3645775stm); "Family takes food feud to court", (2004, disponível em: http://www.cnn.com/2004/WORLD/europe/03/03/britain.foodfeud.ap); J. Lawless, "Too much heat in a famous family kitchen", *The Advertiser* (Adelaide, 6 de março de 2004); A. Lee, "Masala family feud ends in settlement", *Straits Times* (23 de abril de 2004); "Patak's family feud is settled", (2004, disponível em: http://www.rediff.com/money/2004/apr/21patak.com); I. Smith, "Spice wars end with L8 million peace treaty", *The Times* (22 de abril de 2004, p. 3); N. Tait, "Payments likely to end Pathak pickle", *Financial Times* (22 de abril de 2004, p. 3); "New lull in legal battle over spices empire", *Financial Times* (29 de julho de 2005, p. 5).

12. Conforme relatado no *Financial Times* (N. Tait, op. cit.).

CAPÍTULO 8: GUERRA RUDE

1. Todos sabem que as pessoas devem escalar seus envolvimentos, inclusive em conflitos, de acordo com os custos irreversíveis. Veja Barry M. Staw, "Knee-deep in big muddy: a study of escalating commitment to a chosen course of action", *Organizational Behavior and Human Performance* 16 (1976, pp. 27-44).

EMPRESAS FAMILIARES

2. As principais fontes para este estudo de caso foram: Ronald J. Watkins, *Birthright: Murder, greed, and power in the U-Haul family dynasty* (William Morrow, Nova York, 1993); R. Tomsho, "Dynasty undone: U-Haul's patriarch now battles offspring in bitterest of feuds", *Wall Street Journal* (Eastern ed., 16 de julho de 1990, p. A1); "U-Haul heir wife slain; inquiry focuses on feud", *Wall Street Journal* (Eastern ed., 8 de agosto de 1990, p. A4); "Five AMERCO directors in judgement make chapter 11 filings", *Wall Street Journal* (Eastern ed., 23 de fevereiro de 1995, p. C13).

3. Para detalhes da vida da família Shoen a esta altura, nós nos baseamos no relato de Watkins (op. cit.), o qual se baseou em extenso material de entrevistas, mas sem a cooperação ou participação de Joe e Mark. Suzanne também não foi entrevistada. Como L. S. era beneficiário da publicação de Watkins, recebendo uma parcela dos direitos autorais, devemos levar em conta a parcialidade dos testemunhos registrados no livro de Watkins, além do fato de eles serem incompletos. Em outras palavras, há provavelmente várias perspectivas possíveis sobre esta história, como acontece em qualquer cenário de conflito.

4. Cartas citadas em Watkins (op. cit., p. 134).

5. O médico é citado em Watkins (op. cit., p. 145).

6. Relatado por Paul Rubin, "Hit the road, Daddy", *Phoenix New Times* (29 de março de 1989).

7. *Encyclopedia of Company Histories: Amerco* (2007, disponível em: answers.com).

8. Tom Fitzpatrick, "Trial and terror", *Phoenix New Times* (15 de dezembro de 1994).

9. As principais fontes para este estudo de caso foram: Sara G. Forden, *The House of Gucci: A sensational story of murder, madness, glamour, and greed* (Perenniel, Nova York, 2000); Gerald McKnight, *Gucci: A house divided* (Sidwick & Jackson, Londres, 1987); "History of the Gucci house" (2007, disponível em: http://en.wikipedia.com/Gucci); B. Catry e A. Buff, *Le gouvernement de l'entreprise familiale* (Publi-Union, Genebra, 1996).

CAPÍTULO 9: AS LIÇÕES –
O PREÇO DA GUERRA E A RECOMPENSA DA PAZ

1. A obra sobre descarrilamento de executivos analisa esta dualidade. Veja Brittain e Van Velsor (op. cit., ver nota 2, capítulo 5). Veja também Robert Hogan, Robert Raskin e Dan Fazzini, "The dark side of charisma", em Kenneth E. Clark e Mirriam B. Clark (eds.), *Measures of leadership* (Center for Creative Leadership, Greensboro, NC, 1990, pp. 343-54).

2. Quentin Skinner, *Machiavelli: A very short introduction* (Oxford University Press, Oxford, 2000).

3. Os problemas de transmitir o cargo e as conseqüências dos diferentes modos de partida de CEOs são examinados em Jeffrey Sonnenfeld, *The hero's farewell* (op. cit., ver nota 6, capítulo 4).

4. Ivan Lansberg, Succeeding Generations (op. cit., ver nota 46, capítulo 1). Veja também John L. Ward, *Perpetuating the family business* (op. cit., ver nota 5, capítulo 1).

5. Este sentimento de irrealidade foi chamado de "síndrome do impostor". Veja Mark R. Leary, "The impostor phenomenon: self-perceptions, reflective appraisals and interpersonal strategies", *Journal of Personality* 68 (pp. 725-56). Veja também Manfred F. R. Ketz de Vries, "The impostor syndrome: developmental and societal issues", *Human Relations* 43 (1990, pp. 667-86).

6. Tagiuri e Davis (op. cit., ver nota 20, capítulo 6). A perspectiva freudiana coloca pais e filhos uns contra os outros como rivais: veja Luigi Zoga, *The father* (Brunner-Routledge, 2001). Uma compreensão do conflito mais baseada em identidade é vê-lo em termos de tentar defender a integridade da auto-estima da pessoa. Veja Mark R. Leary, *The curse of the self* (Oxford University Press, Oxford, 2004).

7. Em pesquisa recente descobrimos que aquilo que chamamos de "autoridade entre gerações, isto é, controle paterno de cima para baixo, é o mais forte previsor negativo de benevolência do clima familiar (coeso, adaptável e aberto). Veja Asa Björnberg e Nigel Nicholson, "The family climate scales", *Family Business Review* (op. cit., ver nota 66, capítulo 2).

8. Sharon M. Danes e Patricia M. Olson, "Women's role involvement in family business, business tensions and business success", *Family Business Review* 16 (2003, pp. 53-68).

9. James E. Hughes, *Family wealth: Keeping it in the family* (Bloomberg Press, South Burlington, 2004).

10. L. Ross e Anderson, "Shortcomings in the attribution process: on the origins and maintenance of erroneous social assessments", em D. Kahneman, P. Slovic e A. Tversky (eds.), *Judgment under uncertainty: Heuristics and biases* (Cambridge University Press, Cambridge, UK, 1982, pp. 129-52).

11. Earl R. Gardner e Richard C. W. Hall, "The professional stress syndrome", *Psychosomatics* 22 (1981, pp. 672-80).

12. J. Keith Murnighan, *The dynamics of bargaining games* (Prentice-Hall, Nova York, 1991).

13. Ronald Fisher, *The social psychology of intergroup and international conflict* (Springer-Verlag, Londres, 1990).

14. Thomas C. Dandridge, "Entrepreneurial family business: problems of different 'wealth' and different 'currencies'", em P. Poutziouris (ed.), *Tradition or entrepreneurship in the New Economy* (Academic Research Forum Proceedings in the 11th Annual World Conference of the Family Business Network, Londres, 2000); Johan Lambrecht, "Multigenerational transition in family businesses: a new explanatory model", *Family Business Review* 18 (2004, pp. 267-82).

15. Edgar H. Schein, *Organizational culture and leadership: A dynamic view* (Jossey-Bass, Chichester, 1988).

16. Nigel Nicholson, "How to motivate your problem people", *Harvard Business Review* (op. cit., ver nota 20, capítulo 2).

17. William L. Ury, Jeanne M. Brett e Stephen B. Goldberg, *Getting disputes resolved* (Jossey-Bass, Chichester, 1988).

18. O conceito de negociação integrativa *versus* distributiva (soma zero) foi analisado por Richard E. Walton e Robert B. McKersie em *A behavioral theory of labor negotiations* (McGraw-Hill, Nova York, 1965).

19. Gersick *et al*, *Generation to generation* (op. cit., ver nota 28, capítulo 2); e para uma revisão mais geral das transições or-

ganizacionais, Howard Aldrich, *Organizations evolving* (Sage, Thousand Oaks, 1999).

20. Karen A. Jehn, "A quantitative analysis of conflict types and dimensions in organizational groups", *Administrative Science Quarterly* 42 (1997, pp. 530-58); e para essas idéias aplicadas a empresas familiares: F. W. Kellermans e K. A. Eddleston, "Feuding families: when conflict does a family firm good", *Entrepreneurship Theory and Practice* 29 (2004, pp. 209-28).

21. Nigel Nicholson e Asa Björnberg, "Familiness: fatal flaw or inimitable advantage?" (op. cit., ver nota 7, capítulo 2), e Nigel Nicholson, "Evolutionary psychology and family business: a new synthesis for theory, research and practice", *Family Business Review* (op. cit.).

CONHEÇA

Acesse: www.disaleditora.com.br

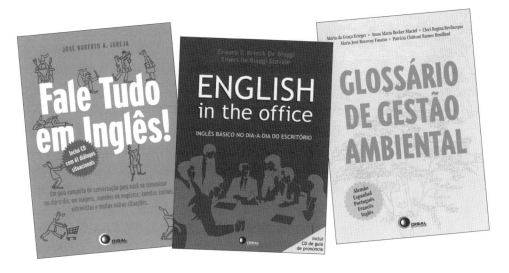

TAMBÉM

Televendas: (11) 3226-3111 / E-mail: comercialdisal@disal.com.br

Este livro foi composto em Haarlemmer e Haarlemmer Sans
e impresso em Setembro de 2008 pela Prol Gráfica Ltda.,
sobre papel offset $75g/m^2$.